annabrevet
SUJETS et CORRIGÉS 2015

Français
séries générale et professionnelle

Cécile de Cazanove
Professeur agrégée de lettres modernes
Antonia Gasquez
Professeur agrégée de lettres modernes

Achevé d'imprimer
Par Maury imprimeur à Malesherbes - France
Dépôt légal 98084-8/01 - Août 2014

Hatier

 ISSN 1168-3791 ISBN 978-2-218-98084-8

Annabrevet, mode d'emploi

Que contient cet Annabrevet ?

Tous les outils nécessaires pour se préparer de manière efficace à l'épreuve de français du brevet 2015.

En premier lieu, des **sujets corrigés tombés lors des épreuves du brevet 2014**, mais également :
– des sujets complémentaires ;
– des conseils de méthode ;
– les repères clés du programme.

▶ Une large sélection de sujets d'écrit

L'ouvrage comprend les **sujets de la dernière session** et des sujets complémentaires. Il s'efforce de représenter de manière équilibrée **tous les types** de questions qui peuvent être proposées dans le cadre de l'épreuve.

▶ Comment les sujets sont-ils traités ?

Les auteurs de cet ouvrage ont eu à cœur de vous aider à comprendre comment bien interpréter un sujet et « fabriquer » une bonne copie. C'est pourquoi elles ont associé à chaque énoncé :
– une **explication du sujet** et des aides pour construire la réponse (rubrique « Les clés du sujet ») ;
– un **corrigé clairement structuré**, avec des conseils et des commentaires quand c'est nécessaire.

Comment utiliser l'ouvrage ?

▶ À l'aide du sommaire

Dès le mois de décembre, **à l'occasion d'un contrôle ou d'un examen blanc**, n'hésitez pas à vous familiariser avec les types d'exercices proposés au brevet en traitant ceux correspondant aux genres littéraires à réviser. Le sommaire et les index vous aideront à les sélectionner.

Travaillez-les le plus possible, dans un premier temps, avec la seule aide des « Clés du sujet » ; puis confrontez ce que vous avez fait avec le corrigé proposé.

▶ À l'aide du planning de révisions

La date de l'examen se rapproche. Grâce à la rubrique « Votre planning de révisions », choisissez, **en fonction du temps qui vous reste**, les sujets qui vous permettront d'aborder l'épreuve dans les meilleures conditions possible.

Et l'offre privilège sur annabac.com ?

L'achat de cet ouvrage vous permet de bénéficier d'un **accès gratuit*** aux ressources d'annabac.com : fiches de cours, podcasts, quiz interactifs, exercices, sujets d'annales...

Pour profiter de cette offre, rendez-vous sur www.annabac.com, dans la rubrique « Vous avez acheté un ouvrage Hatier ? ». La saisie d'un mot clé du livre (lors de votre première visite) vous permet d'activer votre compte personnel.

* Selon conditions précisées sur www.annabac.com

Qui a fait cet Annabrevet ?

▶ L'ouvrage a été écrit par **deux enseignantes de français** : Cécile de Cazanove et Antonia Gasquez.

▶ Les contenus fournis ont été mis en forme par une équipe composée de plusieurs types d'intervenants :

- des éditeurs : Anne Peeters, Grégoire Thorel et Benoît Dessalles, assistés de Jessica Degousée et de Guillaume Scifo ;
- une correctrice : Marina Arduini ;
- des graphistes : Tout pour plaire et Dany Mourain ;
- des maquettistes : Hatier et Dany Mourain ;
- une illustratrice : Juliette Baily ;
- un compositeur : STDI.

SOMMAIRE

- Votre planning de révisions 6
- Tableau analytique des sujets 8
- Index des points méthode de rédaction 12

I. L'épreuve en questions-réponses

- Le programme 14
- L'épreuve 16
- Nos conseils de méthode 18

II. 23 sujets expliqués et corrigés

SUJETS DE LA SESSION 2014

1 Delbo, *Une scène jouée dans la mémoire*
France métropolitaine, juin 2014 • Série générale 22

2 Feraoun, *Le Fils du pauvre*
Afrique, juin 2014 • Série générale 33

3 Schmitt, *L'Enfant de Noé*
Amérique du Nord, juin 2014 • Série générale 45

4 Saint-Exupéry, *Pilote de guerre*
Pondichéry, avril 2014 • Série générale 57

RÉCITS D'ENFANCE ET D'ADOLESCENCE

5 Cocteau, *Les Enfants terribles*
Afrique, juin 2013 • Série générale 68

6 Giono, « Le Voyageur immobile » dans *Rondeur des jours*
Sujet zéro • Série générale 80

7 Loti, *Le Roman d'un enfant*
France métropolitaine, septembre 2013 • Série générale 90

8 Pagnol, *Le Château de ma mère*
D'après France métropolitaine, septembre 2011 • Série professionnelle 100

9 Robinson, *Comme deux navires qui se croisent dans la nuit*
Polynésie française, juin 2013 • Série professionnelle 110

10 Schmitt, *L'Enfant de Noé*
Antilles, Guyane, juin 2013 • Série professionnelle 120

ROMANS ET NOUVELLES

11 Cendrars, *L'Or*
D'après Pondichéry, avril 2012 • Série générale 129
12 Daeninckx, *Cannibale*
Amérique du Nord, juin 2013 • Série générale 139
13 Gaudé, *Le Soleil des Scorta*
France métropolitaine, juin 2013 • Série générale 151
14 Japrisot, *Un long dimanche de fiançailles*
Antilles, Guyane, juin 2013 • Série générale 163
15 Mauffret, *Mon journal de guerre*
France métropolitaine, septembre 2013 • Série professionnelle 174
16 Triolet, *À Tahiti*
Polynésie française, juin 2013 • Série générale 184
17 Vaite, *L'Arbre à pain*
Polynésie française, septembre 2013 • Série générale 196

LA POÉSIE DANS LE MONDE ET DANS LE SIÈCLE

18 Prévert, « En Argot… » dans *Arbres*
Pondichéry, avril 2013 • Série générale 207
19 Supervielle, « Le Voyage difficile » dans *Mes légendes*
Sujet zéro • Série générale 217

LE THÉÂTRE : CONTINUITÉ ET RENOUVELLEMENT

20 Labiche, *Le Voyage de Monsieur Perrichon*
Sujet zéro • Série professionnelle 227
21 Pagnol, *Marius*
Antilles, Guyane, septembre 2013 • Série générale 237

AUTRES GENRES

22 Kessel, *Hollywood ville mirage*
D'après Amérique du Nord, juin 2012 • Série générale 248
23 Tournier, « Les Deux Banquets ou la Commémoration » dans *Le Médianoche amoureux*
D'après France métropolitaine, juin 2012 • Série générale 259

III. La boîte à outils

- **Tableaux de grammaire** 270
- **Fiches pour la rédaction** 274
- **Lexique des notions** 280

Votre planning de révisions

J – 30 à J – 15

Vous débutez vos révisions un mois avant l'épreuve.

Traitez un sujet par genre

N°	Genre du texte support
2	Récit d'enfance
4	Roman
12	Nouvelle
18	Poésie
21	Théâtre
23	Essai

Vous débutez vos révisions deux semaines avant l'épreuve.

Révisez dans des conditions optimales !

▶ **Avant tout, organisez-vous**

Sur une grande feuille, construisez un tableau, avec : à l'horizontale, les plages de révision qui vous restent et, à la verticale, les différentes matières à réviser. Associez à chaque case un contenu.

▶ **Mettez-vous dans les conditions de l'examen**

Dans les dernières semaines de révisions, il est très important de « plancher » sur de vrais sujets. Essayez de travailler par tranches d'au moins une heure, sans pause.

▶ **Travaillez en équipe**

Vous pouvez aussi organiser des séances de révisions avec des amis, afin de partager vos connaissances et vos techniques de travail, et vous soutenir le moral.

Bonne chance !

J – 15 à J – 7

Consolidez vos méthodes

N°	Savoir-faire en rédaction
10	Organiser un récit
20	Écrire une suite de récit
17	Écrire un dialogue
15	Écrire une lettre
3	Écrire un passage argumentatif
8	Présenter son point de vue

J – 7 à J

Dernière ligne droite

• Vous maîtrisez désormais les connaissances et les méthodes nécessaires pour réussir.

• Complétez vos révisions avec ces 2 sujets représentatifs :

N°		
	6	11

Parcourez le programme

N°	Question
6	Valeur du présent
9	Présence du narrateur
12	Discours rapporté
16	Champ lexical
22	Rapport logique
5	Formation d'un mot

Dernière ligne droite

• Vous avez revu les grands thèmes du programme.

• Entraînez-vous désormais sur ces 2 sujets représentatifs :

N°		
	1	16

Vous débutez vos révisions une semaine avant l'épreuve.

Droit au but !

• Plus qu'une semaine, il va falloir mettre les bouchées doubles !

• Travaillez sur ces 5 sujets dans les conditions de l'examen, en ne lisant le corrigé qu'après avoir traité le sujet au brouillon.

N°					
	7	9	13	14	19

Tableau analytique des sujets

N°	Page	Série[1]	Source du texte	Genre du texte	Thème
1	22	G	**C. Delbo**, *Une scène jouée dans la mémoire* (2001)	Théâtre	Dernière rencontre
2	33	G	**M. Feraoun**, *Le Fils du pauvre* (1944)	Récits d'enfance	Sous l'emprise des contes
3	45	G	**E.-E. Schmitt**, *L'Enfant de Noé* (2004)	Romans et nouvelles	Trouver une famille
4	57	G	**A. de Saint-Exupéry**, *Pilote de guerre* (1942)	Romans et nouvelles	L'exode de 1940
5	68	G	**J. Cocteau**, *Les Enfants terribles* (1925)	Récits d'enfance	Une bagarre sanglante
6	80	G	**J. Giono**, « Le Voyageur immobile » dans *Rondeur des jours* (1943)	Récits d'enfance	Rêverie
7	90	G	**P. Loti**, *Le Roman d'un enfant* (1890)	Récits d'enfance	La mer
8	100	P	**M. Pagnol**, *Le Château de ma mère* (1957)	Récits d'enfance	Frayeur dans une grotte
9	110	P	**T. Robinson**, *Comme deux navires qui se croisent dans la nuit* (2008)	Récits d'enfance	Enfance douloureuse
10	120	P	**E.-E. Schmitt**, *L'Enfant de Noé* (2004)	Récits d'enfance	Un parrainage
11	129	G	**B. Cendrars**, *L'Or* (1925)	Romans et nouvelles	L'arrivée d'un étranger
12	139	G	**D. Daeninckx**, *Cannibale* (1998)	Romans et nouvelles	Exposition coloniale
13	151	G	**L. Gaudé**, *Le Soleil des Scorta* (2004)	Romans et nouvelles	Arrivée à New York

1. Série : G = générale, P = professionnelle.

Réécriture	Dictée		Rédactions	
	Auteur	***Temps verbaux***	***Thème***	***Type de texte à produire***
Tu → elles	**J. Kessel**	Présent	Lettre d'adieu	Lettre
			Art et passé	Opinion
Je → elle	**A. Hampâté Bâ**	Imparfait	Trajet nocturne	Suite
			Les œuvres de fiction	Opinion
Passé → présent *Nous → ils*	**V. Hugo**	Présent + imparfait	Adoption	Suite
			Apparence	Opinion
Singulier → pluriel Présent → imparfait	**G. Simenon**	Imparfait + passé simple	Exode de 1940	Récit
			Solidarité	Opinion
Présent → passé	**J. Cocteau**	Imparfait + passé simple	Fascination	Récit
			Intégration	Opinion
Passé → présent *Je → il*	**J. Vallès**	Présent + futur + imparfait + passé composé	Rêverie	Récit + description
			Rêverie	Opinion
Je → nous	**P. Loti**	Imparfait + passé simple + conditionnel présent	Découverte d'un lieu	Récit
			Découverte de l'inconnu	Opinion
Je → il	D'après **M. Pagnol**	Imparfait + passé simple	Aventure	Récit
			Voyage scolaire	Opinion
Elle → elles	**T. Robinson**	Présent + imparfait	Mère disparue	Récit
			Dire la vérité	Opinion
Je → il	**D. Bébel-Gisler**	Présent + imparfait + passé simple	Chance	Suite
			Encadrer des jeunes	Opinion
Passé simple → présent	**B. Cendrars**	Imparfait + passé simple + plus-que-parfait	Nouveauté	Récit + description
			Changement	Thème
Nous → elles	**D. Daeninckx**	Imparfait + passé composé + plus-que-parfait	Exposition coloniale	Article de journal
			Autre culture	Opinion
Nous → il	**G. Perec**	Imparfait + conditionnel présent	New York	Suite
			Évasion	Opinion

N°	Page	Série[1]	Source du texte	Genre du texte	Thème
14	163	G	**S. Japrisot**, *Un long dimanche de fiançailles* (1991)	Romans et nouvelles	Une condamnation à mort
15	174	P	**Y. Mauffret**, *Mon journal de guerre* (1996)	Romans et nouvelles	Prisonnier de guerre
16	184	G	**E. Triolet**, *À Tahiti* (2011)	Romans et nouvelles	Angoisse nocturne
17	196	G	**C. H. Vaite**, *L'Arbre à pain* (2008)	Romans et nouvelles	Mariage
18	207	G	**J. Prévert**, « En Argot… » dans *Arbres* (1968)	Poésie	La langue des arbres
19	217	G	**J. Supervielle**, « Le voyage difficile » dans *Mes légendes* (1930)	Poésie	Un garçon en danger
20	227	P	**E. Labiche**, *Le Voyage de Monsieur Perrichon* (1860)	Théâtre	Une dispute conjugale
21	237	G	**M. Pagnol**, *Marius* (1928)	Théâtre	L'appel de la mer
22	248	G	**J. Kessel**, *Hollywood ville mirage* (1937)	Essai	Hollywood, cité ouvrière
23	259	G	**M. Tournier**, « Les Deux Banquets ou la Commémoration » dans *Le Médianoche amoureux* (1989)	Conte	Duel en cuisine

1. Série : G = générale, P = professionnelle.

Réécriture	Dictée		Rédactions	
	Auteur	*Temps verbaux*	*Thème*	*Type de texte à produire*
Il → *je* Imparfait → présent	**V. Hugo**	Présent de l'indicatif, du subjonctif + conditionnel	Lettre d'adieu	Lettre
			Défense d'un condamné	Opinion
Je → *nous*	**Y. Mauffret**	Présent + imparfait	Jour de fête	Lettre
			Communication écrite	Opinion
Je → *nous* Singulier → pluriel	**E. Triolet**	Présent + imparfait + plus-que-parfait	Angoisse nocturne	Récit
			Voyages	Thème
Ils → *elles*	**C. H. Vaite**	Présent + imparfait + plus-que-parfait	Mariage	Récit + dialogue argumentatif
			Mariages arrangés	Opinion
Singulier → pluriel Présent → imparfait	**J. Prévert**	Présent + imparfait + passé simple	Souvenir d'enfance	Récit + description
			Nature	Thème
Singulier → pluriel Discours direct → discours indirect	**Ovide**	Présent + passé simple + futur + conditionnel	Expérience risquée	Récit + dialogue
			Expérience dangereuse	Opinion
Il → *ils*	**G. de Maupassant**	Présent + imparfait + passé simple + plus-que-parfait	Mariage	Suite
			Amitié	Thème
Singulier → pluriel	**Bernardin de Saint-Pierre**	Imparfait + passé simple	Décision	Suite + dialogue argumentatif
			Déception	Récit
Singulier → pluriel	**L.-F. Céline**	Présent + imparfait + passé composé	Lieu décevant	Récit
			Lieu	Opinion
Passé simple → passé composé Singulier → pluriel	**E. Zola**	Imparfait + passé simple	Justification	Suite
			Compétition	Thème

Index des points méthode de rédaction

Sujets	Points méthode
Écrire un récit	
10	▶ Organiser un récit
7	▶ Faire le récit d'un événement décisif
4	▶ Employer les temps du passé qui conviennent dans un récit
16	▶ Inclure des indices de temps dans un récit
11	▶ Exprimer des sentiments
22	▶ Inclure une description dans un récit
3	▶ Inclure un portrait dans un récit
17	▶ Introduire et conclure un dialogue
20	▶ Assurer la cohérence dans une suite de texte
Rédiger un devoir de réflexion	
3 5	▶ Construire une argumentation
6	▶ Faire des paragraphes
2	▶ Développer une idée dans un paragraphe
8	▶ Inclure des exemples dans un texte argumentatif
12	▶ Utiliser des mots de liaison
15	▶ Rédiger des introductions
7	▶ Rédiger une conclusion
14	▶ Exprimer la cause
Autres types d'écrit	
1	▶ Écrire une lettre personnelle
21	▶ Écrire un texte théâtral

I. L'épreuve en questions-réponses

▶ Le programme 14
▶ L'épreuve 16
▶ Nos conseils de méthode 18

Le programme

Le programme de français en classe de 3e est défini dans le *Bulletin officiel spécial* n° 6 du 28 août 2008.

1. Quels sont les objectifs du programme de 3e ?

L'ÉTUDE DE LA LANGUE

Sont indiqués dans le tableau les **apprentissages propres à la 3e**.

Descriptif		
Grammaire	Analyse de la phrase	• Propositions subordonnées de concession, d'opposition, de condition • Discours rapportés
	Classes de mots	• Conjonctions de subordination • Différentes classes de *que*
	Fonctions	• Attribut du COD • GN CC de condition, d'opposition, de concession
	Grammaire du verbe	• Subjonctif passé • Subjonctif dans les propositions subordonnées (relatives et conjonctives) • Conditionnel • Périphrases verbales
	Grammaire du texte	• Reprises nominales et pronominales • Thème et propos • Emphase
	Grammaire de l'énonciation	• Embrayeurs • Modalisateurs • Implicite
Orthographe	Orthographe grammaticale	• Accord de l'attribut du COD • Participe présent et adjectif verbal • Accord du participe passé • Accord de *demi, leur, même, quelque(s), tout*
	Orthographe lexicale	• Doublement des consonnes • Familles de mots irrégulières • Dérivés des mots en *-ion*
	Quelques homonymes et homophones	• Distingués par l'accent • Autres (*quel/qu'elle, quelque/quel que…*)
Lexique	Domaines lexicaux	• Vocabulaire des genres et registres littéraires • Vocabulaire de l'argumentation • Vocabulaire du raisonnement
	Notions lexicales	• Dénotation et connotation • Termes évaluatifs

LA LECTURE

Le programme de lecture est organisé autour de quatre pôles :
- **formes du récit aux XXe et XXIe siècles** à travers des récits d'enfance et d'adolescence et des romans et nouvelles porteurs d'un regard sur l'histoire et le monde contemporain ;
- **poésie dans le monde et dans le siècle** par la lecture de poèmes engagés et d'œuvres poétiques qui révèlent un nouveau regard sur le monde ;
- **théâtre, continuité et renouvellement**, de la tragédie antique au tragique contemporain ;
- **étude de l'image** comme engagement et comme représentation de soi ; l'accent est mis sur la fonction argumentative.

L'EXPRESSION ÉCRITE

Sept types de travaux d'écriture sont préconisés en classe de troisième :
- l'**écriture narrative**, avec des récits autobiographiques et des récits complexes, incluant des passages descriptifs et des paroles rapportées ;
- le **résumé** d'un texte narratif ou documentaire ;
- l'**écriture d'une scène tragique**, en particulier par la transposition d'un passage romanesque en scène de théâtre ;
- l'**écriture de textes poétiques** ;
- la **rédaction d'un article de presse** ;
- l'**écrit argumentatif** (prise de position avec arguments et exemples) ;
- des **écrits d'entraînement** au diplôme national du brevet.

L'EXPRESSION ORALE

L'accent est mis sur le **débat** dont le sujet est en relation avec l'étude des textes.

L'HISTOIRE DES ARTS

Le thème « **Arts, États et pouvoirs** » est particulièrement porteur en classe de troisième : échanges entre écrivains et artistes, correspondances entre œuvres littéraires et œuvres musicales ou plastiques, mise en scène et jeu théâtral.

L'épreuve de français au brevet est définie dans le *Bulletin officiel* n° 13 du 29 mars 2012.

2. Quelles sont les modalités de l'épreuve ?

▶ L'épreuve écrite dure **3 heures** :
– 1 h 30 pour la première partie ;
– 1 h 30 pour la seconde partie.

15 minutes de pause vous sont données entre les deux parties.

▶ L'ensemble de l'épreuve de français est sur **40 points**.
– La première partie est sur **25 points** : 15 points pour les questions ; 10 points pour l'exercice de réécriture et pour la dictée.
– La seconde partie (rédaction au choix) est sur **15 points**.

▶ Pour la rédaction, vous avez le droit d'utiliser un **dictionnaire de langue française**.

▶ Comment répartir son temps le jour de l'épreuve ?

- Vous devez répondre aux questions et faire l'exercice de réécriture en 1 h 10 min.
- La dictée est faite en 20 minutes, juste avant la pause.
- Vous disposez d'1 h 30 min pour la rédaction. Pour la seconde partie de l'épreuve, on vous distribuera une deuxième copie. Vous ne pourrez donc pas revenir sur ce que vous avez écrit dans la première partie de l'épreuve.

3. En quoi consiste chacune des parties ?

PREMIÈRE PARTIE

- Un **texte d'une trentaine de lignes** maximum, d'un auteur de langue française, vous sera remis. Il sert de support à une série de questions qui visent à évaluer votre compréhension du passage.
- Certaines **questions** portent sur la grammaire et le lexique. D'autres vous engagent à réagir à la lecture du texte, en justifiant votre point de vue.
- La maîtrise de la langue et de l'orthographe est évaluée par :
– un **exercice de réécriture**. Il s'agit de réécrire un ou plusieurs passages du texte en fonction de consignes précises (changement des temps verbaux, des pronoms personnels, etc.) ;
– la **dictée** d'un texte de huit à dix lignes.

- Deux sujets de rédaction au choix vous sont proposés :
– le **sujet 1** prend appui sur le texte initial et vous demande de rédiger un texte narratif ;
– le **sujet 2** porte sur une question ou un thème en relation avec le sens du texte.
- Vous devez écrire un texte correct et cohérent, d'une longueur de **deux pages au moins**, structuré en paragraphes et correctement ponctué.

4. Quels sont les critères d'évaluation ?

▶ Vous êtes évalué sur :
– votre maîtrise de la langue (vocabulaire, construction des phrases, orthographe) ;
– votre aptitude à comprendre un texte et à l'interpréter ;
– votre capacité à vous exprimer clairement à l'écrit ;
– votre culture littéraire, éventuellement.

▶ Les professeurs attendent des **réponses rédigées** aux questions et une **présentation claire et propre** de votre copie.

5. Comment bien se préparer à l'épreuve ?

▶ Votre réussite au diplôme national du brevet se construit tout au long de l'année :

– **relisez les études de textes** réalisées en classe en relevant le vocabulaire de l'analyse littéraire ;

– **apprenez les leçons de grammaire et d'orthographe** et refaites les contrôles et les dictées ;

– **corrigez vos rédactions** en tenant compte des observations de votre professeur.

▶ Pour les révisions de fin d'année, faites des **fiches sur quelques notions clés** (valeurs des temps, figures de style, classes et fonctions, types de subordonnées…).

▶ **Quel usage faire de cet Annabrevet ?**

• Avec votre professeur : c'est lui qui choisit les sujets correspondant à la progression en classe.

• Tout seul : dès le premier trimestre, sélectionnez, à l'aide de l'index, des sujets correspondant aux thèmes traités en classe.

6. Comment bien comprendre un texte ?

▶ **Lisez deux fois le texte** qui vous est proposé sans regarder les questions. Repérez bien qui sont les personnages (noms, relations entre eux), le lieu de l'action, l'époque et à quelle personne se fait la narration (1re ou 3e personne).

▶ Les textes littéraires qui servent de support à l'épreuve sont empruntés aux **programmes des classes de troisième ou de quatrième**.

7. Comment répondre aux questions portant sur le texte ?

Commencez par **lire toutes les questions** pour savoir ce qui vous est demandé et pour ne pas vous répéter dans vos réponses.

LES QUESTIONS DE GRAMMAIRE

Les questions de grammaire les plus fréquemment données portent sur :
– les **modes et les temps verbaux** (dans 4 sujets sur 6 en juin 2014). Vous devez plus particulièrement savoir différencier les temps du passé (imparfait, passé simple, passé composé, plus-que-parfait) et reconnaître les modes impératif et subjonctif ;
– les **valeurs de temps verbaux** (dans 4 sujets sur 6 en juin 2014), le plus souvent celles du présent de l'indicatif, celles du passé simple et de l'imparfait ;
– les **formes et types de phrases** (dans 2 sujets sur 6 en juin 2014).

LES QUESTIONS DE VOCABULAIRE

En vocabulaire les questions les plus fréquentes sont :
– des **relevés justificatifs** (dans tous les sujets de juin 2014). Il s'agit de retrouver dans le texte des expressions qui indiquent un sentiment, une réaction, etc. ;
– des **définitions** de mots ou d'expressions (dans tous les sujets en juin 2014). Lisez bien le contexte.

LES QUESTIONS SUR L'ÉCRITURE DU PASSAGE

Les questions qui portent sur l'écriture du passage demandent le plus souvent de reconnaître :
– des **figures de style** (dans 4 sujets sur 6 en juin 2014). Les figures de style qui vous sont demandées le plus fréquemment sont la comparaison, la métaphore, la mise en relief, parfois la personnification ou l'antithèse ;
– des **indices de présence du narrateur** (dans 4 sujets sur 6 en juin 2014) : pronoms personnels et déterminants possessifs de la première personne du singulier, par exemple.

LES QUESTIONS DE COMPRÉHENSION

On distingue :
– les questions sous forme de **QCM** ou de vrai/faux, qui appellent une réponse très brève ;
– les questions qui demandent des **réponses développées et appuyées sur des citations** : elles portent sur la compréhension globale de l'extrait ou vous amènent à formuler des analyses plus fines de certains passages ;
– la dernière question fait appel à votre capacité à réagir au texte de manière personnelle, en proposant un point de vue ou un **jugement sur le texte** ou en le mettant en relation avec des œuvres que vous avez lues ou étudiées.

8. Comment traiter les exercices d'évaluation de l'orthographe ?

L'EXERCICE DE RÉÉCRITURE

• **Réfléchissez bien à la consigne donnée** dans l'exercice de réécriture. Elle entraîne des modifications. Vous devez réécrire un extrait du texte en faisant toutes les transformations nécessaires, sans en oublier.

• **Relisez-vous** pour ne pas faire des erreurs de copie sur les mots qui ne changent pas. Des points vous seraient enlevés…

LA DICTÉE

• **Écoutez attentivement la première lecture** du texte de la dictée pour bien comprendre le sens du texte. Soyez attentif aux groupes de mots et aux liaisons faites par la personne qui dicte.

• **Relisez-vous** plusieurs fois, en vous interrogeant, notamment, sur les accords sujet/verbe, sur les accords des participes passés, etc.

9. Comment aborder les sujets de rédaction ?

▶ **Lisez attentivement les deux sujets posés** et réfléchissez rapidement à celui pour lequel vous avez le plus d'idées qui vous viennent à l'esprit.

▶ Pour le **sujet 1**, déterminez quelle est la situation de communication qui doit être mise en place : qui parle ? à qui ? où ? quand ? et dans quelle intention ? Relisez éventuellement le passage étudié si vous devez écrire la suite du texte.

▶ Pour le **sujet 2**, cherchez des arguments et des exemples dans votre vie personnelle, dans vos lectures, dans des films, etc.

▶ Quel que soit le sujet choisi, **servez-vous du dictionnaire de langue française** auquel vous avez droit pour cette seconde partie de l'épreuve de français. Cherchez le sens des mots importants du sujet. Pendant l'écriture et la relecture, vérifiez l'orthographe de certains mots et trouvez des synonymes pour éviter les répétitions.

Bon travail !

II. 23 sujets expliqués et corrigés

France métropolitaine • Juin 2014
Série générale

Dernière rencontre

Charlotte Delbo
Une scène jouée dans la mémoire
2001

Durant la Deuxième Guerre mondiale (1939-1945), Paul a été condamné à mort par les nazis. C'est sa dernière rencontre avec sa femme.

PAUL – Je sais que tu es brave, je sais que tu sauras vivre sans moi. Il faut que tu vives, toi.

FRANÇOISE – Je ne sais pas, Paul. *(À part)* Toute ma vie s'engloutissait et je ne voulais pas lui montrer que j'avais mal, que la douleur qui me serrait devenait insupportable.

PAUL – Si, je sais que tu es brave. Françoise, nous avons lutté de tout notre cœur. Je tombe avant de toucher au but, mais toi tu verras la victoire.

FRANÇOISE – *(À part)* Et moi je pensais : que m'importe la victoire sans toi. *(À Paul)* Ô Paul, nous n'avions jamais pensé que la victoire ce serait cela.

PAUL – Si Françoise. Souviens-toi. Nous le disions.

FRANÇOISE – Ô Paul. Dire et savoir, quelle différence !

PAUL – Nous gagnons. Les nôtres se lèvent de tous côtés. Georges a réussi à avoir des nouvelles du dehors. Ils reculent partout.

FRANÇOISE – *(À part)* C'était faux. Les prisons sont toujours pleines de fausses bonnes nouvelles. En mai 1942, vous savez où étaient les armées hitlériennes. Elles avançaient partout, elles atteignaient presque la Volga.

PAUL – C'est pourquoi ils se hâtent d'abattre ceux qu'ils tiennent. Mais ils ne nous auront pas tous. Des milliers se lèvent qui nous remplaceront et nous vengeront.

FRANÇOISE – Hélas Paul. Toi…

PAUL – Nous nous battons pour la liberté. Que tous les combattants ne soient pas au défilé, chacun le sait avant de s'engager et aucun ne voudrait déserter parce qu'il risque de tomber avant la fin. Ce qui serait horrible, ce serait de mourir pour rien, de mourir sans avoir rien fait de sa vie. Nous avions choisi, toi et moi.

Françoise – Je n'avais pas choisi de te perdre, jamais. J'avais toujours pensé que nous tomberions ensemble, si nous tombions.

Paul – Chérie ! Tous les combattants ne sont pas frappés au même moment. Heureusement. Où serait la victoire si tous succombaient ? Tu vivras, toi. Oh ! que j'en suis heureux.

Françoise – Paul.

Paul – Chérie, sois forte comme tu l'as toujours été.

Françoise – Je le suis, Paul. Je le serai *(Silence. Elle lui caresse les cheveux.)*

Questions (15 points)

▶ **1.** « Nous avions choisi, toi et moi » (ligne 27). De quel choix Paul parle-t-il ? *(1 point)*

▶ **2.** Françoise partage-t-elle ce choix ? Justifiez votre réponse en vous appuyant sur le texte. *(1,5 point)*

▶ **3.** Comment l'opposition entre les deux personnages apparaît-elle dans leurs répliques ? Vous justifierez votre réponse en vous appuyant précisément sur le texte. *(2 points)*

▶ **4.** Quels sont les arguments de Paul pour convaincre Françoise que leur combat en vaut la peine ? *(1,5 point)*

▶ **5.** «J'avais toujours pensé que nous tomberions ensemble » (lignes 28-29).
a) Quel sens donnez-vous ici au verbe *tomber* ? *(0,5 point)*
b) Identifiez le temps de ce verbe et justifiez son emploi. *(1 point)*

▶ **6.** Selon vous, à qui Françoise s'adresse-t-elle dans les apartés ? *(1,5 point)*

▶ **7.** *Une scène jouée dans la mémoire* : comment comprenez-vous ce titre à la lumière du texte ? *(3 points)*

▶ **8.** Si vous étiez metteur en scène, quels éléments de décor (lieu, éclairages, sons…) choisiriez-vous ? Développez votre réponse en justifiant vos propositions. *(3 points)*

Réécriture (4 points)

Réécrivez ces deux phrases en remplaçant « tu » par la troisième personne du pluriel, au féminin. Vous ferez toutes les modifications nécessaires :
« Je sais que tu es brave, je sais que tu sauras vivre sans moi. Il faut que tu vives, toi. » (lignes 1-2)

Dictée (6 points)

Joseph Kessel
L'Armée des ombres, 1963

Beaucoup parmi les gens de la Résistance passent la plupart de leur temps dans les trains. On ne peut rien confier au téléphone, au télégraphe, aux lettres. Tout courrier doit être porté. Toute confidence, tout contact exigent un déplacement. Et il y a les distributions d'armes, de journaux, de postes émetteurs, de matériel de sabotage. Ce qui explique la nécessité d'une armée d'agents de liaison qui tournent à travers la France comme des chevaux de manège. Ce qui explique aussi les coups terribles qui les atteignent. L'ennemi sait aussi bien que nous l'obligation où nous sommes de voyager sans cesse.

Rédaction au choix (15 points)

Sujet 1

Rédigez la dernière lettre de Paul à ses enfants.
Votre texte fera au moins deux pages (soit une cinquantaine de lignes).

Sujet 2

D'après vous, l'expression artistique (littérature, théâtre, cinéma, musique, peinture, etc.) apporte-t-elle quelque chose à l'évocation des événements du passé ?
À l'aide d'exemples historiques et/ou personnels de votre choix, vous présenterez votre réflexion dans un développement argumenté et organisé.
Votre texte fera au moins deux pages (soit une cinquantaine de lignes).

LES CLÉS DU SUJET

Questions

▶ **1.** Relisez le chapeau qui précède le texte et faites appel à vos connaissances historiques.

▶ **5.** Reportez-vous au lexique → Valeurs des temps verbaux.

▶ **8.** Attention aux anachronismes. La scène se passe pendant la Seconde Guerre mondiale.

Réécriture

Faites attention :

- à accorder les verbes avec le sujet *elles*, en veillant particulièrement au futur du verbe *savoir*.
- à accorder l'adjectif qualificatif précédé de l'auxiliaire *être* en genre et en nombre avec le sujet.

Rédactions

Sujet 1

- Lisez la fiche 5 : « Écrire une lettre personnelle », en particulier ce qui concerne les temps verbaux à employer.
- Le père rappellera ses idéaux : certitude de la victoire, nécessité de l'engagement, foi en l'action de ceux qui restent. Il insistera sur un choix volontaire, décidé en connaissance de cause : risques encourus envisagés et acceptés, grandeur du sacrifice, effacement de l'individu devant l'enjeu collectif. Il demandera à ses enfants de faire vivre ses idées, de garder intactes sa mémoire et celles des autres victimes, éventuellement de poursuivre le combat.
- Il ne dissimulera pas ses sentiments (immense peine, frustration de ne pouvoir leur dire adieu de vive voix) et son émotion. Il leur conseillera de soutenir leur mère dans cette épreuve, de faire preuve de courage.
- Il terminera sa lettre par une formule affectueuse.

Sujet 2

- Lisez la fiche 8 : « Écrire un devoir de réflexion ».
- Vous préciserez que l'expression artistique, quelle qu'elle soit, peut être fidèle aux événements ou laisser libre cours à une interprétation personnelle où la fiction tient une certaine place.
- Vous annoncerez un plan en deux parties : par exemple, les apports pédagogiques et informatifs d'une part et les apports émotionnels et esthétiques d'autre part.
- Vous développerez les deux orientations de votre réflexion dans des paragraphes qui prendront en compte les différents supports suggérés par le sujet : littérature, cinéma, musique, peinture… en donnant des exemples aussi précis que possible.
- Vous montrerez, pour chaque argument et exemple que vous avancez, ce que l'art apporte ou non, en quoi il peut déformer la réalité, l'expliciter ou mieux la faire connaître. Vous comparerez l'apport de l'expression artistique à celui d'ouvrages historiques par exemple.

CORRIGÉ 1

Questions

▶ **1.** À la ligne 27, Paul dit : « Nous avions choisi, toi et moi ». Il parle ici d'un choix :

– entre l'**engagement** et l'**inaction** : « Ce qui serait horrible, serait [...] de mourir sans avoir rien fait de sa vie » (lignes 25 à 27) ;

– entre l'**obéissance** soumise à l'occupant et l'**indépendance** : « Nous nous battons pour la liberté » (ligne 23) ;

– entre la **vie** et une **mort** prématurée éventuelle : « aucun ne voudrait déserter parce qu'il risque de tomber avant la fin » (lignes 24-25).

▶ **2.** Au départ, Françoise partageait ce choix et Paul le lui rappelle : « Souviens-toi. Nous le disions » (ligne 12), que « tous les combattants » ne seraient pas « au défilé, chacun le sait avant de s'engager » (lignes 23-24).

Mais, désormais, son mari est condamné à mort, et elle, épargnée, ne peut s'empêcher de montrer son **désarroi** : « que m'importe la victoire sans toi. », « nous n'avions jamais pensé que la victoire ce serait cela. » (lignes 9 à 11). Face à l'imminence de l'exécution, elle avoue qu'elle avait bien envisagé les dangers potentiels mais qu'il lui semblait évident qu'ils en partageraient les conséquences : « Je n'avais pas choisi de te perdre, jamais. J'avais toujours pensé que nous tomberions ensemble, si nous tombions. » (lignes 28-29). Elle **assume donc le choix de mettre sa vie en danger mais pas celui de perdre son mari**.

▶ **3.** L'opposition entre les deux personnages :

– se marque d'abord dans un ***a parte*** : « Et moi je pensais : que m'importe la victoire sans toi » (lignes 9-10) ;

– ils s'opposent aussi **terme à terme** : Paul « Je sais que tu es brave, je sais que tu sauras vivre sans moi » (ligne 1) ; Françoise « Je ne sais pas » (ligne 3) ; Paul « toi tu verras la victoire » (lignes 7-8) ; Françoise « que m'importe la victoire sans toi » (ligne 9) ;

– Paul rappelle le **passé** que son épouse nie : Françoise « nous n'avions jamais pensé que la victoire ce serait cela » (lignes 10-11) ; Paul « Si [...] Nous le disions » (ligne 12) ;

– le mari évoque l'**engagement collectif** : « que tous les combattants ne soient pas au défilé » (lignes 23-24), « Des milliers se lèvent qui nous remplaceront et nous vengeront » (lignes 20-21) ou leur couple « Nous » (ligne 12), jamais sa propre personne. Françoise, au contraire, utilise le « **je** » et le « **tu** » : « Je n'avais pas choisi de te perdre, jamais » (ligne 28), « Hélas Paul. Toi... » (ligne 22).

Paul parle d'**idéaux**, **Françoise** répond par la **réalité** : « Ô Paul. Dire et savoir, quelle différence ! » (ligne 13).

▶ **4.** Paul tente de convaincre son épouse par différents arguments. Il reconnaît qu'il a toujours eu connaissance des risques encourus mais il est certain de l'**issue positive de leur engagement** : « toi tu verras la victoire » (lignes 7-8), qu'il sent imminente : « Nous gagnons. Les nôtres se lèvent de tous côtés », « Ils reculent partout » (lignes 14-15). Il a foi en la résistance collective : « Des milliers se lèvent qui nous remplaceront et nous vengeront » (ligne 20-21).

Il lui rappelle la **force de leurs convictions** : « Nous nous battons pour la liberté » (ligne 23), « Ce qui serait horrible, ce serait de mourir pour rien, de mourir sans avoir rien fait de sa vie » (lignes 25 à 27).

Il est persuadé que son exécution est la preuve de la **faiblesse de l'ennemi** : « ils se hâtent d'abattre ceux qu'ils tiennent » (ligne 19).

▶ **5. a)** Dans le groupe : « J'avais toujours pensé que nous tomberions ensemble » (liges 28-29), le verbe *tomber* signifie **mourir**, comme dans l'expression tomber au combat.

b) « tomberions » est au **conditionnel présent**. Dans un récit au passé, il situe un fait après un autre fait, la pensée précède évidemment l'acte de mourir. Il s'agit d'un **futur dans le passé**.

▶ **6.** Dans les apartés, Françoise s'adresse aux **spectateurs de la pièce**. Elle leur livre les **sentiments éprouvés** lors de la scène dont elle rend compte : « Toute ma vie s'engloutissait et je ne voulais pas lui montrer que j'avais mal, que la douleur qui me serrait devenait insupportable » (lignes 3 à 5) ; « Et moi je pensais : que m'importe la victoire sans toi » (lignes 9-10). Elle avoue ainsi au public ce qu'elle n'a pas pu dire à son mari : « C'était faux » (ligne 16).

Elle fait aussi **appel à la mémoire des spectateurs** : « En mai 1942, vous savez où étaient les armées hitlériennes. Elles avançaient partout, elles atteignaient presque la Volga » (lignes 17-18).

Elle livre enfin une **vérité générale** : « Les prisons sont toujours pleines de fausses bonnes nouvelles » (lignes 16-17).

▶ **7.** Le titre, *Une scène jouée dans la mémoire*, fait référence au théâtre, avec la notion de « scène jouée », et aux souvenirs avec « la mémoire ».

Françoise **revit** en quelque sorte **son dernier dialogue avec son mari**. Elle le rejoue et intercale, entre les propos que le couple a échangés ce jour-là, des réflexions postérieures qui lui sont venues après le décès de son mari. Elle ne cache pas ses doutes, ses craintes et sa douleur.

Elle accomplit un **devoir de mémoire** pour elle-même et surtout les spectateurs. Les survivants de ces événements tragiques se font souvent une obligation de rendre compte de ce qu'ils ont vécu et du sacrifice consenti par nombre d'entre eux.

▶ **8.** Pour faire jouer cette scène, on pourrait choisir un lieu en rapport avec l'enfermement : **cellule** de prison, parloir, salle d'une mairie, s'il s'agit d'une exécution décidée sans procès. Le mobilier sera alors restreint à une table et des chaises, ou à celui d'une cellule : paillasse, tabouret, lavabo. Un **éclairage** très faible avec une lumière plus crue sur les deux protagonistes ou une salle entièrement dans la pénombre sont possibles.

Le prisonnier sera menotté ou non, portera des vêtements sales et déchirés, avec des marques de blessures ou seulement amaigri.

Pour les **sons**, le metteur en scène a le choix entre un silence pesant uniquement rompu par les voix des deux acteurs et une musique lointaine rappelant *Le Chant des partisans* ou *La Marseillaise*, peut-être chantés par d'autres prisonniers. On peut entendre des bruits de bottes, de portes, ou des cris.

Il faudra aussi ménager **un jeu de scène** qui permette à l'actrice qui joue Françoise de bien marquer la différence entre le dialogue et les apartés.

Réécriture

Les modifications sont mises en couleur.

Je sais qu'**elles sont braves**, je sais qu'**elles sauront** vivre sans moi. Il faut qu'**elles vivent, elles**.

Dictée

POINT MÉTHODE

❶ Pour vérifier la terminaison en *-er* ou en *-é* d'un verbe du premier groupe, il suffit de le remplacer par un autre du troisième groupe : *prendre* → *-er*, *pris* → *-é*.

❷ Faites attention aux homophones du verbe *avoir* : a (verbe *avoir*) ≠ à (préposition) ; *ont* (verbe *avoir*) ≠ *on* (pronom).

❸ Regardez bien les mots suivants : *la plupart, atteignent, sans cesse* et retenez leur orthographe.

Beaucoup parmi les gens de la résistance passent la plupart de leur temps dans les trains. On ne peut rien confier au téléphone, au télégraphe, aux lettres. Tout courrier doit être porté. Toute confidence, tout contact exigent un déplacement. Et il y a les distributions d'armes, de journaux, de postes émetteurs, de matériel de sabotage. Ce qui explique la nécessité d'une armée d'agents de liaison qui tournent à travers la France comme des chevaux de manège. Ce qui explique aussi les coups terribles qui les atteignent. L'ennemi sait aussi bien que nous l'obligation où nous sommes de voyager sans cesse.

Rédaction au choix

Sujet 1 : devoir entièrement rédigé

POINT MÉTHODE

Écrire une lettre personnelle

1. Respecter la présentation d'une lettre : date, lieu d'écriture, adresse au destinataire, première personne du singulier, formule finale.
2. Préciser, dès le début, le sujet de la lettre et les sentiments de celui qui écrit.
3. Consacrer un paragraphe à chacun des thèmes abordés.

Lyon, le 15 mai 1942

Pauline, ma grande, François, mon intrépide, mes chers enfants,

Vous savez déjà pourquoi votre mère vous remet cette lettre : les nazis vont me fusiller demain. Je sais que cette phrase vous plonge dans un désespoir profond mais je l'écris toutefois avec fierté.

Vous ignoriez que, depuis deux ans, je menais des activités secrètes et dangereuses. J'en connaissais les risques, je les avais évalués et je me suis engagé en connaissance de cause. Personne ne m'a incité à le faire, personne n'est à blâmer. Chacun d'entre nous sait que tous ne défileront pas le jour de la victoire, mais être certain que vous, vous verrez cette fête me remplit de bonheur.

Je suis convaincu que la victoire est proche. Partout se lèvent de nouveaux camarades qui vont reprendre le flambeau et qui nous vengeront. Vous vivrez pour voir ces moments de joie et cela me réconforte, je sais ainsi que mon combat n'aura pas été vain.

Pauline, ma grande, je ne serai pas à tes côtés lorsque tu réussiras tes examens pour être avocate comme tu en rêves. J'ai confiance en toi, je connais tes qualités, je suis ému de penser que j'aurai néanmoins contribué un peu à ta réussite puisque tu pourras travailler dans un pays libre qui te laissera toute ta place. Je sais que tu vas être profondément affectée par ma disparition. J'aurais tellement aimé pouvoir te serrer une dernière fois dans mes bras, mais on m'a refusé ce dernier souhait. Je te confie une double tâche très difficile : veiller sur ton petit frère, lui expliquer plus tard les raisons de mon engagement et soutenir ta mère. C'est beaucoup te demander, mais tu en es capable. Je suis fier de notre combat, je ne regrette rien et pourtant, j'éprouve tant de peine au moment de te dire adieu. Adieu ma belle, vis pour nous tous, fête la victoire pour nous !

François, mon intrépide, tu ne comprendras pas tout de suite ce qui m'est arrivé, mais ta sœur et ta mère t'expliqueront un jour. Sans doute m'en voudras-tu d'avoir sacrifié notre famille à mes idéaux, de t'avoir en quelque sorte abandonné. Mais nul n'est libre quand tous ne le sont pas. Remercie ceux qui ont accepté de se sacrifier pour le bien de tous et en toute occasion, participe à ton tour aux luttes pour la liberté et la justice. Je souffre de ne pas te voir devenir un homme, mais je suis heureux que tu profites de cette liberté pour laquelle nous donnons notre vie. Je te serre très fort, mon tout petit.

Mes chers enfants, n'oubliez jamais combien je vous aime, combien je suis désespéré de devoir vous quitter mais combien je suis fier de vous pour aujourd'hui et pour demain.

Je vous couvre de baisers.

Votre père qui vous adore.

Paul

Sujet 2 : plan détaillé et pistes possibles

Introduction

Mise en relation de l'extrait étudié avec le sujet : quel peut être l'apport du théâtre, ou d'autres moyens d'expressions artistiques, à l'évocation des événements du passé ?

Première partie

Introduction partielle

Les différents moyens d'expression artistique peuvent mieux faire connaître des événements du passé, les actualiser, les rendre concrets, mais les informations ne sont pas toujours fiables.

Premier paragraphe

Apports informatifs liés à l'art : les autobiographies de personnes ayant vécu des faits marquants ou contribué à faire avancer la science ou les techniques, des romans dont la toile de fond est historique, des films qui présentent la vie quotidienne d'autrefois, des tableaux qui montrent les vêtements portés, par exemple.

Deuxième paragraphe

Mais le traitement artistique n'est pas toujours fiable : films commerciaux sur la guerre de Troie qui se jouent des réalités de l'époque, tableaux qui ne rendent pas compte de faits réels, mais servent des objectifs de propagande (exemples : « Le sacre de Napoléon » de David ou « Bonaparte au pont d'Arcole » de Gros).

Conclusion partielle

Les arts interviennent de manière positive dans la transmission des connaissances, à condition de rester attentif à l'objectivité des artistes et à la dimension fictionnelle, personnelle et inventive de l'œuvre.

Deuxième partie

Introduction partielle

L'art apporte aussi une dimension émotionnelle, esthétique à l'évocation du passé.

Premier paragraphe

La charge émotionnelle des œuvres d'art : à ce qu'il a vécu, l'auteur ou le peintre ajoute des sentiments, une vision subjective des faits et touche ainsi le public. Le théâtre, par exemple, permet, par la représentation scénique, de faire revivre aux spectateurs des événements passés, comme s'ils y assistaient. L'art ajoute alors de l'émotion.

Deuxième paragraphe

La dimension esthétique de l'œuvre : une musique, un tableau, un roman présentent un attrait plus grand que la compréhension ou la transmission de connaissances par des ouvrages historiques. Ils ajoutent la beauté et attirent par leurs qualités artistiques. Leurs destinataires garderont en mémoire l'émotion ressentie à la lecture ou à la présentation d'un spectacle.

Troisième paragraphe

Mais ces apports artistiques occultent parfois les faits eux-mêmes. L'art met-il alors en valeur les événements ou les dissimule-t-il à son seul profit ?

Conclusion partielle

L'art a une dimension esthétique qui charge d'émotion le passé, à condition toutefois qu'il ne le détourne pas trop.

Conclusion générale

Apport non négligeable de l'expression artistique sous toutes ses formes dans l'évocation d'événements passés : mémorisation, visualisation, émotion. L'esthétique ajoute à l'intérêt. Toutefois, l'embellissement, le détournement, les erreurs historiques, volontaires ou pas, nuisent parfois à la connaissance.

SUJET

2

Afrique • Juin 2014

Série générale

Sous l'emprise des contes

Mouloud Feraoun
Le Fils du pauvre
1954

Le soir, Fouroulou, jeune garçon kabyle (la Kabylie est une région montagneuse de l'Algérie), rejoint ses deux tantes, Khalti et Baya. Pendant que Baya travaille sur son métier à tisser, Fouroulou se tourne vers Khalti, qui lui raconte des histoires.

Avec Khalti, c'était différent. Pendant les récits, nous étions elle et moi des êtres à part. Elle savait créer de toutes pièces un domaine imaginaire sur lequel nous régnions. Je devenais arbitre et soutien du pauvre orphelin qui veut épouser une princesse ; j'assistais tout-puissant au triomphe du petit M'Quidech[1] qui a vaincu l'Ogresse ; je soufflais des sages répliques au Hechaïchi[2] qui tente d'éviter les pièges du sultan sanguinaire. Ils sont loin, les fronts soucieux et les soupirs de mes parents, par les interminables nuits d'hiver. L'histoire coule de la bouche de Khalti et je la bois avidement. C'est ainsi que j'ai fait connaissance avec la morale et le rêve. J'ai vu le juste et le méchant, le puissant et le faible, le rusé et le simple. Ma tante pouvait me faire rire ou pleurer. Certes je n'aurais jamais compati d'aussi bon cœur à un vrai malheur familial. Le destin de mes héros me préoccupait davantage que les soucis de mes parents. Tout cela parce que ma tante s'y laissait prendre elle-même. À l'entendre raconter, on sentait qu'elle croyait à ce qu'elle disait. Elle riait ou pleurait tout comme son neveu. Lorsque le dénouement était trop triste, nous nous couchions avec la même impression d'angoisse et je me serrais peureusement contre elle. Elle avait la tête farcie de superstitions. Bientôt, je fus aussi renseigné qu'elle sur les revenants, la mule ou l'outre des morts, le cri anniversaire des assassinés, les processions de fantômes qui annoncent les épidémies. Je connus les métamorphoses de la perdrix, du chardonneret[3], du singe ou du hibou. Mon imagination acceptait tout avec plaisir. Je pouvais tout entendre, bien à l'abri sous les couvertures, entre Baya et Khalti, la porte et le portail ayant été précautionneusement fermés depuis la tombée de la nuit. Mais quand, par hasard, je mettais le nez dehors, je sentais mes cheveux se dresser, j'avais la chair de poule, je courais comme un fou ou bien j'étais cloué sur place par la terreur. Je me voyais escorté par quelque fantôme, je croyais entendre des voix et des pas qui me poursuivaient. Oh ! j'ai bien payé la joie d'entendre conter Khalti puisque même à présent je n'ai pu me défaire de certaines frayeurs. J'ai beau me raisonner, je ne vaincrai jamais l'espèce de répulsion que j'éprouve en face des morts. Je ne traverserai jamais, la nuit, avec tout mon sang-froid, le grand cimetière de Tizi[4]. Le ululement des oiseaux nocturnes me paraîtra toujours lugubre et chargé de mélancolie, sinon de mauvais présages.

Néanmoins, je suis reconnaissant à Khalti de m'avoir appris de bonne heure à rêver, à aimer créer pour moi-même un monde à ma convenance, un pays de chimères où je suis le seul à pouvoir pénétrer.

---

1. M'Quidech : personnage du folklore populaire algérien, petit débrouillard qui vainc plus puissant que lui.
2. Hechaïchi : personnage du folklore kabyle, rêveur, solitaire et poète.
3. Chardonneret : petit oiseau.
4. Tizi : village kabyle.

Questions (15 points)

▶ **1.** À quelle personne est écrit le récit ? Quel est le point de vue utilisé ? Justifiez votre réponse en vous appuyant sur le texte. *(1,5 point)*

▶ **2.** Quel type d'histoires Khalti raconte-t-elle à Fouroulou ? Justifiez en vous aidant du texte. *(1 point)*

▶ **3.** Lignes 5 et 6 : « je soufflais des sages répliques au Hechaïchi qui tente d'éviter les pièges du sultan sanguinaire. »
Relevez deux expansions du nom de natures grammaticales différentes. Vous préciserez leur nature et leur fonction. *(2 points)*

▶ **4.** « L'histoire coule de la bouche de Khalti et je la bois avidement. » (lignes 8 et 9) : quelle figure de style est utilisée dans cette phrase ? Commentez-la. *(1,5 point)*

▶ **5.** Quelles sont les qualités que possède Khalti qui lui permettent de fasciner Fouroulou ? Vous vous appuierez sur le texte. *(1,5 point)*

▶ **6.** Quelles émotions Fouroulou ressent-il grâce à Khalti ? Citez le texte. *(1,5 point)*

▶ **7.** « Lorsque le dénouement était trop triste, nous nous couchions avec la même impression d'angoisse et je me serrais peureusement contre elle. » (lignes 16 à 18) : quel est le temps verbal utilisé ? Justifiez son emploi ici. *(1 point)*

▶ **8.** « C'est ainsi que j'ai fait connaissance avec la morale et le rêve. » (ligne 9).
À l'aide de vos connaissances personnelles et en vous appuyant sur le texte, commentez cette phrase en vous demandant notamment en quoi l'écoute de ces histoires a pu initier Fouroulou à la morale. *(1,5 point)*

▶ **9.** « Néanmoins, je suis reconnaissant à Khalti de m'avoir appris de bonne heure à rêver, à aimer créer pour moi-même un monde à ma convenance, un pays de chimères où je suis le seul à pouvoir pénétrer. » (lignes 35 à 37) : quel est le temps verbal utilisé ?
Justifiez son emploi ici. *(1 point)*

▶ **10. a)** Quel est le prix à payer pour Fouroulou pour avoir pénétré ce monde ? *(1 point)*
b) Le regrette-t-il ? Développez votre réponse en vous appuyant sur l'ensemble du texte. *(1,5 point)*

Réécriture (4 points)

« Mais quand, par hasard, je mettais le nez dehors, je sentais mes cheveux se dresser, j'avais la chair de poule, je courais comme un fou ou bien j'étais cloué sur place par la terreur. » (lignes 25 à 27)
Réécrivez ce texte en remplaçant « je » par « elle ». Vous procéderez à toutes les modifications nécessaires.

Dictée (6 points)

Amadou Hampâté Bâ
Amkoullel l'enfant peul, 1991

À la belle saison, on venait le soir à Kérétel pour regarder s'affronter les lutteurs, écouter chanter les griots musiciens, entendre des contes, des épopées et des poèmes. Si un jeune homme était en verve poétique, il venait chanter ses improvisations. On les retenait de mémoire, et, si elles étaient belles, dès le lendemain elles se répandaient à travers toute la ville. C'était là un aspect de cette grande école orale traditionnelle où l'éducation populaire se dispensait au fil des jours.

Le plus souvent, je restais après le dîner chez mon père Tidjani pour assister aux veillées. Pour les enfants, ces veillées étaient une école vivante, car un maître conteur africain ne se limitait pas à narrer des contes, il était également capable d'enseigner sur de nombreuses autres matières.

Écrire au tableau : Kérétel, griots, Tidjani.

Rédaction au choix (15 points)

Sujet 1

« Mais quand par hasard je mettais le nez dehors… ».
Imaginez la suite : un soir, après avoir écouté Khalti toute la soirée, Fouroulou doit regagner la maison de ses parents à l'autre bout du village, seul et dans la nuit.
Votre texte fera au moins deux pages (soit une quarantaine de lignes).

Sujet 2

Selon vous, que peuvent apporter les œuvres de fiction ?
Vous donnerez votre réponse dans un développement argumenté et organisé.
Vos exemples seront empruntés à la littérature, mais pourront aussi faire appel à d'autres formes d'art, par exemple le cinéma.
Votre texte fera au moins deux pages (soit une quarantaine de lignes).

LES CLÉS DU SUJET

Questions

▶ **1.** Reportez-vous au lexique → Point de vue.
▶ **4.** Consultez le lexique → Figures de style.
▶ **8.** La morale est ce qui permet de distinguer le bien du mal.

Réécriture

Faites attention :
- à accorder les verbes à l'imparfait avec le sujet *elle*, et le participe passé, précédé de l'auxiliaire *être*, avec ce même sujet.
- à transformer l'adjectif possessif « mes » en *ses* et mettre le groupe « comme un fou » au féminin singulier.

Rédactions

Sujet 1

- Lisez les fiches 1 et 2 : « Écrire un récit » et « Écrire une suite de texte ».
- Tenez compte de la date de parution du roman (1954) et du fait qu'il s'agit de l'autobiographie de l'auteur. Attention donc aux anachronismes : pas de télévision, de téléphone portable, de jeux vidéo.

• Utilisez les informations fournies par le texte : jeunesse de Fouroulou, liens privilégiés entre lui et sa tante, contenu des récits (contes, histoires angoissantes), frayeurs du jeune garçon.
• Mettez en relation le trajet, seul, dans la nuit, avec les peurs de Fouroulou. Pensez aux différents sens exacerbés par l'obscurité : vision imparfaite et trompeuse (lueurs, silhouettes, ombres), bruits étranges (craquements de branches, cris d'oiseaux, mouvements d'animaux, souffle du vent), odeurs.
• Décrivez les gestes et attitudes de Fouroulou : course éperdue, immobilité, tremblements, paroles murmurées, cris de surprise. Précisez les émotions et sentiments éprouvés : peur, étonnement, craintes injustifiées, soulagement à l'arrivée.

Sujet 2

• Lisez la fiche 8 : « Écrire un devoir de réflexion ».
• Annoncez un plan en deux parties distinguant d'une part les connaissances/informations que donnent les récits et d'autre part les émotions, éprouvées ainsi que les leçons à tirer pour soi-même.
• Dans une première partie, vous envisagerez comment un récit fictionnel permet de s'instruire sur les plans historiques, géographiques, sociaux, en quoi il donne des indications sur les coutumes, le comportement.
• Dans une deuxième partie, vous développerez ce que le lecteur éprouve à la lecture de ces textes : plaisir de l'évasion, de l'identification au personnage, joie, tristesse, peur, indignation. Vous indiquerez ce que le lecteur en tire pour lui-même : intérêt de situations identiques à la sienne, morale.
• Vous illustrerez votre devoir de références littéraires ou cinématographiques en précisant ce que chaque œuvre peut apporter.

CORRIGÉ 2

Questions

▶ **1.** Le récit est écrit à la **première personne du singulier** : « Je devenais » (ligne 3), « elle et moi » (ligne 1), « Je suis reconnaissant à Khalti de m'avoir appris de bonne heure à rêver » (lignes 35-36).

L'auteur utilise le **point de vue interne**, le narrateur rapportant ce qu'il voit, ressent ou suppose : « nous nous couchions avec la même impression d'angoisse » (lignes 16-17), « Elle avait la tête farcie de superstitions. Bientôt, je fus aussi renseigné qu'elle » (lignes 18-19).

▶ **2.** Khalti raconte à Fouroulou des **contes kabyles** qui font intervenir les personnages traditionnels de ce type de récits : « pauvre orphelin qui veut épouser une princesse » (lignes 3-4) ; « triomphe du petit M'Quidech qui a vaincu l'Ogresse » (lignes 4-5) ; « Hechaïchi qui tente d'éviter les pièges du sultan sanguinaire » (ligne 6).

▶ **3.** Les expansions du nom sont :

– **sages** : adjectif qualificatif, épithète du nom « répliques » ;

– **qui tente d'éviter les pièges du sultan sanguinaire** : proposition subordonnée relative, complément de son antécédent « Hechaïchi » ;

– **du sultan sanguinaire** : groupe nominal prépositionnel, complément du nom « les pièges » ;

– **sanguinaire** : adjectif qualificatif, épithète du nom « sultan ».

▶ **4.** La figure de style utilisée est une **métaphore filée** puisqu'elle se poursuit sur l'ensemble du groupe de mots. L'histoire que raconte Khalti à son neveu est assimilée à un liquide, une eau qui coulerait d'une source ou d'une fontaine, la bouche de la jeune femme, à laquelle le jeune garçon s'abreuverait.

Cette métaphore souligne **la fluidité du récit** dit par Khalti et le lien qui unit la conteuse à son auditeur. Elle renvoie à l'expression : boire les paroles de quelqu'un qui exprime l'attention et la fascination de celui qui écoute.

▶ **5.** Khalti possède certaines qualités qui lui permettent de fasciner Fouroulou :

– elle est capable de « **créer** de toutes pièces **un domaine imaginaire** » (ligne 2) ;

– elle initie le jeune à certaines valeurs et fait donc œuvre de **pédagogue** : « C'est ainsi que j'ai fait connaissance avec la morale et le rêve. J'ai vu le juste et le méchant, le puissant et le faible, le rusé et le simple. » (lignes 9-10) ;

– elle sait **faire naître des émotions** : « Ma tante pouvait me faire rire ou pleurer. » (ligne 11).

▶ **6.** Fouroulou ressent diverses émotions grâce à Khalti :

– il éprouve de la **joie** ou de la **tristesse** : « Ma tante pouvait me faire rire ou pleurer » (ligne 11) ; « Mon imagination acceptait tout avec plaisir » (ligne 22) ;

– mais il est aussi très souvent **terrorisé** par les récits de sa tante : « nous nous couchions avec la même impression d'angoisse et je me serrais peureusement contre elle » (lignes 16-18) ; « je n'ai pu me défaire de certaines frayeurs » (ligne 30) ;

– néanmoins, au moment de l'écriture, l'auteur ressent de la **reconnaissance** envers sa tante : « je suis reconnaissant à Khalti de m'avoir appris de bonne heure à rêver, à aimer créer » (lignes 35-36).

▶ **7.** Le temps verbal utilisé est **l'imparfait** de l'indicatif.

Ce temps est employé pour une action passée dont on ne précise ni le début ni la fin. Dans ce récit, il marque **les actions de « second plan »**, longues et répétitives.

▶ **8.** Fouroulou s'identifie aux personnages des contes racontés par Khalti, il devient ainsi « arbitre et soutien du pauvre orphelin » (ligne 3), prenant le parti des plus faibles. Ces contes transmettent donc une morale qui permet au jeune garçon de **distinguer le bien et le mal** : « J'ai vu le juste et le méchant, le puissant et le faible, le rusé et le simple. » (ligne 10) et lui enseignent une **certaine sagesse** : « je soufflais des sages répliques au Hechaïchi qui tente d'éviter les pièges du sultan sanguinaire » (lignes 5-6).

Les histoires de Khalti, comme tous les contes en général, mettent en scène des épreuves à surmonter, avec la punition des méchants, la valorisation de qualités physiques et intellectuelles. Ce sont des récits qui ont pour objectif de **plaire** et d'**instruire**.

▶ **9.** Le temps verbal utilisé est le **présent** de l'indicatif : « suis ». Il s'agit d'un présent d'actualité ou d'énonciation car le fait se déroule au moment où l'auteur rédige. Ce présent renvoie au temps de l'écriture.

▶ **10. a)** Pour avoir pénétré ce monde inquiétant et imaginaire raconté par Khalti, Fouroulou a éprouvé **des peurs quand il était enfant** : « je sentais mes cheveux se dresser, j'avais la chair de poule », « j'étais cloué sur place par la terreur » (lignes 25-27), mais ce sont **des émotions qui restent** : « même à présent je n'ai pu me défaire de certaines frayeurs » (lignes 29-30), « je ne vaincrai jamais l'espèce de répulsion que j'éprouve en face des morts » (lignes 30-31), « Le ululement des oiseaux nocturnes me paraîtra toujours lugubre et chargé de mélancolie, sinon de mauvais présages. » (lignes 33-34).

Il en a gardé **la hantise de certains lieux** : « Je ne traverserai jamais, la nuit, avec tout mon sang-froid, le grand cimetière de Tizi. » (lignes 32-33). Ces récits ont donc eu une réelle influence sur l'auteur, il en a tiré des craintes irraisonnées qui renvoient aux peurs de son enfance et **la croyance aux superstitions** transmises par sa tante.

b) Néanmoins, **il ne regrette rien**. Les souvenirs qu'il garde de son enfance reflètent **l'affection et la complicité** qui unissaient la tante et le jeune garçon : « nous étions elle et moi des êtres à part » (lignes 1-2) ; « nous nous couchions avec la même impression d'angoisse et je me serrais peureusement contre elle » (lignes 16-17). Et surtout, encore au moment de l'écriture, l'auteur éprouve une réelle **gratitude** envers sa tante : « Néanmoins, je suis reconnaissant à Khalti de m'avoir appris de bonne heure à rêver, à aimer créer pour moi-même un monde à ma convenance, un pays de chimères où je suis le seul à pénétrer » (lignes 35 à 37). Sa tante lui **a ouvert le monde de l'imaginaire** et il lui en sait gré.

Réécriture

Les modifications sont mises en couleur.

Mais quand, par hasard, **elle mettait** le nez dehors, **elle sentait ses** cheveux se dresser, **elle avait** la chair de poule, **elle courait comme une folle** ou bien **elle était clouée** sur place par la terreur.

Dictée

POINT MÉTHODE

1 Ne confondez pas le déterminant possessif *ses* et le déterminant démonstratif *ces*.

2 Accordez les nombreux adjectifs avec les noms ou pronoms qu'ils qualifient.

3 Regardez bien les mots suivants : *épopées*, *en verve*, *veillées* et retenez leur orthographe.

À la **belle** saison, on venait le soir à Kérétel pour regarder s'affronter les lutteurs, écouter chanter les griots **musiciens**, entendre des contes, des **épopées** et des poèmes. Si un **jeune** homme était **en verve poétique**, il venait chanter **ses** improvisations. On les retenait de mémoire, et, si elles étaient **belles**, dès le lendemain elles se répandaient à travers toute la ville. C'était là un aspect de cette **grande** école **orale traditionnelle** où l'éducation **populaire** se dispensait au fil des jours.

Le plus souvent, je restais après le dîner chez mon père Tidjani pour assister aux **veillées**. Pour les enfants, **ces veillées** étaient une école **vivante** car un maître **conteur africain** ne se limitait pas à narrer des contes, il était également **capable** d'enseigner sur de **nombreuses** autres matières.

Rédaction au choix

Sujet 1 : plan détaillé

Introduction

Inventez un événement particulier qui a obligé Fouroulou à quitter le domicile de sa tante : Khalti malade lui demande d'aller chercher de l'aide, par exemple.

Développement

Premier paragraphe

– Fouroulou sort : désir de se montrer digne de la confiance de sa tante, tranquillité tant que les lueurs de la maison éclairent le chemin, reconnaissance d'un terrain et d'objets connus.

– La lumière diminue : éclat de la lune ou obscurité totale qui dessinent des ombres inquiétantes, des masses sombres qui s'agitent, des silhouettes fuyantes. Le jeune garçon essaie de se rassurer en tentant de se repérer et de retrouver des éléments du décor familier.

Deuxième paragraphe

– Réactions : désir de retourner sur ses pas mais peur du ridicule ou de se faire gronder, marche hésitante au milieu de la route, regards furtifs en arrière. Fouroulou pense aux fantômes qui peuplent si souvent les récits de Khalti.

– Évocation des bruits : le craquement des branches, le bruissement des feuilles, le ululement lugubre des oiseaux nocturnes, le coassement des grenouilles, l'âne qui se met à braire. S'agit-il du cri anniversaire des assassinés dont parle la conteuse ?

– Fouroulou sent ses cheveux se dresser sur sa tête, il a la chair de poule.

Troisième paragraphe

– Soudain, un événement particulier : une masse sombre surgit, une silhouette se découpe à ses côtés, des pas se font entendre, il perçoit un souffle. Fouroulou pense aux revenants, aux processions de fantômes qui annoncent les épidémies.

– Il se met à courir « comme un fou ».

Quatrième paragraphe

– Puis Fouroulou songe aux sages conseils donnés au Hechaïchi, au courage du petit M'Quidech qui a vaincu l'Ogresse, aux prouesses du pauvre orphelin qui veut épouser une princesse et il se calme.

– Il reprend son souffle et tente d'analyser la situation : souvenirs des réactions des autres auditeurs aux récits de Khalti, mises en doute de l'existence de ces êtres imaginaires.

– Le jeune garçon s'approche prudemment de la source de son angoisse : il découvre un âne entravé par des cordes et qui tente de se détacher, un chien qui fouille des ordures, un homme qui rentre tranquillement chez lui et il est rassuré.

Conclusion

Fouroulou est fier d'avoir surmonté une telle épreuve et rit de ses craintes injustifiées. Il comprend que les récits de Khalti influencent ses émotions et il lui est reconnaissant de lui avoir ouvert le monde de l'imaginaire, quel que soit le prix à payer.

Sujet 2 : devoir rédigé sauf introduction et conclusion

POINT MÉTHODE

Développer une idée dans un paragraphe

1 Le paragraphe commence généralement par un mot de liaison (*ainsi, d'abord, ensuite, en effet, d'autre part, toutefois*...) qui assure le lien avec ce qui précède et permet d'introduire l'idée.

2 Les arguments sont présentés de façon claire et annoncés dans des introductions partielles.

3 On prouve le bien-fondé d'une idée en l'appuyant sur des arguments et on l'illustre d'exemples.

Introduction

– Mettez en relation le sujet et l'extrait du roman étudié : émotions éprouvées, conséquences sur la vie de l'auteur, reconnaissance envers sa tante pour ce qu'elle lui a apporté.

– Citez la question posée et annoncez un plan en deux parties : les connaissances qu'apporte la lecture d'œuvres de fiction d'une part, et les émotions, leçons à tirer, évasion d'autre part.

Première partie

Les textes fictionnels instruisent sur le plan historique, géographique, social. Ils donnent aussi des renseignements sur des coutumes, sur le comportement de certaines personnes dans des situations données.

Ainsi, les intrigues des œuvres de fiction s'inscrivent dans une époque précise, récente ou plus éloignée. Les personnages évoluent dans un cadre social et temporel bien délimité qui renseigne sur le mode de vie à ce moment-là. L'auteur introduit parfois des figures historiques réelles et leur prête des paroles ou des actions, comme le fait Alexandre Dumas avec les férets de la reine dans *Les Trois Mousquetaires*. La période peut parfois devenir le sujet même du roman qui sert de témoignage sur des événements passés. Les autobiographies relatives aux camps de concentration pendant la Deuxième Guerre mondiale en sont l'exemple type, comme celle de Primo Levi, *Si c'est un homme.*

Même si le roman n'en fait pas le sujet principal, l'intrigue informe toujours sur la vie de l'époque envisagée. Les personnages portent des vêtements en accord avec leur temps, les moyens de locomotion, les activités sont révélateurs. Les romans policiers d'Agatha Christie donnent de nombreuses informations sur la noblesse ou la grande bourgeoisie de son époque. Les œuvres de fiction renseignent donc directement ou non sur une période.

De plus, les intrigues sont aussi inscrites dans des lieux spécifiques : régions de France, pays étrangers, cadres exotiques, demeures particulières. Le texte apporte des connaissances sur la flore, la faune, le paysage, le style de vie, la nourriture. *Les Contes des mille et une nuits* renseignent sur la Perse d'autrefois, *Le Tour du monde en quatre-vingt jours* de Jules Verne décrit des endroits parfois peu connus.

Enfin, ces textes informent sur des comportements, des coutumes, des activités que l'on ignore souvent. Le plaisir de la lecture s'accompagne de connaissances : habillement, nourriture, rapports entre les individus. *Vipère au poing* d'Hervé Bazin montre les rapports parents/enfants dans certaines familles bourgeoises ; *Le Fils du pauvre* de Mouloud Feraoun rend compte de l'importance des superstitions en Kabylie dans son enfance.

Donc, les œuvres de fiction informent et instruisent sur bien des plans. L'intrigue rend cet apprentissage spontané mais celui-ci marque dans certains cas durablement la mémoire.

Deuxième partie

Cependant, les œuvres de fiction ont d'autres effets : empathie avec le héros, sentiments et émotions, leçons de morale. Reconnaître dans une intrigue une situation semblable à la sienne influence celui qui lit. Reste toujours le plaisir de l'évasion.

En effet, l'identification au héros entraîne des sentiments divers : admiration, peurs, colère, indignation, joie, tristesse. Le lecteur participe en quelque sorte aux aventures du personnage avec émotion : désespoir s'il meurt, satisfaction s'il surmonte des épreuves, admiration s'il fait preuve de courage et évite les dangers, haine pour ceux qui le persécutent. Les contes jouent ce rôle sur les jeunes enfants : le jeune Fouroulou dans *Le Fils du pauvre* de Mouloud Feraoun soutient le pauvre orphelin ou souffle de sages conseils au Hechaïchi. Les textes fantastiques font souvent peur, certains romans policiers rendent fébrile tant le lecteur voudrait connaître la clé de l'énigme.

Toutefois les œuvres de fiction permettent surtout de s'évader. Comme elles installent les personnages dans un décor précis, parfois inconnu du lecteur, qu'elles s'inscrivent dans une période historique donnée, elles offrent des possibilités de s'abstraire du quotidien, de se sentir projeté dans un autre univers. L'intrigue passionne tant, parfois, que le lecteur oublie l'heure ou le lieu où il se trouve, il veut savoir la suite et perd ses repères. Il vit des aventures comme par procuration et ne veut pas sortir du monde fictionnel. Les mythes, contes, romans de science-fiction sont particulièrement efficaces sur ce plan, mais les textes réalistes aussi. Certaines séries pour adolescents comportent des milliers de pages que les jeunes dévorent avidement et ils attendent fébrilement le tome à paraître pour retrouver leurs héros favoris et s'immerger dans leur univers. Ces lectures apportent donc une évasion évidente.

De plus, les œuvres fictionnelles transmettent souvent une morale. Les mythes mettent en garde contre des transgressions d'interdits : inceste, infanticide, parricide. Certains textes montrent les dangers de comportements irréfléchis : drogues, alcool, paris stupides. D'autres peuvent influencer : se prémunir de mauvaises fréquentations, réagir face à la violence, surmonter un handicap social, montrer les avantages des études et les efforts de certains jeunes sans ressources pour y avoir accès. Toutes ces lectures ont un effet bénéfique et apportent un soutien au lecteur.

Par conséquent, les œuvres de fiction ont un champ d'action qui va au-delà de l'enseignement direct ou indirect. Elles influent de manière durable sur le lecteur.

Conclusion générale

Rôle essentiel de la lecture d'œuvres de fiction en reprenant la formule de La Fontaine : plaire et instruire.

Amérique du Nord • Juin 2014
Série générale

Trouver une famille

Éric-Emmanuel Schmitt
L'Enfant de Noé
2004

En 1942, le père Pons dirige un orphelinat nommé La Villa Jaune…

Lorsque j'avais dix ans, je faisais partie d'un groupe d'enfants que, tous les dimanches, on mettait aux enchères.

On ne nous vendait pas : on nous demandait de défiler sur une estrade afin que nous trouvions preneur. Dans le public pouvaient se trouver aussi bien nos vrais parents enfin revenus de la guerre que des couples désireux de nous adopter.

Tous les dimanches, je montais sur les planches en espérant être reconnu, sinon choisi.

Tous les dimanches, sous le préau de la Villa Jaune, j'avais dix pas pour me faire voir, dix pas pour obtenir une famille, dix pas pour cesser d'être orphelin. Les premières enjambées ne me coûtaient guère tant l'impatience me propulsait sur le podium, mais je faiblissais à mi-parcours, et mes mollets arrachaient péniblement le dernier mètre. Au bout, comme au bord d'un plongeoir, m'attendait le vide. Un silence plus profond qu'un gouffre. De ces rangées de têtes, de ces chapeaux, crânes et chignons, une bouche devait s'ouvrir pour s'exclamer : « Mon fils ! » ou : « C'est lui ! C'est lui que je veux ! Je l'adopte ! » Les orteils crispés, le corps tendu vers cet appel qui m'arracherait à l'abandon, je vérifiais que j'avais soigné mon apparence. […]

Certes, mes chaussures faisaient mauvais effet. Deux morceaux de carton vomi. Plus de trous que de matière. Des béances[1] ficelées par du raphia. Un modèle aéré, ouvert au froid, au vent et même à mes orteils. Deux godillots[2] qui ne résistaient à la pluie que depuis que plusieurs couches de boue les avaient encrottés[3]. Je ne pouvais me risquer à les nettoyer sous peine de les voir disparaître. Le seul indice qui permettait à mes chaussures de passer pour des chaussures, c'était que je les portais aux pieds. Si je les avais tenues à la main, sûr qu'on m'aurait gentiment désigné les poubelles. Peut-être aurais-je dû conserver mes sabots de semaine ? Cependant, les visiteurs de la Villa Jaune ne pouvaient pas remarquer cela d'en bas ! Et même ! On n'allait pas me refuser pour des chaussures ! Léonard le rouquin n'avait-il pas récupéré ses parents alors qu'il avait paradé[4] pieds nus ?

– Tu peux retourner au réfectoire, mon petit Joseph.

Tous les dimanches, mes espoirs mouraient sur cette phrase. Le père Pons suggérait que ce ne serait pas pour cette fois non plus et que je devais quitter la scène.

Demi-tour. Dix pas pour disparaître. Dix pas pour rentrer dans la douleur. Dix pas pour redevenir orphelin. Au bout de l'estrade, un autre enfant piétinait déjà.

---

1. Béances : trous.
2. Godillots : grosses chaussures.
3. Encrottés : recouverts.
4. Paradé : défilé.

Questions (15 points)

▶ **1.** Qui est le narrateur ? *(0,5 point)*

▶ **2.** En vous appuyant sur le passage des lignes 3 à 6, expliquez quelles sont les deux situations dans lesquelles se trouvent les enfants de la Villa Jaune ? *(1 point)*

▶ **3.** Dans la première moitié du texte (lignes 3 à 19) :

a) À quoi peut faire penser la manière dont les enfants se présentent aux adultes ? *(1 point)*

b) Relevez dans ce passage des mots ou expressions qui vous permettent de justifier votre réponse. *(1 point)*

c) À partir des passages au discours direct, commentez l'attitude des adultes et précisez les sentiments qu'ils peuvent éprouver. *(1,5 point)*

▶ **4.** Dans le passage des lignes 20 à 28 :

a) Relevez les noms qui désignent les chaussures du narrateur : quelle caractéristique essentielle apparaît ? *(1,5 point)*

b) « Deux morceaux de carton… à mes orteils. » (lignes 20 à 22) : quelle est la particularité grammaticale de ces phrases ? Quel est l'effet produit ? *(1,5 point)*

c) En quoi le ton adopté par le narrateur dans ce passage s'oppose-t-il à la tonalité du reste du récit ? *(1,5 point)*

▶ **5.** Dans les lignes 28 à 32, à quelle conclusion en arrive le narrateur en ce qui concerne son apparence ? *(1,5 point)*

▶ **6.** « dix pas pour me faire voir, dix pas pour obtenir une famille, dix pas pour cesser d'être orphelin » (lignes 9 à 11) ; « Dix pas pour disparaître. Dix pas pour rentrer dans la douleur. Dix pas pour redevenir orphelin. » (lignes 37-38).
a) Quelle figure de style est ici utilisée ? *(0,5 point)*
b) Comparez précisément ces deux courts passages : quelle conclusion pouvez-vous en tirer ? *(1,5 point)*

▶ **7.** Dans l'ensemble du texte, dites quels sont les sentiments successifs éprouvés par le narrateur. Vous justifierez chacune de vos réponses par des citations précises. *(2 points)*

Réécriture (4 points)

Transposez les phrases suivantes (lignes 3 à 5), où les enfants sont désignés par le pronom « nous », à la troisième personne du pluriel et en utilisant le système du présent. Vous ferez toutes les modifications nécessaires.
« On ne nous vendait pas ; on nous demandait de défiler sur une estrade afin que nous trouvions preneur. Dans le public pouvaient se trouver aussi bien nos vrais parents [...]. »

Dictée (6 points)

Victor Hugo
Les Misérables, 1862

Un grand crucifix accroché au mur complétait la décoration de ce réfectoire, dont la porte unique, nous croyons l'avoir dit, s'ouvrait sur le jardin. Deux tables étroites, côtoyées chacune de deux bancs de bois, faisaient deux longues lignes parallèles d'un bout à l'autre du réfectoire. Les murs étaient blancs, les tables étaient noires ; ces deux couleurs du deuil sont le seul rechange des couvents. Les repas étaient revêches, et la nourriture des enfants eux-mêmes sévère. Un seul plat, viande et légumes mêlés, ou poisson salé, tel était le luxe. Ce bref ordinaire, réservé aux pensionnaires seules, était pourtant une exception.

Écrire au tableau : côtoyées.

Rédaction au choix (15 points)

Sujet 1

Imaginez la suite de ce texte, dans laquelle le narrateur raconte comment, un dimanche, un couple choisit de l'adopter. Vous pourrez commencer par : « Le dimanche suivant… ».
Votre texte fera au moins deux pages (soit une quarantaine de lignes).

Sujet 2

Dans quelle mesure l'apparence peut-elle influencer le jugement porté par les autres ?
Vous donnerez votre réponse dans un développement argumenté et organisé. Votre texte fera au moins deux pages (soit une quarantaine de lignes).

LES CLÉS DU SUJET

Questions

▶ **1.** Reportez-vous au lexique → Indices de présence du narrateur.

▶ **4.** Les questions **a)** et **b)** vous conduisent à trouver la réponse à la question **c)**.

▶ **6.** Consultez le lexique → Figures de style.

Réécriture

Faites attention :

- à transformer les pronoms personnels « nous » selon la fonction : en *ils* (sujet), en *les* (COD), en *leur* (COI) et le déterminant possessif « nos » en *leurs*.
- à accorder tous les verbes au présent de l'indicatif en vérifiant quel est leur sujet, surtout quand il est inversé.

Rédactions

Sujet 1

- Lisez les fiches 2 et 4 : « Écrire une suite » et « Écrire une description/un portrait ».
- Tenez compte des éléments fournis par le texte : âge de l'enfant (dix ans), situation matérielle (extrême pauvreté), origine (orphelinat), attentes (retrouvailles avec ses parents ou adoption), déceptions successives chaque dimanche.

• Décrivez le couple qui choisit de l'adopter : âge, statut social, apparences (physique, vêtements, langage, gestes).
• Précisez les sentiments éprouvés par l'enfant : soulagement, surprise, joie, déception, regrets.
• Faites le récit des premiers moments partagés : contact, paroles échangées, gestes brusques ou affectueux, séparation d'avec les camarades, départ, découverte du nouveau lieu de vie.
• L'adulte qui raconte en a-t-il gardé un souvenir heureux ou triste ?

Sujet 2

• Lisez la fiche 8 : « Écrire un devoir de réflexion ».
• Précisez, dès l'introduction, les différents sens du mot « apparence » : physique, vêtements, comportement, langage, fréquentations.
• Annoncez un plan en deux parties, par exemple, l'importance accordée aux apparences dans le jugement porté et les éléments qui peuvent effacer instantanément cette première impression.
• Dans une première partie, vous montrerez que l'apparence compte : beauté ou laideur, vêtements à la mode, manière de s'exprimer ou de se comporter puisque ce sont les premiers éléments qui frappent lors d'une rencontre, par exemple.
• Dans une seconde partie, vous nuancerez en insistant sur des oppositions : le style de langage détruit parfois une bonne impression, un comportement honnête remet en cause un jugement critique. Vous vous interrogerez sur ce que chacun souhaite dévoiler de lui-même et sur l'obligation ou non de se plier à des normes imposées par l'habitude, la mode ou les convenances.

CORRIGÉ 3

Questions

▶ **1.** Le narrateur est un **adulte** qui **raconte de douloureux souvenirs d'enfance** : « Lorsque j'avais dix ans » (ligne 1). Il était hébergé dans un « orphelinat nommé La Villa Jaune » (paratexte) et était mis, chaque dimanche, « aux enchères » (ligne 2), afin de retrouver ses vrais parents ou d'être adopté.

▶ **2.** Les enfants de la Villa Jaune sont des **orphelins** qui, « tous les dimanches », étaient mis « aux enchères » (lignes 1 et 2), mais « On ne nous vendait pas » (ligne 3), ils cherchaient « preneur » (ligne 4) : soit leurs « vrais parents enfin revenus de la guerre » soit « des couples désireux de [les] adopter » (lignes 5 et 6). Les enfants sont donc dans la situation de **quitter l'orphelinat** ou d'**y rester** si personne ne les réclame ou ne souhaite les adopter.

▶ **3. a)** Les enfants doivent « **défiler sur une estrade** » (ligne 3) afin de trouver « preneur » (ligne 4). Le narrateur parle lui-même de mise aux « enchères » (ligne 2) ce qui pourrait faire penser à la **présentation d'objets** en vue d'une vente, comme celles qui se pratiquaient pour les esclaves. L'estrade rappelle aussi les défilés de mode ou les distributions des prix de fin d'année dans les établissements scolaires d'autrefois. Mais certains éléments font aussi référence à une **scène de théâtre**.

b) Les groupes « ne nous **vendait** pas », « trouvions preneur » (lignes 3-4) renvoient à une distribution d'objets ; les expressions « je montais sur les planches » « me faire voir » (lignes 7 et 10), « quitter la scène » (ligne 36) rappellent le théâtre avec ses spectateurs que l'enfant ne perçoit que partiellement : « De ces rangées de têtes, de ces chapeaux, crânes et chignons » (lignes 15-16). Le mot « **podium** » (ligne 12) fait penser à un défilé de mode ou une distribution des prix.

c) « Mon fils » (ligne 16) montrerait la **joie** et le soulagement des parents et des enfants enfin réunis après une longue attente et, sans doute, de vastes recherches ; « C'est lui ! C'est lui que je veux ! Je l'adopte ! » (ligne 17) marquerait un désir intense, une **impatience** des couples à adopter. Les adultes sont là comme des spectateurs désireux de repartir avec un jeune.

▶ **4. a)** Dans le passage des lignes 20 à 28, de nombreux termes désignent les chaussures du narrateur : « chaussures » (ligne 20), « morceaux de carton vomi » (lignes 20-21), « Plus de trous que de matière » (ligne 21), « Des béances ficelées par du raphia » (lignes 21-22), « Un modèle aéré » (ligne 22), « Deux godillots » (ligne 23). Tous ces groupes renvoient à la **pauvreté**, au manque voire au **dégoût**.

b) Ce sont des **phrases nominales**. Cette succession de phrases nominales insiste sur l'aspect des chaussures par un rythme rapide qui crée un effet de **gradation**.

c) **L'humour noir** du narrateur contraste avec la tonalité du reste du texte empreint de **souffrance** : « Un silence plus profond qu'un gouffre » (lignes 14-15), « m'arracherait à l'abandon » (ligne 18), « Tous les dimanches, mes espoirs mouraient » (ligne 34), « rentrer dans la douleur » (ligne 37), « redevenir orphelin » (ligne 38).

▶ **5. Le narrateur relativise l'impact de son apparence** sur le jugement des adultes qui assistent à la présentation des enfants : « les visiteurs de la Villa

Jaune ne pouvaient pas remarquer cela d'en bas ! » (lignes 29-30), « On n'allait pas me refuser pour des chaussures ! » (lignes 30-31), « Léonard le rouquin n'avait-il pas récupéré ses parents alors qu'il avait paradé pieds nus ? » (lignes 31-32). Il lui semble que, finalement, tout cela est de moindre importance.

▶ **6. a)** La figure de style ici utilisée est une **anaphore**, répétition des mêmes termes : « dix pas pour ».

b) Ces deux courts passages, qui encadrent le récit de la présentation de l'enfant sur le « podium » (ligne 11), sont **symétriques** : trois groupes qui commencent par les mêmes mots et évoquent la notion de but, d'aboutissement : « dix pas pour » et pourtant opposés : « me faire voir » (ligne 10) et « disparaître » (ligne 37) ; « obtenir une famille » (ligne 10) et « rentrer dans la douleur » (ligne 37) ; « cesser d'être orphelin » (ligne 11) et « redevenir orphelin » (ligne 38).

Chaque dimanche, **l'enfant revit la même scène et éprouve les mêmes sentiments** : d'abord **l'espoir** qu'une famille, la sienne ou une autre, lui fasse quitter enfin l'orphelinat, puis la **déception** et la **souffrance** profonde que personne ne soit venu le chercher ou ait eu envie de l'adopter. L'enchaînement est très rapide puisque dix pas suffisent à le faire passer de l'espérance folle au désespoir sans cesse renouvelé.

▶ **7.** Tout au long du texte, le narrateur fait référence à différents sentiments éprouvés.

– Il raconte le début du cérémonial qui se reproduisait chaque dimanche avec de **l'humour noir** : « on mettait aux enchères » (ligne 2), « afin que nous trouvions preneur » (ligne 4).

– Il laisse ensuite transparaître **l'espoir** renouvelé : « me faire voir » (ligne 10), « obtenir une famille » (ligne 10), « cesser d'être orphelin » (ligne 11), « le corps tendu vers cet appel qui m'arracherait à l'abandon » (ligne 18).

– Mais le **désespoir** s'empare de lui chaque fois : « le vide. Un silence plus profond qu'un gouffre » (lignes 14-15).

– Toutefois, il décrit ses chaussures avec **humour** : « morceaux de carton vomi » (ligne 21), « Un modèle aéré » (ligne 22), « Le seul indice qui permettait à mes chaussures de passer pour des chaussures, c'était que je les portais aux pieds » (lignes 25 à 27).

– Le texte s'achève sur un nouveau rappel de la **souffrance** ressentie après l'échec de son passage sur le podium : « rentrer dans la douleur » (ligne 37), « redevenir orphelin » (ligne 38).

La tonalité du texte oscille donc entre l'espoir et le désespoir, sentiments entrecoupés par des passages d'humour comme pour atténuer la tristesse qui se dégage de ce récit.

Réécriture

Les modifications sont mises en couleur.

On ne les vend pas : on leur demande de défiler sur une estrade afin qu'ils trouvent preneur. Dans le public peuvent se trouver aussi bien leurs vrais parents […].

Dictée

POINT MÉTHODE

1. Les adjectifs attributs s'accordent avec le sujet du verbe.
2. **Tous les verbes sont à l'imparfait. Faites attention au verbe *faire* qui a une orthographe différente de sa prononciation.**
3. **Regardez bien les mots suivants : *crucifix*, *revêches*, *pensionnaires* (au féminin ici) et retenez leur orthographe.**

Un grand crucifix accroché au mur complétait la décoration de ce réfectoire, dont la porte unique, nous croyons l'avoir dit, s'ouvrait sur le jardin. Deux tables étroites, côtoyées chacune de deux bancs de bois, faisaient deux longues lignes parallèles d'un bout à l'autre du réfectoire. Les murs étaient blancs, les tables étaient noires ; ces deux couleurs du deuil sont le seul rechange des couvents. Les repas étaient revêches, et la nourriture des enfants eux-mêmes sévère. Un seul plat, viande et légumes mêlés, ou poisson salé, tel était le luxe. Ce bref ordinaire, réservé aux pensionnaires seules, était pourtant une exception.

Rédaction au choix

Sujet 1 : devoir entièrement rédigé

POINT MÉTHODE

Inclure un portrait dans un récit

1. **On peut réserver un paragraphe au portrait d'un personnage. Mais il est possible aussi d'insérer des éléments de portrait dans le récit en fonction de ses positions, ses mouvements, ses attitudes.**

2 Alors que les actions sont racontées au passé simple, le décor et le portrait sont écrits à l'imparfait.

3 On n'oubliera pas ce qui se dégage de la personne : douceur, tristesse, joie, force, qui peut être signalé par un seul détail.

Le dimanche suivant, je montai encore une fois sur les planches et j'entamai les dix pas de la désespérance, étant certain que, ce jour-là, de nouveau, je retomberais dans le gouffre de l'abandon. J'entendis bien les cris tant attendus : « C'est lui ! C'est lui que je veux ! Je l'adopte ! », mais je crus que l'enfant suivant avait gravi les marches de l'estrade avant la fin de mon supplice hebdomadaire et que cet appel s'adressait à lui. Le père Pons me tapa sur l'épaule pour arrêter ma marche résignée. « C'est ton tour, Joseph, ces personnes souhaitent te prendre chez elles ! » Il me fallut un instant pour comprendre ses paroles. Je me retournai vers les rangées de têtes en contrebas. Qui avait crié ? S'agissait-il de mes parents qui étaient enfin revenus pour que nous soyons tous réunis ou d'un couple ayant besoin d'une aide à la ferme ?

Je vis des personnes qui agitaient leurs bras au-dessus de leurs têtes. De toute évidence, je ne les reconnaissais pas. J'avais quitté mes parents depuis des années mais je me souvenais très clairement de la **masse de cheveux bruns de ma mère**, or, **cette femme portait un foulard d'où s'échappaient des mèches blondes.**

Je descendis vers eux en tentant de dissimuler les bouts de carton vomi qui cachaient mes pieds. Je m'approchai d'eux, très intimidé. **La femme esquissa un sourire résigné et son mari me donna une bourrade dans le dos.** « Attends, me dit-il, nous allons remplir les documents nécessaires à ta prise en charge, nous ferons les présentations plus tard. » Et ils me laissèrent là, les bras pendants, encore sous le choc de cette situation nouvelle et inattendue.

Je savais que je devais aller faire mes adieux à mes camarades qui me regarderaient avec des yeux envieux et surtout saluer le père Pons, mais je restai immobile. Voilà enfin le moment tant attendu et, pourtant, je n'éprouvais pas vraiment le soulagement que j'avais espéré. Où m'emmenaient ces gens ? Qui étaient-ils ? Pourquoi avaient-ils hésité si longtemps avant de me choisir et quels critères avaient orienté leur choix ? Ou bien était-ce la première fois qu'ils venaient aux enchères ? Des dizaines de questions se bousculaient dans ma tête.

Un petit groupe se forma autour de moi, on me tapait sur l'épaule. J'entendis des « Chanceux ! », « Ton tour est venu, veinard ! », « Tu ne nous oublieras pas, dis, tu donneras des nouvelles ! ». Toutes ces paroles formaient un brouhaha et je ne savais que répondre. Ces camarades de misère répétaient des mots que j'avais moi-même prononcés tant de fois ! Le Père Pons revint avec le couple. Il me serra fort dans ses bras en me murmurant des paroles de réconfort : « Ne t'inquiète pas, ce sont des gens bien et tu pourras nous rendre visite quand tu voudras, ils sont d'accord ! » et il me laissa partir.

La femme, un peu boulotte, marchait en se dandinant un peu et hésitait à me donner la main. L'homme nous précédait d'un bon pas, sans se retourner. Il s'arrêta à côté d'une carriole tirée par deux chevaux fatigués. « Plus d'essence », dit-il sans plus d'explication. Il grimpa sur la carriole sans me tendre la main. Je m'aidai des roues du chariot pour me hisser à son côté, mais une de mes « chaussures » y resta collée. « Faudra changer ça », bougonna-t-il.

Serrés les uns contre les autres, nous partîmes. Je les regardai du coin de l'œil. L'homme, d'une quarantaine d'années selon mon estimation d'enfant portait une chemise à carreaux sous une veste de velours grise. Une casquette à visière dissimulait ses yeux. Ses mains, fortes, aux doigts noueux, tenaient fermement les rênes.

La femme, serrée dans une blouse à fleurs, semblait plus jeune. De temps à autre, elle poussait un soupir. Elle froissait nerveusement un grand mouchoir. J'avais envie de lui poser des questions mais je soupçonnais que le moment était mal choisi. Après une grosse demi-heure de trajet à travers la campagne, nous arrivâmes à une ferme d'assez belle apparence. Dès que j'entrai dans la salle, je remarquai une grande photo barrée d'un ruban noir, celle d'un jeune homme chez qui je crus reconnaître les traits de l'homme. « Notre fils tué en 39 », me souffla la femme. C'était donc cela, j'allais devoir remplacer le fils tombé au combat…

Je me rendis vite compte qu'il n'en était rien et qu'il ne faut jamais se fier aux apparences. Le jour où mes parents vinrent me récupérer, je pleurai beaucoup en quittant ces gens qui avaient si bien pris soin de moi en ces moments difficiles et je revins fréquemment leur rendre visite par la suite.

Sujet 2 : devoir entièrement rédigé

POINT MÉTHODE

Construire une argumentation

1. **Les arguments développent et prouvent une idée, une thèse, une affirmation.**
2. On les introduit souvent par des mots : *car, parce que, comme, ainsi*… ou directement dans le cours du devoir.
3. **Un exemple illustre mais il ne peut en aucun cas servir d'argument.**

Dans le roman d'Eric-Emmanuel Schmitt, *L'Enfant de Noé*, Joseph craint de ne pas être adopté à cause de l'état lamentable de ses chaussures. Dans quelle mesure l'apparence influence-t-elle le jugement ? L'apparence est certes le premier élément que l'on remarque lorsqu'on rencontre une personne. On regarde son physique, son habillement, sa façon de se comporter, on est sensible à sa voix, son langage et tout cela mène parfois à un jugement hâtif, souvent faux. En effet, le caractère véritable d'une personne se dissimule souvent derrière une façade. Nous envisagerons les influences de l'apparence sur le jugement porté et les éléments qui nuancent cette première impression.

L'apparence, physique, vestimentaire, sociale, compte énormément. Il s'agit parfois de préjugés, mais chacun essaie de se présenter en donnant une impression fidèle de ce qu'il croit être.

On est forcément sensible au physique d'une personne que l'on rencontre pour la première fois. **Ainsi l'aspect est devenu si important que des jeunes souffrent souvent d'un physique qu'ils jugent ingrat, ce qui les rend timides et renfermés. Les magazines de mode influencent aussi : les jeunes filles se privent parfois de nourriture pour atteindre la taille fine des mannequins et les jeunes gens arborent des coupes de cheveux vus chez les joueurs de football. Mais** il est évident que l'on se rapprochera plus facilement d'une personne agréable à regarder selon les critères du pays et de l'époque.

Les vêtements portés interviennent aussi dans le jugement **car ils renseignent sur le milieu social, les contraintes familiales, le respect de la mode et l'appartenance à un groupe déterminé. Les vêtements donnent en plus des indications sur le caractère de la personne : timide, extravertie, soucieuse de son apparence ou indifférente à ces détails. Les jeunes qui ont les moyens de s'offrir des tenues de marques connues sont souvent fiers et se moquent parfois de ceux qui ne peuvent se permettre ces achats coûteux.**

Le langage utilisé importe aussi **parce que selon le niveau de langue, les accents, le vocabulaire employé, la personne peut être perçue comme appartenant à tel ou tel groupe social ou géographique.** Certains jeunes exagèrent l'utilisation d'un langage familier voire vulgaire pour ne pas être mis à l'écart d'un groupe qu'ils jugent intéressant. **Mais ces écarts de langage handicapent sérieusement la personne si elle ne maîtrise pas parfaitement les codes en vigueur et qu'elle utilise un vocabulaire inapproprié à une situation précise, comme lors d'un entretien d'embauche.**

Il est **donc** certain que l'apparence influence le jugement porté sur une personne. Le soin pris par chacun à se préparer pour se rendre à une cérémonie officielle, à un examen ou à une fête en sont la preuve.

Toutefois, on se trompe en ne se fiant qu'aux apparences. Le refus de se plier à des normes qui sont censées plaire au plus grand nombre est dans certains cas la preuve d'un caractère fort.

De toute évidence, connaître véritablement l'autre nécessite du temps et il faut parfois être patient avant de déterminer ce qu'il est vraiment. **C'est pourquoi il faut se garder d'un jugement trop hâtif qui risque de compromettre une relation.** Il importe de comprendre pourquoi la personne porte ces vêtements ou utilise tel vocabulaire. S'agit-il d'un manque de moyens financiers ou d'un choix personnel ?

De plus, certains refusent de se plier aux codes sociaux ou aux modes en vigueur. **Ainsi ils ne craignent pas d'être critiqués ou catalogués selon leur apparence mais au contraire souhaitent montrer leur liberté d'esprit et leur personnalité affirmée. Ils ne s'intéressent qu'à ceux qui se donneront la peine de les connaître personnellement, écartant volontairement tous ceux qui seraient influencés par une apparence trompeuse.**

Enfin, l'apparence n'est parfois qu'une brève étape rapidement nuancée par d'autres éléments. **Par exemple, quelqu'un qui paraissait très décontracté dans son habillement s'avère assez désagréable quand il se met à parler ; au contraire, celui que l'on jugeait défavorablement à cause d'une coiffure excentrique est peut-être une personne posée et sérieuse qui s'amuse juste à déjouer les codes. Chacun doit se garder de juger trop hâtivement sur des critères souvent imposés par l'extérieur.**

Ainsi, même si l'apparence joue un rôle incontestable dans un premier jugement, certains tentent de refuser cette approche critique sans fondements véritables. Ils attendent une véritable relation avant de se prononcer définitivement.

L'apparence influe donc sur l'appréciation d'une personne mais cette façon d'aborder l'autre, que l'on pourrait qualifier de paresseuse, est à nuancer. Si elle mène à des jugements hâtifs parfois dommageables, elle est souvent rapidement battue en brèche par des relations plus approfondies qui permettent de mieux évaluer la personne.

SUJET 4

Pondichéry • Avril 2014
Série générale

L'exode de 1940

Antoine de Saint-Exupéry
Pilote de guerre

Dans Pilote de guerre, *Saint-Exupéry, écrivain et pilote, offre un témoignage des missions qu'il a effectuées au sein du groupe d'aviation 2/33 de 1939 à 1940, jusqu'à la défaite et la signature de l'armistice en juin 1940 qui coupera la France en deux zones.*

Aux heures de paix, on sait où trouver chaque objet. On sait où joindre chaque ami. On sait aussi où l'on ira dormir le soir. [...]

Mais voici la guerre.

Je survole donc des routes noires de l'interminable sirop qui n'en finit plus de couler. On évacue, dit-on, les populations. Ce n'est déjà plus vrai. Elles s'évacuent d'elles-mêmes. Il est une contagion démente dans cet exode. Car où vont-ils ces vagabonds ? Ils se mettent en marche vers le Sud, comme s'il était, là-bas, des logements et des aliments, comme s'il était, là-bas, des tendresses pour les accueillir. Mais il n'est, dans le Sud, que des villes pleines à craquer, où l'on couche dans les hangars et dont les provisions s'épuisent. Où les plus généreux se font peu à peu agressifs à cause de l'absurde de cette invasion qui, peu à peu, avec la lenteur d'un fleuve de boue, les engloutit. Une seule province ne peut ni loger ni nourrir la France !

Où vont-ils ? Ils ne savent pas ! Ils marchent vers des escales fantômes, car à peine cette caravane aborde-t-elle une oasis, que déjà il n'est plus d'oasis. Chaque oasis craque à son tour, et à son tour se déverse dans la caravane. Et si la caravane aborde un vrai village qui fait semblant de vivre encore, elle en épuise, dès le premier soir, toute la substance. Elle le nettoie comme les vers nettoient un os.

L'ennemi progresse plus vite que l'exode. Des voitures blindées, en certains points, doublent le fleuve qui, alors, s'empâte et reflue. Il est des divisions allemandes qui pataugent dans cette bouillie, et l'on rencontre ce paradoxe surprenant qu'en certains points ceux-là mêmes qui tuaient ailleurs, donnent à boire. Nous avons cantonné, au cours de la retraite, dans une dizaine de villages successifs. Nous avons trempé dans la tourbe lente qui lentement traversait ces villages : « – Où allez-vous ? – On ne sait pas. »

Jamais ils ne savaient rien. Personne ne savait rien. Ils évacuaient. Aucun refuge n'était plus disponible. Aucune route n'était plus praticable. Ils évacuaient quand même. On avait donné dans le Nord un grand coup de pied dans la fourmilière, et les fourmis s'en allaient. Laborieusement. Sans panique. Sans espoir. Sans désespoir. Comme par devoir.

Questions (15 points)

▶ **1. a)** Qui sont les « populations » dont il est question dans l'extrait (ligne 5) ? *(0,5 point)*
b) Où se rendent-elles ? *(0,5 point)*

▶ **2. a)** Comment est appelé ce déplacement de population ? *(0,5 point)*
b) Quels événements l'expliquent ? *(0,5 point)*

▶ **3. a)** Dans quel but ces populations se déplacent-elles ? *(1 point)*
b) En citant le texte, vous direz si elles atteignent leur but. *(1 point)*

▶ **4. a)** Dans les lignes 4 à 14, relevez les deux expressions qui désignent le mouvement des populations. À quelle figure de style a-t-on affaire ? *(1 point)*
b) Quelle vision le narrateur donne-t-il ainsi de cet événement ? *(1 point)*

▶ **5.** D'où le narrateur observe-t-il cette scène ? Justifiez la réponse. *(1 point)*

▶ **6.** « Nous avons trempé dans la tourbe lente qui lentement traversait ces villages » (lignes 26-27).
a) Qui désigne d'une part le pronom « nous » ? *(0,5 point)*
b) Qui désigne d'autre part le groupe nominal « la tourbe lente » ? *(0,5 point)*
c) Mettez en relation cette distinction et votre réponse à la question 5 : quelle est la position adoptée par le narrateur ? *(1 point)*

▶ **7. a)** Dans les lignes 15 à 33, à quels animaux est comparée la population ? *(1 point)*
b) Quels comportements sont suggérés par ces deux comparaisons ? *(1 point)*

▶ **8. a)** Dans le dernier paragraphe, sur quels aspects de la situation insiste l'accumulation des termes négatifs ? *(1,5 point)*

b) Quelle est la caractéristique des cinq dernières phrases de l'extrait ? Quel effet produisent-elles ? *(1 point)*
c) À la lumière de votre analyse, caractérisez la tonalité de cet extrait. *(1,5 point)*

■ Réécriture (4 points)

Réécrivez le passage suivant en mettant le nom « village » au pluriel, et en le transposant à l'imparfait de l'indicatif. Vous ferez toutes les modifications nécessaires :
« Et si la caravane aborde un vrai village qui fait semblant de vivre encore, elle en épuise, dès le premier soir, toute la substance. Elle le nettoie comme les vers nettoient un os. »

■ Dictée (6 points)

Georges Simenon
Le Déménagement, 1967

Il voyait le soleil. La chambre, dès qu'il leva le volet, en fut inondée. Il ouvrit la fenêtre et aperçut, en face, à trente mètres au moins, un immeuble blanc tout pareil au leur. En face aussi, chaque appartement avait un balcon de ciment et, sur quelques-uns de ces balcons, du linge séchait.

La rue des Francs-Bourgeois, à l'endroit où ils habitaient trois jours plus tôt encore, était à peine large de cinq mètres et on devait descendre du trottoir quand on croisait un passant.

Deux avions vrombissaient dans le ciel, parfois cachés par la brume matinale. On n'était qu'à huit kilomètres d'Orly.

Écrire au tableau : Francs-Bourgeois, Orly.

■ Rédaction au choix (15 points)

Sujet 1

Vous ferez le récit de l'exode de la population française vers la zone libre par un de ces réfugiés : le narrateur fera partie de cette foule errante qui fuit les zones occupées, il racontera l'arrivée des réfugiés dans l'un de ces villages refuges du Sud, leur accueil par la population locale, les conditions de vie rencontrées.
Votre texte fera au moins deux pages (soit une quarantaine de lignes).

Sujet 2

Pensez-vous qu'on puisse faire preuve de solidarité dans une situation difficile ? Vous construirez votre réflexion en prenant appui sur des arguments et sur des exemples précis.
Votre texte fera au moins deux pages (soit une quarantaine lignes).

LES CLÉS DU SUJET

■ Questions

▶ **4.** Reportez-vous au lexique → Figures de style.

▶ **5.** Relisez le chapeau introducteur et regardez le titre du roman dont cet extrait est tiré.

▶ **8. c)** Consultez le lexique → Tonalité d'un texte.

■ Réécriture

Faites attention :

- à mettre au pluriel tous les termes en rapport avec le GN « les villages » : verbes dont il est le sujet, adjectif qualificatif épithète, pronom personnel référent. Au pluriel, « un » devient *de* devant un adjectif qualificatif.
- à conjuguer correctement les verbes à l'imparfait avec une attention particulière pour *faire* et *nettoyer*. Un des verbes ne change pas de temps.

■ Rédactions

Sujet 1

- Lisez la fiche 1 : « Écrire un récit ».
- Vous raconterez d'abord l'exode : le départ du lieu de vie habituel, les personnes en présence, le matériel emporté, le moyen de locomotion (voiture, vélo, charrette, à pied).
- Vous décrirez la foule : les familles, l'encombrement, le bruit, la promiscuité, la panique parfois et le climat (le froid ou la chaleur). Vous insisterez sur les sentiments éprouvés : peur, fatigue, agacement, abattement, jalousie.
- Vous évoquerez le village où arrivent les réfugiés : importance du lieu, aspect des maisons, l'installation des réfugiés précédents. Vous raconterez comment la population locale accueille les nouveaux arrivants : lieu pour s'installer (maison, grange, hangar, grenier, cour), nourriture éventuelle et eau distribuée, premiers secours, paroles de réconfort ou de rejet.

• Vous conclurez sur une situation extrêmement difficile.

Sujet 2

• Lisez la fiche 8 : « Écrire un devoir de réflexion ».

• Dans l'introduction, vous préciserez le sens du mot solidarité (entraide, fraternité, altruisme) que vous opposerez à la notion de situation difficile (guerre, catastrophe naturelle, accident, pauvreté, sécheresse). Vous annoncerez deux parties distinctes : une qui développera les qualités mises en œuvre, quelle que soit la situation pénible, l'autre qui restreindra l'aide en raison des périls encourus par ceux qui feraient preuve de solidarité.

• Vous montrerez que l'entraide n'est pas un acte toujours évident : égoïsme, crainte de se mettre soi-même en danger (hébergement de personnes recherchées pendant la guerre par exemple), peur de perdre des ressources essentielles à la survie, responsabilité d'une famille.

CORRIGÉ 4

Questions

▶ **1. a)** « Les populations » (ligne 5) sont les **personnes du nord et du centre du pays** qui fuient l'avancée des troupes allemandes depuis la défaite de l'armée française.

b) Ces populations se « mettent **en marche vers le Sud** » (lignes 7-8).

▶ **2. a)** Ce déplacement de population est appelé « **exode** » (ligne 7), parfois même débâcle.

b) Ces « populations » fuient parce que l'**armée allemande occupe progressivement le nord et l'est de la France**, « l'ennemi progresse plus vite que l'exode » (ligne 21), et l'armée française a entamé « la retraite » (ligne 25), avant de signer un armistice.

▶ **3. a)** Les populations se déplacent pour **fuir la guerre**, les ennemis qui progressent. Elles cherchent à aller vers le sud pour y **trouver la sécurité** et la paix loin des forces allemandes qui occupent le pays, « comme s'il était, là-bas, des logements et des aliments, comme s'il était, là-bas, des tendresses pour les accueillir » (lignes 8-9).

b) Ces populations **n'atteignent pas vraiment leur but** car « Une seule province ne peut ni loger ni nourrir toute la France ! » (lignes 13-14), « cette caravane aborde-t-elle une oasis, que déjà il n'est plus d'oasis. Chaque oasis craque à son tour, et à son tour se déverse dans la caravane. » (lignes 16-18). Les réfugiés peinent donc à trouver un logement ou de la nourriture ou même à se déplacer : « Aucun refuge n'était plus disponible. Aucune route n'était plus praticable. » (ligne 30). Pire, l'ennemi, que ces personnes cherchaient à fuir, finit par **les dépasser dans leur fuite trop lente**.

▶ **4. a)** Deux expressions désignent le mouvement des populations : « interminable sirop » (ligne 4) et « fleuve de boue » (ligne 13). Il s'agit de **métaphores** qui assimilent l'exode à du « sirop » ou à un « fleuve ».

b) Le narrateur souhaite montrer la **multitude** « interminable », « fleuve », dans laquelle plus aucune individualité n'est perceptible. Il insiste sur **l'écoulement**, d'une manière assez péjorative avec le mot « **boue** ».

▶ **5.** Le narrateur observe cette scène **depuis son avion**, dans le ciel : « Je survole donc des routes noires » (ligne 4).

▶ **6. a)** Le pronom « nous » désigne **les soldats qui fuient devant l'ennemi** : « Nous avons cantonné, au cours de la retraite » (ligne 25).

b) Le groupe nominal « la tourbe lente » (lignes 26-27) renvoie aux **populations qui participent à l'exode**.

c) Le narrateur adopte donc la position de **témoin**, depuis le ciel.

▶ **7. a)** Dans les lignes 17 à 33, la population est comparée à des « **vers** » (ligne 20) et à des « **fourmis** » (ligne 32).

b) Ces deux comparaisons suggèrent la **multitude**, des comportements de groupes sans individualité, le **grouillement** de la foule qui va toute dans le même sens. Ces images sont péjoratives et dépréciatives, **la personne perdant son humanité**.

▶ **8. a)** On note, dans le dernier paragraphe, une accumulation de termes négatifs. Certains renvoient à la **perte de repères**, à l'ignorance de l'avenir : « Jamais ils ne savaient rien. Personne ne savait rien. » (ligne 29) ; d'autres insistent sur le **manque de solution** face à cette situation désespérée et collective : « Aucun refuge n'était plus disponible. Aucune route n'était plus praticable » (ligne 30). La foule semble résignée, insensible : « Sans panique. Sans espoir. Sans désespoir. » (ligne 33). L'anaphore des mots *aucun/aucune/sans* amplifie cette impression d'inutilité, de **fatalisme**, de tentative désespérée et illusoire.

b) Les cinq dernières phrases du texte sont des **phrases nominales**, donc sans verbe conjugué. Elles produisent un effet de **brièveté** qui marque la fatigue, l'inutilité de la démarche, le manque total d'issue de la tentative, malgré les efforts déployés. Elles semblent **mimer les mouvements** presque mécaniques et irréfléchis des exilés.

c) Cet extrait est donc **pathétique**. Le narrateur assiste, comme témoin, à cet exode boueux, mécanique. La tentative est vouée à l'échec puisque les troupes allemandes doublent le flot des exilés et qu'aucune structure d'accueil n'est prévue. Les personnes s'obstinent néanmoins dans cette fuite lente et irréfléchie comme si elles avaient perdu toute possibilité de penser, devenues des « vers », des « fourmis » qui n'ont plus aucune trace d'humanité.

Réécriture

Les modifications sont mises en couleur.

Et si la caravane **abordait de vrais villages** qui **faisaient** semblant de vivre encore, elle en **épuisait**, dès le premier soir, toute la substance. Elle **les nettoyait** comme les vers nettoient un os.

Dictée

POINT MÉTHODE

❶ Certains verbes sont au passé simple. Attention aux terminaisons de la 3e personne du singulier : jamais d'accent circonflexe.

❷ Les nombres sont invariables et vous devez les écrire en lettres.

❸ Regardez bien les mots suivants : *volet, plus tôt, vrombissaient* et retenez leur orthographe.

Il voyait le soleil. La chambre, dès qu'il **leva** le **volet**, en **fut** inondée. Il **ouvrit** la fenêtre et **aperçut**, en face, à **trente** mètres au moins, un immeuble blanc tout pareil au leur. En face aussi, chaque appartement avait un balcon de ciment et, sur quelques-uns de ces balcons, du linge séchait.

La rue des Francs-Bourgeois, à l'endroit où ils habitaient **trois** jours **plus tôt** encore, était à peine large de **cinq** mètres et on devait descendre du trottoir quand on croisait un passant.

Deux avions **vrombissaient** dans le ciel, parfois cachés par la brume matinale. On n'était plus qu'à **huit** kilomètres d'Orly.

Rédaction au choix

Sujet 1 : devoir entièrement rédigé

POINT MÉTHODE

Employer les temps du passé qui conviennent dans un récit

❶ L'imparfait s'emploie pour décrire ou pour raconter des actions dont on ne précise ni le début ni la fin. Elles durent ou se répètent.

❷ Le passé simple est utilisé pour évoquer des actions ponctuelles, limitées dans le temps, souvent brèves.

❸ Le plus-que-parfait indique que l'action est antérieure à celles qui sont évoquées à l'imparfait.

À l'époque, j'avais douze ans. Nous habitions Auxerre, une petite ville du nord de la Bourgogne. Depuis quelques semaines, les écoles étaient fermées et nous passions nos journées l'oreille collée au poste de radio pour suivre l'avancée des troupes allemandes et la retraite des soldats français. On lisait, sur tous les visages, un sérieux inhabituel que ne distrayait aucune conversation. Le souvenir le plus frappant qui me reste de cette période est le silence : silence de mes parents, bruits amortis de mes frères et sœurs.

Notre père prit la décision de notre départ sans rien nous dire. Un matin, nous nous levâmes et nous vîmes des ballots entassés dans l'entrée. Personne n'osa poser de question, nous avions compris. Notre mère nous fit enfiler des vêtements chauds et nous donna à chacun un sac, assez lourd, contenant de la nourriture. Nos parents entassèrent les bagages sur une charrette, que mon père se mit à pousser avec vigueur. Nous partîmes donc. Nous ne savions ni où nous allions, ni combien de temps nous serions partis, ni même si nous reviendrions un jour. Chacun se garda de montrer sa tristesse de quitter le domicile familial. Ma petite sœur, âgée de quatre ans, voulut absolument emporter sa poupée, ce qui lui fut accordé.

Nous rejoignîmes très rapidement une foule informe de gens qui fuyaient comme nous. On voyait des amoncellements des plus hétéroclites : certains emportaient des matelas en équilibre instable, d'autres avançaient dans un cliquetis insupportable de casseroles, poêles, chaudrons. Des enfants en bas âge étaient juchés sur les tas d'objets et de linge. La plupart des exilés marchaient, quelques-uns, sur des vélos, tiraient des charrettes. Parfois, une voiture klaxonnait pour doubler la file qui progressait très lentement. On entendait alors fuser des injures à l'encontre de ces privilégiés qui partaient aussi commodément.

On marchait, entourés de toutes parts d'autres familles silencieuses. Le bas-côté était jonché d'objets abandonnés par les personnes précédentes qui avaient pris conscience de l'impossibilité d'emporter autant de bagages. Des groupes se reposaient, assis ou couchés dans l'herbe, et mangeaient pour reprendre des forces, le regard vide. On se sentait sale, poussiéreux. Il faisait chaud, très chaud. Nous traversâmes un premier village dans lequel nous pensions faire halte, mais tant de réfugiés s'y trouvaient déjà que nous n'osâmes pas demander quoi que ce soit à la population locale qui n'avait pas encore fui. Nous nous contentâmes d'un peu d'eau que mon père alla tirer au puits. Parfois, un avion vrombissait dans le ciel. La foule se précipitait alors dans les fossés dans un chaos indescriptible. On entendait des cris, des pleurs. Il se murmurait que les troupes allemandes nous talonnaient et que certaines avaient même déjà dépassé le flot de ceux qui les fuyaient.

Le soir, nous arrivâmes dans un autre village. Toutes les maisons étaient envahies de réfugiés, étendus dans les cours, les hangars, les granges. Tous paraissaient épuisés. Quelques femmes cuisinaient sur des réchauds de fortune, des bébés pleuraient. Mes parents connaissaient des gens vivant là, nous les cherchâmes. La rencontre fut étrange : à la joie de nous voir, tous réunis, en vie, se mêlait l'angoisse de ne pouvoir nous accueillir dans de meilleures conditions. Ils avaient laissé leur chambre à des familles avec enfants, même le grenier n'offrait plus d'espace. Il fallut se résoudre à dormir dans une écurie.

Notre désespoir augmenta encore lorsque nos amis nous avouèrent qu'ils partaient eux aussi le lendemain. Qu'allions-nous devenir ? Cette fuite éperdue avait-elle un sens ? Nos parents décidèrent, quelques jours plus tard, alors que nous n'avions couvert que cinquante kilomètres, de rebrousser chemin. Tant qu'à souffrir, autant que ce soit chez nous…

Sujet 2 : devoir entièrement rédigé

Introduction

Durant l'exode, comme le raconte Saint-Exupéry dans *Pilote de guerre*, des populations entières se sont jetées sur les routes pour fuir l'avancée des troupes allemandes. Elles comptaient, sans doute, trouver, dans le sud du pays, la paix, la sécurité. Mais les villes et villages ne pouvaient plus accueillir le flot incessant des réfugiés. Beaucoup d'habitants qui n'avaient pas fui eux-mêmes firent preuve de solidarité, d'autres, par manque de compassion, par intérêt ou simplement parce qu'ils craignaient de se mettre en danger, furent moins accueillants. Mais dans quelle mesure peut-on faire preuve de solidarité dans une situation difficile ?

Première partie

Il est parfois très difficile de venir en aide aux autres quand on est soi-même confronté à des difficultés. On craint de mettre en péril la vie des siens, à moins qu'il ne s'agisse d'un réflexe de pur égoïsme.

Ainsi, lors de l'exode des réfugiés français vers le sud, les populations ont dû faire face à l'arrivée de tant de personnes qu'il devenait quasi impossible de secourir tout le monde. Comment héberger ce flot incessant de nouveaux arrivants ? Comment les nourrir ? Les villageois ont sans doute pensé que tout donner aux autres mettait leur existence en danger, qu'ils seraient alors incapables de subvenir à leurs besoins et à ceux de leur famille. D'autres, toujours pendant la dernière guerre, ont hésité à cacher des personnes recherchées par la police allemande, craignant des représailles fatales. Il n'est pas évident de juger des comportements de cette sorte.

Parfois, les gens sont tellement occupés à leur propre survie qu'il leur devient difficile d'aider les autres. Lors d'une catastrophe naturelle, par exemple, chacun est pris dans le tourbillon de ses problèmes : recherche de survivants, besoin de trouver un abri, de la nourriture. On parle aussi souvent d'un effet de sidération dans de telles circonstances qui empêche de réfléchir sereinement. D'autres personnes sont elles-mêmes tellement pauvres, pour cause de famine ou de sécheresse que la solidarité n'est plus envisageable.

Pourtant, certains, qui pourraient venir en aide, refusent de s'impliquer. Ils pensent peut-être que chacun est maître de son destin et qu'il faut trouver une solution sans importuner les autres. De nombreux films montrent que des personnes ont profité de la misère des gens pendant la dernière guerre et se sont enrichies en pratiquant le marché noir. Les dénonciations ont aussi conduit à des arrestations et les délateurs ont souvent profité des biens abandonnés. On parle parfois de vandalisme après des catastrophes extrêmes, lors du passage d'un cyclone ou d'un tsunami, par exemple.

Faire preuve de solidarité dans des situations difficiles n'est donc pas toujours évident. Peut-on réellement venir en aide aux autres quand on est soi-même dans le besoin ? Jusqu'où peut-on aller dans le sacrifice pour sauver la vie d'autrui ?

Deuxième partie

Pourtant, même dans les situations les plus difficiles, la solidarité souvent joue un rôle essentiel. Des métiers prédisposent à ces gestes de premiers secours, des anonymes participent dans des associations, mais la fraternité individuelle, secrète, se pratique dans de nombreux cas.

Ainsi, lors de catastrophes naturelles ou de conflits armés, les pompiers, médecins, infirmières restent sur le terrain pour aider les populations les plus touchées. Des équipes tentent de rejoindre les zones exposées ou éloignées afin d'apporter les médicaments, l'eau potable, la nourriture. Certains mettent leur vie en danger pour extraire des personnes coincées sous les décombres ou opèrent dans des locaux proches des scènes de conflit pour sauver des vies. Pourtant, ils sont le plus souvent eux aussi touchés par la situation. Des métiers prédisposent donc, plus que d'autres, à une aide institutionnalisée et efficace.

Mais des anonymes interviennent souvent, en donnant des fonds, nécessaires à l'envoi d'aides de première urgence, ou vont sur les lieux du désastre pour essayer de se rendre utiles. Pendant la Deuxième Guerre mondiale, des personnes ont permis à des réfugiés de passer en Suisse ou en Espagne, parfois au péril de leur vie, sans contrepartie financière, seulement parce qu'ils pensaient que c'était leur devoir moral. Des villages entiers du sud de la France ont caché des enfants juifs, leur sauvant ainsi la vie.

Enfin, dans des situations extrêmes, certains ont eu le courage de partager le peu qu'ils avaient avec les autres, encore plus démunis, au risque de perdre la vie. Primo Lévi, dans son roman très largement autobiographique *Si c'est un homme*, témoigne de ses mois de captivité dans les camps de concentration. Il rapporte des exemples de solidarité collective ou individuelle assez admirables : par exemple, les prisonniers d'une baraque prélevant une parcelle minime de leur ration de pain, à peine suffisante pour survivre, pour la donner à une personne malade ou trop faible.

S'il n'est pas évident d'oublier son propre profit, de se mettre en danger pour autrui, il n'en reste pas moins que certains pratiquent la solidarité, quelle que soit la situation. Ils agissent par devoir moral, souvent sans se poser la question.

Conclusion

Ainsi, faire preuve de solidarité dans des situations difficiles dépend de l'interprétation de chacun des dangers encourus, de sa capacité à prendre en charge la détresse d'autrui. Il semble toutefois inopportun de juger de l'action ou de l'indifférence de l'autre sans se poser la question de sa propre démarche éventuelle en de telles circonstances. Est-on soi-même capable, au quotidien, d'aider une personne en difficulté lorsque ce soutien peut nuire à sa réputation ou à son confort habituel ? Le collège, par exemple, est-il un lieu où s'exerce une véritable solidarité ?

SUJET 5

Afrique • Juin 2013
Série générale

Une bagarre sanglante

Jean Cocteau
Les Enfants terribles
1925

Un soir d'hiver, à la sortie du collège, Paul, un élève fragile, décide de participer à une bataille de boules de neige.

Dargelos était le coq du collège. Il goûtait ceux qui le bravaient ou le secondaient. Or, chaque fois que l'élève pâle se trouvait en face des cheveux tordus, des genoux blessés, de la veste aux poches intrigantes, il perdait la tête.

La bataille lui donnait du courage. Il courrait, il rejoindrait Dargelos, il se battrait, le défendrait, lui prouverait de quoi il était capable.

La neige volait, s'écrasait sur les pèlerines[1], étoilait les murs. De place en place, entre deux nuits, on voyait le détail d'une figure rouge à la bouche ouverte, une main qui désigne un but.

Une main désigne l'élève pâle qui titube et qui va encore appeler. Il vient de reconnaître, debout sur un perron, un des acolytes[2] de son idole. C'est cet acolyte qui le condamne. Il ouvre la bouche : « Darg… », aussitôt la boule de neige lui frappe la bouche, y pénètre, paralyse les dents. Il a juste le temps d'apercevoir un rire et, juste à côté du rire, au milieu de son état major, Dargelos qui se dresse, les joues en feu, la chevelure en désordre, avec un geste immense.

Un coup le frappe en pleine poitrine. Un coup sombre. Un coup de poing de marbre. Un coup de poing de statue. Sa tête se vide. Il devine Dargelos sur une espèce d'estrade, le bras retombé, stupide, dans un éclairage surnaturel.

Il gisait par terre. Un flot de sang échappé de la bouche barbouillait son menton et son cou, imbibait la neige. Des sifflets retentirent. En une minute la cité se vida. Seuls quelques curieux se pressaient autour du corps et, sans porter aucune aide, regardaient avidement la bouche rouge. Certains s'éloignaient, craintifs, en faisant claquer leurs doigts ; ils avançaient une lippe[3], levaient les sourcils et hochaient la tête ; d'autres rejoignaient leurs sacs d'une glissade. Le groupe de Dargelos restait sur les marches du perron, immobile. Enfin le censeur et le concierge du collège apparurent, prévenus par l'élève que la victime avait appelé Gérard[4] en entrant dans la bataille. Il les précédait. Les deux hommes soulevèrent le malade ; le censeur[5] se tourna du côté de l'ombre :

– C'est vous, Dargelos ?

– Oui, monsieur.

– Suivez-moi.

Et la troupe se mit en marche.

Les privilèges de la beauté sont immenses. Elle agit même sur ceux qui ne la constatent pas. Les maîtres aimaient Dargelos. Le censeur était extrêmement ennuyé de cette histoire incompréhensible.

---

1. Pèlerines : manteaux en forme de cape.
2. Acolyte : compagnon, complice.
3. Lippe : terme familier désignant la lèvre du bas.
4. Gérard est un élève, ami de Paul.
5. Censeur : personne responsable de la discipline dans un établissement scolaire.

Questions (15 points)

▶ **1.** Qui sont les deux personnages présentés des lignes 1 à 17 ? Qu'est-ce qui caractérise chacun d'eux ? Relevez des indices précis du texte pour justifier votre réponse. *(2 points)*

▶ **2.** Quelle est la figure de style utilisée dans la première phrase du texte ? Expliquez son sens. *(1 point)*

▶ **3.** « Il courrait, il rejoindrait Dargelos, il se battrait, le défendrait, lui prouverait de quoi il était capable » (lignes 5 à 6).

a) Quel est le personnage désigné par le pronom personnel « il » dans cette phrase ? *(0,5 point)*

b) Indiquez le mode des verbes soulignés dans cette même phrase. Justifiez son emploi. *(1 point)*

c) Que nous apprend cette phrase sur les souhaits du personnage ? *(1 point)*

▶ **4. a)** De la ligne 7 à la ligne 20, relevez le champ lexical de la vue. *(1 point)*

b) Le personnage voit-il la scène avec netteté et précision ? Justifiez votre réponse en relevant des indices précis du texte. *(1 point)*

▶ **5. a)** Des lignes 21 à 31, relevez deux reprises nominales qui désignent l'élève pâle. *(0,5 point)*

b) Selon vous, dans quel état physique se trouve-t-il ? Justifiez votre réponse par d'autres indices du texte. *(1 point)*

▶ **6.** Quelles sont les différentes attitudes adoptées par les autres élèves à partir de la ligne 22 ? Comment interprétez-vous ces réactions ? *(1,5 point)*

▶ **7. a)** « incompréhensible » (ligne 38) : décomposez ce mot et expliquez sa formation. *(0,5 point)*
b) Pourquoi le censeur juge-t-il cette histoire « incompréhensible » ? *(1 point)*

▶ **8. a)** « Les privilèges de la beauté sont immenses. Elle agit même sur ceux qui ne la constatent pas. » (lignes 36-37) : quel est le temps utilisé dans ces phrases ? Quelle est sa valeur ? *(0,5 point)*
b) Qui s'exprime ici ? *(0,5 point)*

▶ **9.** Comment Dargelos est-il perçu par les différents personnages en présence ? Vous développerez votre réponse en vous appuyant sur l'ensemble du texte ? *(2 points)*

Réécriture (4 points)

« Il ouvre la bouche : "Darg…", aussitôt la boule de neige lui frappe la bouche, y pénètre, paralyse les dents. Il a juste le temps d'apercevoir un rire et, juste à côté du rire, au milieu de son état major, Dargelos qui se dresse, les joues en feu, la chevelure en désordre, avec un geste immense. Un coup le frappe en pleine poitrine. Un coup sombre. Un coup de poing de marbre. Un coup de poing de statue. Sa tête se vide. » (lignes 12 à 18)
Réécrivez ce passage au passé, en utilisant à bon escient l'imparfait et le passé simple.

Dictée (6 points)

Jean Cocteau
Les Enfants terribles, 1925

On transporta l'élève dans la loge du concierge où la concierge qui était une brave femme le lava et tenta de le faire revenir à lui.

Dargelos était debout dans la porte. Derrière la porte se pressaient des têtes curieuses. Gérard pleurait et tenait les mains de son ami. […]

Le censeur voulait accompagner le malade. Il avait déjà fait chercher une voiture qui les attendait lorsque Gérard prétendit que c'était inutile, que la présence du censeur inquiéterait beaucoup la famille et qu'il se chargeait, lui, de ramener le malade à la maison.

– Du reste, ajouta-t-il, regardez, Paul reprend des forces.

Le censeur ne tenait pas outre mesure à cette promenade. Il neigeait. L'élève habitait rue Montmartre.

Il surveilla la mise en voiture et comme il vit que le jeune Gérard enveloppait son condisciple avec son propre cache-nez de laine et sa pèlerine, il estima que ses responsabilités étaient à couvert.

Écrire au tableau : Dargelos, Gérard, Paul, Montmartre.

Rédaction au choix (15 points)

Sujet 1

Racontez un autre épisode illustrant les relations entre Paul, Dargelos, les autres élèves et les adultes du collège.
Votre texte fera au moins deux pages.

Sujet 2

Selon vous, faut-il, comme Paul, être prêt à tout pour se faire accepter par les autres ?
Votre texte fera au moins deux pages.

LES CLÉS DU SUJET

Questions

▶ **2.** Reportez-vous au lexique → Figure de style.

▶ **7.** Reportez-vous au lexique → Formation de mots.

▶ **9.** Cette question fait la synthèse de toutes celles qui précèdent. Relisez vos réponses pour bien dégager les sentiments qu'éprouve Paul à l'égard de Dargelos.

Réécriture

Faites attention à :

• utiliser le passé simple quand il s'agit d'une action de « premier plan », brève ou unique et l'imparfait pour marquer des actions de second plan, plus longues.

• ne jamais terminer les verbes du premier groupe à la troisième personne du singulier du passé simple par *–at*.

• ne pas mettre d'accent circonflexe à la troisième personne du singulier des verbes au passé simple pour les verbes des 2e et 3e groupes.

Rédaction

Sujet 1

• Lisez la fiche 1 : « Écrire un récit ».

• Le roman de Cocteau a été publié en 1925, évitez les anachronismes : pas de téléphones portables, de consoles…

• Il s'agit de raconter une ou des actions tentée(s) par Paul pour se faire accepter de son idole, quitte à se mettre en danger physiquement ou moralement : épreuve, mensonge…

• Les autres élèves pourront se ranger du côté des plus forts ou soutenir Paul, qu'ils prennent en pitié ou amitié.

• Les adultes auront un comportement de responsables impliqués ou plus ambigu.

• Les scènes trop violentes et le vocabulaire vulgaire sont à bannir.

Sujet 2

• Lisez la fiche 8 : « Écrire un devoir de réflexion ».

• Vous organiserez votre devoir en deux parties, par exemple, l'une présentant les actes, gestes, efforts à fournir pour intégrer un groupe déjà constitué et éviter les exclusions pénibles ; l'autre montrant les limites à ne pas dépasser.

• On envisagera les inconvénients liés à la marginalisation : solitude, exclusion, moqueries, hostilité… On présentera aussi les avantages de l'intégration : valorisation, amitié, soutien…

• On s'interrogera sur les dangers physiques et moraux de sacrifices trop importants : atteintes à l'intégrité, remises en cause de principes primordiaux, problèmes de santé, rejet de la part d'autres personnes qui seraient bénéfiques. Il s'agira de préciser les avantages et inconvénients de la fascination pour une personne ou pour un groupe.

CORRIGÉ 5

Questions

▶ **1.** Dans les dix-sept premières lignes, les deux personnages présentés sont **Paul** et **Dargelos**, deux élèves d'un collège.

« Dargelos était le **coq du collège** » (ligne 1), ce qui prouve sa vantardise liée à une apparence physique avantageuse. « Il goûtait ceux qui le bravaient ou le secondaient » (lignes 1-2) ; il aime donc exercer une **certaine emprise sur les autres**, qualifiés « d'état major » (ligne 16). Physiquement, il présente « des cheveux tordus, des genoux blessés » (ligne 3) qui marquent sa désinvolture et ses multiples exploits. Il domine et exulte : « se dresse, les joues en feu, la chevelure en désordre, avec un geste immense » (lignes 16-17). Il **fascine Paul** : « en face [...] de la veste aux poches intrigantes » (lignes 2-3), il en « perdait la tête » (ligne 4).

Paul est un « **élève pâle** » (ligne 2), moins solide physiquement que Dargelos. Toutefois, il désire être le sauveur de son « idole » (ligne 11) qu'**il cherche à impressionner** : « Il courrait, il rejoindrait Dargelos, il se battrait, le défendrait, lui prouverait de quoi il était capable. » (lignes 5-6). Il est très impressionné par l'autre élève, face à lui « il perdait la tête » (ligne 4), mais il est **faible**, « titube » (ligne 10) et il **est blessé**.

▶ **2.** Dans la phrase « Dargelos était le coq du collège. » (ligne 1), la figure de style utilisée est une **métaphore** qui assimile, sans terme comparant, l'élève à « un coq ».

Le narrateur insiste ainsi sur son désir de séduire par son apparence physique, sur **sa fierté d'en imposer aux autres**.

▶ **3. a)** Dans la phrase « Il <u>courrait</u>, il <u>rejoindrait</u> Dargelos, il se <u>battrait</u>, le <u>défendrait</u>, lui <u>prouverait</u> de quoi il était capable. » (lignes 5-6), le personnage désigné par le pronom personnel « il » est **Paul** qui rêve de se mettre au service de son « idole ».

b) Le mode des verbes soulignés est le **conditionnel**. Il indique un rêve, **un désir non réalisé**, mais envisageable.

c) Paul désire se faire valoir auprès de son « idole », il **veut attirer l'attention de Dargelos** qui « goûtait ceux qui le bravaient ou le secondaient » (lignes 1-2). Il souhaiterait **se surpasser pour montrer sa vaillance**, son courage, sa force physique. Il se voit en protecteur, capable de défendre celui qu'il admire et dont il voudrait se faire admirer.

▶ **4. a)** De la ligne 7 à la ligne 20, le champ lexical de la vue est formé par les verbes : « **voyait** » (ligne 8), « **reconnaître** » (ligne 11), « **apercevoir** » (ligne 15), « **devine** » (ligne 18).

b) Au début, Paul distingue clairement la scène : « Il vient de reconnaître » (ligne 11), puis, **frappé par une boule de neige, tout devient moins net** : « Il a juste le temps d'apercevoir » (ligne 15) et « sa tête se vide », « Il devine » (ligne 18) ; son regard est comme voilé.

▶ **5. a)** Des lignes 21 à 34, deux reprises nominales qui désignent « l'élève pâle » (ligne 2) sont : « **la victime** » (ligne 29) et « **le malade** » (ligne 31).

b) Paul est **blessé par une boule de neige** : « Un flot de sang échappé de la bouche barbouillait son menton et son cou, imbibait la neige. » (lignes 21-22). Il saigne abondamment : « la bouche rouge » (lignes 24-25). Il semble évanoui : « Sa tête se vide. » (ligne 18), « Il gisait par terre. » (ligne 21), « quelques curieux se pressaient autour du corps » (lignes 23-24). **Il a besoin d'aide** : « deux hommes soulevèrent le malade » (lignes 30-31). Il est très **gravement atteint**.

▶ **6.** À la suite de la blessure occasionnée par la boule de neige, les autres élèves réagissent de diverses façons. D'abord, « **Des sifflets retentirent**. » (ligne 22) pour avertir qu'un fait inhabituel s'était produit, ce qui a pour conséquence une fuite rapide : « En une minute **la cité se vida**. » (lignes 22-23). Ceux qui ne souhaitent pas être mêlés à une affaire trouble **s'enfuient** : « Certains s'éloignaient, craintifs, en faisant claquer leurs doigts », « d'autres rejoignaient leurs sacs d'une glissade » (lignes 25-27). Ils craignent d'être pris à parti ou de devoir témoigner.

D'autres **restent** pour jouir du spectacle né de la violence : « Seuls quelques curieux se pressaient autour du corps et [...] regardaient avidement la bouche rouge. » (lignes 23 à 25), sans même songer à porter secours à la victime : « sans porter aucune aide » (ligne 24).

Un seul a pris une initiative concrète, « l'élève que la victime avait appelé **Gérard** » (ligne 29), un ami de Paul, **a prévenu « le censeur et le concierge du collège »** (ligne 28) pour qu'ils interviennent.

Enfin, « **le groupe de Dargelos** restait sur les marches du perron, **immobile** » (lignes 27-28). Le « coq du collège » assume la pleine responsabilité de ses actes : « C'est vous Dargelos ? – Oui, monsieur. » (lignes 32-33), sans non plus aider le blessé.

▶ **7. a)** Le mot « incompréhensible » (ligne 38) est composé du **préfixe privatif** *in-*, du **radical** *compréhens*, de la famille du verbe *comprendre*, et du **suffixe** *–ible* qui signifie « susceptible de ». La situation semble donc difficile à comprendre, inexplicable, déconcertante.

b) Le censeur juge cette histoire « incompréhensible » car « les maîtres aimaient Dargelos » (ligne 37). Tous le jugent sans doute incapable d'une telle violence et hésitent à lui en attribuer la responsabilité ou à le punir en conséquence. Ils sont donc **surpris et embarrassés de voir leur protégé mêlé à une telle affaire**.

▶ **8. a)** Le temps utilisé dans les phrases : « Les privilèges de la beauté sont immenses. Elle agit même sur ceux qui ne la constatent pas. » (lignes 36-37) est le **présent de l'indicatif**. Il s'agit d'un **présent de vérité générale** qui sous entend que cette idée est intemporelle et se vérifie toujours.

b) Le **narrateur** s'exprime ici par ces phrases qui prouvent qu'il intervient dans le récit et donne son opinion sur les faits racontés.

▶ **9.** D'abord, Dargelos est présenté comme « le coq du collège » (ligne 1), celui qui profite de sa beauté pour en imposer : « Il goûtait ceux qui le bravaient ou le secondaient » (lignes 1-2). Il **jouit** donc **d'une certaine aura**. Il est secondé par son « état major » (ligne 16) qui le soutient et assume avec lui les conséquences de leurs actes : « le groupe de Dargelos restait sur les marches du perron, immobile » (lignes 27-28).

Paul, « l'élève pâle » (ligne 2) qui sera blessé, **est fasciné par ce garçon**, son « idole » (ligne 11). Dès qu'il se trouve face à lui, « il perdait la tête » (lignes 3-4). Il souhaite le protéger, **prouver sa bravoure pour être accepté dans le groupe de Dargelos**, afin que celui-ci le remarque et l'admire : « Il courrait, il rejoindrait Dargelos, il se battrait, le défendrait, lui prouverait de quoi il était capable. » (lignes 5-6).

Même **les adultes sont sous le charme de Dargelos** : « Les maîtres aimaient Dargelos » (ligne 37) et « Le censeur était extrêmement ennuyé de cette histoire incompréhensible. » (lignes 37-38). Il est évident que **cet élève ne laisse personne indifférent**.

Réécriture

Les modifications sont mises en couleur.

Il **ouvrit** la bouche : « Darg… », aussitôt la boule de neige lui **frappa** la bouche, y **pénétra**, **paralysa** les dents. Il **eut** juste le temps d'apercevoir un rire et, juste à côté du rire, au milieu de son état major, Dargelos qui se **dressait**, les joues en feu, la chevelure en désordre, avec un geste immense. Un coup le **frappa** en pleine poitrine. Un coup sombre. Un coup de poing de marbre. Un coup de poing de statue. Sa tête se **vida**.

Dictée

POINT MÉTHODE

❶ Faites attention au sujet inversé et n'accordez jamais un verbe à l'imparfait avec le pronom personnel *les*.

❷ Ne confondez pas *ou* (conjonction de coordination) et *où* (pronom relatif) ; *à* (préposition) et *a*, présent du verbe *avoir* ; *et* (conjonction de coordination) et *est* (verbe *être*).

❸ Regardez bien les mots suivants : *outre mesure, condisciple, à couvert* et retenez leur orthographe.

On transporta l'élève dans la loge du concierge **où** la concierge qui était une brave femme le lava **et** tenta de le faire revenir **à** lui.

Dargelos était debout dans la porte. Derrière la porte **se pressaient des têtes curieuses**. Gérard pleurait **et** tenait les mains de son ami. [...]

Le censeur voulait accompagner le malade. Il avait déjà fait chercher **une voiture qui les attendait** lorsque Gérard prétendit que c'était inutile, que la présence du censeur inquiéterait beaucoup la famille **et** qu'il se chargeait, lui, de ramener le malade **à** la maison.

– Du reste, ajouta-t-il, regardez, Paul reprend des forces.

Le censeur ne tenait pas **outre mesure** **à** cette promenade. Il neigeait. L'élève habitait rue Montmartre.

Il surveilla la mise en voiture **et** comme il vit que le jeune Gérard enveloppait son **condisciple** avec son propre cache-nez de laine **et** sa pèlerine, il estima que ses responsabilités étaient **à couvert**.

Rédaction au choix

Sujet 1 : plan détaillé et pistes possibles

Introduction

– Situez l'épisode que vous souhaitez raconter : lieu, époque, heure, lumière...

– Indiquez quels sont les personnages en présence : Paul, son ami Gérard, Dargelos, ses acolytes, d'autres élèves, éventuellement des adultes (professeurs, censeur, concierge...).

– Rappelez, si nécessaire, leurs caractéristiques physiques : Paul encore marqué par ses blessures, Dargelos, superbe et admiré de ses camarades.

Développement

Premier paragraphe

– Annoncez les circonstances de l'événement : un jeu, un défi, dans la cour, la rue, en classe…

– Paul est provoqué (par Dargelos, un de ses admirateurs, un autre élève…) ou souhaite se mettre lui-même en avant : pour impressionner son « idole », pour le sauver d'une situation embarrassante, pour le soutenir dans une démarche douteuse, pour détourner l'attention des adultes dirigée sur lui…

Deuxième paragraphe

– Paul répond à la provocation : épreuve physique (course, escalade, transport d'objets lourds, bagarre…) ou morale (doit mentir, se dénoncer à la place de quelqu'un, se ridiculiser, tricher en cours…).

– Ou il propose à Dargelos de faire ses devoirs à sa place, de se dénoncer pour lui éviter une punition, de faire obstacle de son corps pour éviter qu'il soit blessé…

Troisième paragraphe

– Moqueries des autres camarades ou indifférence blessante.

– Soutien à Dargelos, quelle que soit la situation.

– Attaques des amis de Dargelos, fidélité de « l'état major ».

– Dargelos refuse toujours l'aide de Paul mais il est déconcerté s'il met celui-ci en danger.

– Intervention de Gérard en faveur de Paul.

Quatrième paragraphe

– Attitude des adultes : les maîtres sont exaspérés par l'attitude servile de Paul ou le comprennent et lui portent secours en cas de nécessité.

– Le censeur continue de s'étonner de la violence de Dargelos, élève très apprécié.

– Le concierge s'interpose pour éviter une altercation ou des comportements répréhensibles.

Conclusion

– Décision d'arrêter de vouer une admiration béate à Dargelos.

– Ou aide des adultes et de son ami Gérard qui lui font comprendre l'inutilité de ces gestes de « bravoure ».

– Ou changement de Dargelos qui décide de le protéger.

Sujet 2 : devoir entièrement rédigé

POINT MÉTHODE

Construire une argumentation

1 Déterminer d'abord la thèse qui doit être soutenue ou discutée.

2 Utiliser des arguments pour soutenir cette thèse ; il faut en proposer plusieurs, en les illustrant par des exemples précis.

3 L'avis contraire est présenté par des contre-arguments qui répondent à chaque argument.

Introduction

Dans l'extrait de son roman, *Les Enfants terribles*, Cocteau montre un élève, Paul, si fasciné par un de ses camarades de classe, Dargelos, qu'il est capable de se mettre en danger pour attirer son attention et se faire apprécier de son idole. **Faut-il être prêt à tout pour se faire accepter par les autres ? Ne vaut-il pas mieux se fixer des limites à ne pas dépasser ?** Nous verrons les avantages à être intégrés dans un groupe, les compromis à accepter parfois, et les inconvénients à refuser de se plier à toutes les règles des autres. Puis nous envisagerons les dangers éventuels à éviter et les dommages causés par une trop grande fascination pour des individus qui n'en valent pas forcément la peine.

Première partie

La vie au collège, en famille, dans un groupe sportif, oblige à accepter certaines règles pour continuer à faire partie de cette communauté.

Il convient de garder sa propre personnalité et de ne pas nier des valeurs importantes, mais la fréquentation d'autres personnes nécessite de s'adapter, afin de ne pas trop se distinguer et de ne pas être exclu. Venir au collège avec des pantalons déchirés, des décolletés provocants ou des tenues excentriques peut inciter le groupe à se moquer ou à se détourner, tirant des conclusions hâtives de ce qui est un choix personnel. Dans un même milieu, généralement, tous utilisent un langage proche sinon identique. Se permettre des vulgarités au collège, ou parler de manière très soutenue provoque parfois du mépris de la part de ceux qui n'usent pas de ce vocabulaire. Sans se laisser trop influencer, il faut parfois se plier aux lois du groupe.

Cette adaptation permet d'intégrer des cercles qui apporteront leur soutien en cas de besoin et qui éloignent de la solitude. Toujours vouloir se démarquer peut se traduire par l'exclusion pénible à supporter. Ces accommodements sont aussi l'occasion de s'ouvrir aux autres, de connaître d'autres cultures et coutumes, de devenir plus tolérants.

Ainsi, se faire accepter par les autres passe parfois par certaines concessions faciles à accepter tant qu'elles ne perturbent pas l'équilibre de la personne concernée.

Deuxième partie

Toutefois, beaucoup de jeunes, surtout à l'adolescence, sont prêts à tout pour se faire accepter, ce qui peut s'avérer extrêmement dangereux.

Certains groupes exercent une véritable fascination. On les trouve audacieux, amusants. On souhaite intégrer leur cercle, quitte à renier une part importante de sa propre personnalité. Ils imposent leurs habitudes, leurs goûts. Ils méprisent ceux qui ne les imitent pas et critiquent toute différence. Un jeune influençable voudra peut-être les copier, sans se rendre compte qu'il s'éloigne de ses propres choix ou manières de vivre. Il singera des attitudes qui, pourtant, ne correspondent pas à ses propres aspirations et risque de s'éloigner de personnes plus proches de lui.

Parfois, le désir d'être accepté par un groupe entraîne une mise en danger. Des adolescents se lancent des défis qui peuvent porter atteinte à leur intégrité physique. Il s'agit « d'exploits » que certains doivent tenter pour intégrer une communauté : conduire sans permis, s'enivrer le plus vite possible, goûter à certaines drogues... Par crainte d'être raillés ou de se faire exclure, des jeunes sont prêts à se laisser influencer et à transgresser des interdits qu'ils respectaient jusqu'alors.

La fascination pour autrui et le désir constant de vouloir se fondre dans le groupe se font parfois au détriment de sa propre personnalité et ont des conséquences graves. De plus, il n'est pas certain que tous ces efforts se soldent par un plus grand bonheur et une valorisation de soi. Au contraire, en constatant dans quelle aliénation on est tombé pour plaire aux autres, on peut être effrayé de toutes les concessions stupides que l'on a acceptées. Sans doute vaut-il mieux alors chercher à rejoindre un groupe qui corresponde plus à ses propres aspirations et qui mette en valeur l'individu, sans lui demander de devenir la copie conforme de qui que ce soit.

Être fasciné par un groupe ou une personne au point d'être prêt à tout pour lui plaire se fait souvent au détriment de la personnalité.

Conclusion

Vouloir se fondre dans un groupe qui exige de profondes transformations de sa personne se fait toujours au détriment de soi. Il convient donc de bien réfléchir avant de consentir des efforts inconsidérés. Mieux vaut tenter de choisir des camarades aux goûts et aspirations proches des siennes pour que les compromis soient supportables.

SUJET 6

Sujet zéro
Série générale

L'épicerie de Mlle Alloison

Jean Giono

« Le Voyageur immobile » dans *Rondeur des jours, L'Eau vive I*

Voilà l'épicerie-mercerie de Mlle Alloison. Ah ! Mlle Alloison ! Un long piquet avec une charnière au milieu. [...] Elle savait par cœur ce que je venais chercher ; elle rentrait dans sa cuisine et elle me laissait seul dans l'épicerie.

Il n'y avait qu'une lampe à pétrole pendue dans un cadran de cuivre. On semblait être dans la poitrine d'un oiseau : le plafond montait en voûte aiguë dans l'ombre. La poitrine d'un oiseau ? Non, la cale d'un navire. Des sacs de riz, des paquets de sucre, le pot de la moutarde, des marmites à trois pieds, la jarre aux olives, les fromages blancs sur des éclisses, le tonneau aux harengs. Des morues sèches pendues à une solive jetaient de grandes ombres sur les vitrines à cartonnages où dormait la paisible mercerie, et, en me haussant sur la pointe des pieds, je regardais la belle étiquette du « fil au Chinois ». Alors, je m'avançais doucement, doucement ; le plancher en latte souple ondulait sous mon pied. La mer, déjà, portait le navire. Je relevais le couvercle de la boîte au poivre. L'odeur. Ah ! cette plage aux palmiers avec le Chinois et ses moustaches. J'éternuais. « Ne t'enrhume pas, Janot. – Non, Mademoiselle. » Je tirais le tiroir au café. L'odeur. Sous le plancher l'eau molle ondulait : on la sentait profonde, émue de vents magnifiques. On n'entend plus les cris du port.

Dehors, le vent tirait sur les pavés un long câble de feuilles sèches. J'allais à la cachette de la cassonade. Je choisissais une petite bille de sucre roux. Pendant que ça fondait sur ma langue, je m'accroupissais dans la logette entre le sac des pois chiches et la corbeille des oignons ; l'ombre m'engloutissait : j'étais parti.

Questions (15 points)

▶ **1.** « Elle savait par cœur ce que je venais chercher » (lignes 2-3) : d'après vous, que vient chercher le narrateur dans l'épicerie-mercerie de Mlle Alloison ? *(2 points)*

▶ **2.** Quel âge donnez-vous au narrateur ? Justifiez votre réponse. *(2 points)*

▶ **3.** Pourquoi le narrateur a-t-il l'impression d'être dans la cale d'un navire ? Vous donnerez plusieurs raisons en prenant en compte tout le texte. *(3 points)*

▶ **4.** Comparez les deux phrases suivantes : quelle métamorphose se produit entre les deux ? *(1 point)*
– « le plancher en latte souple ondulait sous mon pied » (ligne 14).
– « Sous le plancher l'eau molle ondulait » (ligne 18).

▶ **5.** « L'odeur. » (ligne 18). Quelle remarque grammaticale pouvez-vous faire sur la construction de la phrase ? Pourquoi cette phrase est-elle répétée ? *(2 points)*

▶ **6.** « On n'entend plus les cris du port. » (lignes 19-20).
a) À quel temps est le verbe de la phrase ? *(0,5 point)*
b) Quel était le temps principal du texte avant cette phrase ? *(0,5 point)*
c) Quel est l'effet produit par le changement de temps ? *(1 point)*

▶ **7.** Quel rapport voyez-vous entre le titre « Le Voyageur immobile » et le texte ? *(1 point)*

▶ **8.** Dans quel univers l'enfant puise-t-il son imagination ? Pouvez-vous faire des rapprochements avec des livres que vous avez lus ou des films que vous avez vus ? Expliquez ce qui vous fait penser à ces livres ou ces films. *(2 points)*

Réécriture (4 points)

Vous transposerez au présent et à la troisième personne du singulier le passage suivant :
« J'allais à la cachette de la cassonade. Je choisissais une petite bille de sucre roux. Pendant que ça fondait sur ma langue, je m'accroupissais dans la logette entre le sac des pois chiches et la corbeille des oignons ; l'ombre m'engloutissait : j'étais parti » (lignes 22 à 25).

Dictée (6 points)

Jules Vallès
L'Enfant, 1879

Il est nuit. [...]

Je frotte mes yeux, je tends mon regard, les lettres s'effacent, les lignes se mêlent, je saisis encore le coin d'un mot, puis plus rien.

J'ai le cou brisé, la nuque qui me fait mal, la poitrine creuse ; je suis resté penché sur les chapitres sans lever la tête, sans entendre rien, dévoré par la curiosité, collé aux flancs de Robinson, pris d'une émotion immense, remué jusqu'au fond de la cervelle et jusqu'au fond du cœur ; et en ce moment où la lune montre là-bas un bout de corne, je fais passer dans le ciel tous les oiseaux de l'île, et je vois se profiler la tête longue d'un peuplier comme le mât du navire de Crusoé ! Je peuple l'espace vide de mes pensées, tout comme il peuplait l'horizon de ses craintes ; debout contre cette fenêtre, je rêve à l'éternelle solitude et je me demande où je ferai pousser du pain...

Avant de dicter, préciser la situation : le narrateur, puni dans une salle d'étude, a trouvé un livre, Robinson Crusoé, *et s'est mis à lire.*

Rédaction au choix (15 points)

Sujet 1

Un lieu, une image ou un mot déclenche votre imagination et vous transporte dans une rêverie. Racontez ce « voyage immobile ».
Votre texte fera au moins deux pages.

Sujet 2

Pensez-vous que le monde où vous vivez aujourd'hui laisse encore place à la rêverie ? Vous présenterez votre réflexion dans un développement organisé.
Votre texte fera au moins deux pages.

LES CLÉS DU SUJET

Questions

▶ **2.** Ne cherchez pas dans le texte l'âge précis du narrateur. Relevez tous les indices qui prouvent que c'est un enfant : taille, goûts, curiosité, imagination.

▶ **5.** Reportez-vous au lexique → Phrase non verbale.

▶ **6.** Consultez le lexique → Valeurs de temps verbaux.

Réécriture

Faites attention à :

• accorder les verbes au présent avec le sujet de la troisième personne du singulier. Attention à la terminaison du verbe *fondre*, à ne pas confondre avec celle du verbe *faire*.

• transposer le déterminant possessif *ma* à la troisième personne et changer les pronoms personnels *m'*, en gardant à l'esprit que l'un est inclus dans un verbe pronominal et que l'autre est COD du verbe.

Rédaction

Sujet 1

• Lisez les fiches 1 et 4 : « Écrire un récit » et « Écrire une description/un portrait ».

• Votre récit sera rédigé à la première personne du singulier et aux temps du passé, ou, éventuellement, au présent de narration.

• La notion de rêverie laisse entendre plutôt une sensation agréable que cauchemardesque.

• Précisez quelle est l'origine de votre rêverie et pourquoi votre imagination se déclenche.

• Décrivez ce dont vous rêvez en incluant des références aux sens : goûts, odeurs, couleurs, formes, bruits…

• Il s'agit d'un « voyage immobile ». On peut donc s'attendre sinon à un certain exotisme, du moins à un dépaysement.

• N'oubliez pas d'indiquer les émotions et sensations éprouvées.

• Concluez sur la notion de rêverie en général ou sur celle-ci en particulier.

Sujet 2

• Lisez la fiche 8 : « Écrire un devoir de réflexion ».

• Précisez, dès l'introduction, les sens du mot « rêverie » que vous allez envisager : laisser aller son imagination ou s'absorber dans ses désirs, ses souhaits.

• Annoncez un plan en deux parties : les éventuelles difficultés à rêver aujourd'hui d'une part et les possibilités variées et originales de le faire d'autre part. Il est préférable de terminer par la partie qui convient le plus à ce que vous pensez.

- La rêverie de nos jours peut être freinée par une meilleure connaissance du monde (films, documentaires...), une plus grande maturité des jeunes, moins de temps libre, peur de l'ennui...
- Mais d'autres moyens permettent de s'évader dans « un voyage immobile » : les jeux électroniques, Internet... et pour d'autres raisons : désir de quitter son quotidien, de revenir sur son passé, d'envisager un avenir glorieux, de partir dans un monde imaginaire.
- Concluez sur les bienfaits de la rêverie.

CORRIGÉ 6

Questions

▶ **1.** Le narrateur prétend, en parlant de l'épicière : « Elle savait par cœur ce que je venais chercher » (lignes 2-3). Il vient trouver dans son magasin **l'intimité d'un lieu clos**, rassurant : « On semblait être dans la poitrine d'un oiseau » (ligne 6), « Non, la cale d'un navire » (lignes 7-8). Cet endroit lui permet un « voyage immobile », en laissant voguer son imagination, grâce aux **odeurs** : « la boîte au poivre. L'odeur. » (lignes 15-16), « le tiroir au café. L'odeur. » (ligne 18) et au **goût** : « ça fondait sur ma langue » (ligne 23). Le narrateur peut ainsi **rêver** : « La mer, déjà, portait le navire. » (ligne 15), « cette plage aux palmiers avec le Chinois et ses moustaches » (ligne 16), « Sous le plancher l'eau molle ondulait » (ligne 18).

▶ **2.** Le narrateur, au moment des faits, est sans aucun doute **un enfant**. Il n'est **pas bien grand** car il doit se hausser « sur la pointe des pieds » (ligne 12) ; l'épicière le nomme par un **diminutif** « Janot » (ligne 17) ; il adore les **sucreries**, « une petite bille de sucre roux » (lignes 22-23). Enfin, doté, comme les enfants, d'une **grande imagination**, la simple odeur du poivre évoque pour lui un « Chinois et ses moustaches » (ligne 16).

▶ **3.** Le narrateur avait l'impression de se retrouver **dans « la cale d'un navire »** (lignes 7-8) :

– la **lumière** peut le laisser croire : « une lampe à pétrole pendue dans un cadran de cuivre » (ligne 5), la forme du « plafond » qui « montait en voûte » (lignes 6-7), « le plancher en latte souple » (ligne 14), tout ce décor rappelle un navire ;

– de plus, la **quantité de provisions** qui se trouvent dans cette boutique évoque celle que l'on pourrait trouver dans la cale d'un bateau avant le départ pour un voyage au long cours ;

– quant à **l'étiquette** : « fil au Chinois » (ligne 13), elle est, à elle seule, une invitation à un voyage lointain, à bord d'un navire.

▶ **4.** Le narrateur passe de l'indication : « le plancher en latte souple ondulait sous mon pied » (ligne 14) à « sous le plancher l'eau molle ondulait » (ligne 18). Le verbe conjugué reste identique mais il change de sujet, le « plancher » devient « l'eau molle ». La sensation est la même mais **l'enfant passe de la réalité au rêve** : dans le deuxième groupe, le « plancher » devient complément circonstanciel de lieu, alors qu'il s'agissait du « pied » dans le premier groupe. Il **imagine un monde sous ses pieds** ce qui crée cette sensation d'être dans « la cale d'un navire » (lignes 7-8).

▶ **5.** La **phrase nominale** « L'odeur. » est répétée deux fois, aux lignes 16 et 18. Elle renvoie d'abord au poivre puis au café. La **sensation olfactive** est donc centrale comme **déclencheur de la rêverie**. Elle crée, chaque fois, une pause qui correspond au moment où les senteurs s'échappent de la boîte ou du tiroir, laissant l'évocation d'un voyage s'installer dans l'imagination de l'enfant.

▶ **6.** Le verbe de la phrase « On n'entend plus les cris du port. » (lignes 19-20) est au **présent de l'indicatif** alors que les verbes précédents étaient à **l'imparfait** : « savait » (ligne 2), « regardais » (ligne 12), « sentait » (ligne 19).

Il s'agit d'un **présent de narration** qui marque un changement : on quitte l'évocation d'un souvenir pour se projeter dans le **moment vécu de l'expérience**.

▶ **7.** Le titre « Le Voyageur immobile » correspond à **l'expérience vécue par le narrateur** qui, tout en restant dans l'épicerie de son village, croit se trouver dans la cale d'un navire qui voguerait vers des terres lointaines : « cette plage aux palmiers avec le Chinois et ses moustaches » (ligne 16). Il sent « l'eau molle » et entend « les cris du port » (lignes 18-20). La force de son imagination le transporte dans **un voyage rêvé**.

▶ **8.** L'enfant puise son imagination dans les objets, la lumière, les odeurs de l'épicerie qui le font rêver à un monde lointain, en relation avec la **mer et les voyages à bord d'un navire au long cours**.

Des romans d'aventure comme *Robinson Crusoë* de Daniel Defoe ou *L'Île mystérieuse, Deux ans de vacances, Les Enfants du capitaine Grant* de Jules Verne proposent eux aussi des « voyages immobiles » car ils entraînent le lecteur dans des aventures imaginaires, dans des pays lointains, au prix de navigations périlleuses. De même, le film *Pirates des Caraïbes,* par exemple, permet au spectateur de s'évader tout en restant dans son fauteuil...

Réécriture

Les modifications sont mises en couleur.

Il va à la cachette de la cassonade. Il choisit une petite bille de sucre roux. Pendant que ça fond sur sa langue, il s'accroupit dans la logette entre le sac des pois chiches et la corbeille des oignons ; l'ombre l'engloutit : il est parti.

Dictée

POINT MÉTHODE

1 On peut vérifier la terminaison en *-é* ou en *-er* d'un verbe du premier groupe en le remplaçant par un autre du troisième groupe : *pris* → *-é*, *prendre* → *-er*.

2 Attention aux homophones ! Ne confondez pas *sans* et *s'en ; cou* et *coup ; ou* (que vous pouvez remplacer par *ou bien*) et *où ; a* (que vous pouvez remplacer par *avait*) et *à*.

3 Regardez bien les mots suivants : *tends*, *flancs*, *mât* et retenez leur orthographe.

Il est nuit. [...]

Je frotte mes yeux, je tends mon regard, les lettres s'effacent, les lignes se mêlent, je saisis encore le coin d'un mot, puis plus rien.

J'ai le cou brisé, la nuque qui me fait mal, la poitrine creuse ; je suis resté penché sur les chapitres sans lever la tête, sans entendre rien, dévoré par la curiosité, collé aux flancs de Robinson, pris d'une émotion intense, remué jusqu'au fond de la cervelle et jusqu'au fond du cœur, et en ce moment où la lune montre là-bas un bout de corne, je fais passer dans le ciel tous les oiseaux de l'île, et je vois se profiler la tête longue d'un peuplier comme le mât du navire de Crusoé ! Je peuple l'espace vide de mes pensées, tout comme il peuplait l'horizon de ses craintes ; debout contre cette fenêtre, je rêve à l'éternelle solitude et je me demande où je ferai pousser du pain...

Rédaction au choix

POINT MÉTHODE

Faire des paragraphes

1 Un paragraphe correspond à une idée d'une argumentation ou un moment d'un récit. On peut le faire commencer par un mot de liaison, connecteur logique ou temporel (*donc, ainsi, toutefois, d'abord, ensuite, enfin, de plus, d'une part, d'autre part...*) qui assure la cohérence du texte.

2 Il comprend en général deux à quatre phrases, soit trois à huit lignes environ. On signale un nouveau paragraphe par un nouveau retrait d'alinéa.

3 Il faut organiser les paragraphes selon un ordre choisi : par exemple, du plus simple au plus compliqué, du général au particulier, ou inversement.

Sujet 1 : devoir entièrement rédigé

L'an dernier, de retour de voyage, une de mes tantes m'a rapporté une pierre tombée, selon elle, de la Grande Muraille de Chine. J'avoue que je n'ai pas vraiment apprécié le cadeau, mais j'ai réussi à faire bonne figure.

Or, l'autre jour, en rangeant ma chambre, j'ai retrouvé le vilain caillou. Je l'ai pris en main et mon esprit a commencé à vagabonder. Les mots Grande Muraille résonnaient dans ma tête comme un signal de départ imminent.

D'abord, je vois des milliers d'hommes s'agitant, portant de lourds seaux de bois remplis de pierres, en équilibre au bout de longues tiges portées à l'épaule. Ils courent, sachant apparemment où jeter ce matériau. Un long mur semble se dessiner, assez informe encore. Qui a décidé de construire un ouvrage de cette taille au milieu de rien, sur des terres hostiles et pourquoi ? Nul ne paraît s'en préoccuper. Des campements s'étalent le long du chantier, des cris fusent, le bruit des marteaux est assourdissant.

Puis, des hordes se présentent devant la muraille, arrêtées aussitôt par cette frontière défendue par des soldats farouchement décidés à ne pas laisser franchir ce mur qui a valu tant de sacrifices. On parle de dix millions d'ouvriers morts au cours des vingt siècles qu'a duré l'édification. Une légende prétend même que les corps sont insérés dans l'ouvrage. Ce fait a été démenti, mais l'idée de l'homme uni à jamais à la pierre qu'il a travaillée rend l'édifice encore plus émouvant.

Soudain, je frémis à l'idée du vent qui balaie la steppe, du froid qui mord les os, de la pluie qui s'abat, sans que les gardes, terrés dans leurs tours de guet, ne songent à fuir un tel calvaire.

Je me vois arpenter cette structure à peine plus large qu'une rue de nos villes, mais si longue, si longue... Je monte de petites pentes escarpées parfois pourvues de marches d'escaliers, je passe sous les constructions qui abritaient les soldats et qui ressemblent à des tours. Le regard se perd au loin, dans le temps et dans l'espace. Rien à l'horizon. Quand et d'où viendront les armées qui tenteront encore une fois de franchir ce mur ? Je crois entendre au loin bruire le choc des armes contre les boucliers de peau.

Parfois, on dit que cette muraille est la seule construction qui s'aperçoit depuis la Lune. Le mur sinue à l'infini, sur près de sept mille kilomètres. L'envie me prend de ne pas m'arrêter avant d'en avoir parcouru la totalité. Je vole au-dessus de l'ensemble. Il tourne au gré des accidents de terrain, il grimpe et se tord selon l'axe le plus favorable.

Enfin, je m'assois à l'abri d'un muret. J'écoute, j'écoute la voix de toutes ces personnes qui sont passées dans ces lieux. Je songe, songe. Je ferme les yeux. Je fais corps avec les siècles et les distances.

Quand j'ouvre les yeux, je suis allongé sur mon lit, serrant dans la main, à m'en faire mal à la paume, un vilain caillou.

Sujet 2 : plan détaillé

Introduction

– Vous citerez le sujet et définirez le terme rêverie : laisser aller son imagination ou s'absorber dans ses désirs, dans ses souhaits.

– Le sujet laisse entendre que la rêverie serait moins fréquente aujourd'hui. Vous vous demanderez pourquoi et envisagerez les raisons pour lesquelles on peut quand même encore rêver de nos jours.

– Vous terminerez par la partie qui correspond le plus à ce que vous pensez.

Première partie : Pourquoi la rêverie est-elle moins fréquente aujourd'hui ?

– Premier paragraphe : Il n'y a pas si longtemps, les enfants avaient moins de possibilités de loisirs variés : activités sportives ou artistiques, jeux vidéo... Il leur restait du temps, que les jeunes d'aujourd'hui assimileraient à de l'ennui, pour rêver.

– Deuxième paragraphe : Les enfants d'autrefois avaient peu d'informations précises sur les lieux lointains que l'on peut voir dans des documentaires ou lors de voyages. L'imagination compensait : Vallès rêve de Robinson alors qu'il est enfermé dans une classe vide et qu'il lit le roman de Defoe, Giono se croit sur un navire au long cours dans l'épicerie de son enfance.

– Concluez sur les moteurs de l'imagination quand aucune image ne vient influer sur l'esprit.

Deuxième partie : Pourquoi la rêverie est-elle encore possible de nos jours ?

– Premier paragraphe : Les jeunes d'aujourd'hui ont, eux aussi, des moyens de s'échapper dans la rêverie : les films, les jeux alimentent leur imagination, parfois, hélas, à leur détriment, quand ils veulent imiter les exploits de leurs héros favoris.

– Deuxième paragraphe : Les jeunes rêvent sans doute à des voyages, même s'ils ont vu des images, car ils veulent vivre ces aventures et imiter les explorateurs, les sportifs de haut niveau, les reporters…

– Troisième paragraphe : Les adolescents envisagent un avenir souvent glorieux à l'image des vedettes de jeux télévisés ; ils souhaiteraient devenir magistrats ou chirurgiens comme dans les séries. Ils voudraient sauver le monde, imposer des normes humanitaires ou écologiques. Ils souhaiteraient, comme tous les jeunes de leur âge, rendre le monde meilleur…

– Concluez en reconnaissant que l'imagination est sans doute plus orientée qu'elle ne pouvait l'être auparavant à cause de la quantité d'images à disposition…

Conclusion

On finira le devoir en parlant de la permanence de la rêverie, même si elle a changé de déclencheur et qu'elle s'oriente vers d'autres directions.

France métropolitaine • Septembre 2013
Série générale

La mer

Pierre Loti
Le Roman d'un enfant
1890

J'étais arrivé le soir, avec mes parents, dans un village de la côte saintongeaise[1], dans une maison de pêcheurs louée pour la saison des bains. Je savais que nous étions venus là pour une chose qui s'appelait la mer, mais je ne l'avais pas encore vue (une ligne de dunes me la cachait, à cause de ma très petite taille) et j'étais dans une extrême impatience de la connaître. Après le dîner donc, à la tombée de la nuit, je m'échappai seul dehors. L'air vif, âpre[2], sentait je ne sais quoi d'inconnu, et un bruit singulier, à la fois faible et immense, se faisait derrière les petites montagnes de sable auxquelles un sentier conduisait.

Tout m'effrayait, ce bout de sentier inconnu, ce crépuscule tombant d'un ciel couvert, et aussi la solitude de ce coin de village… Cependant, armé d'une de ces grandes résolutions subites, comme les bébés les plus timides en prennent quelquefois, je partis d'un pas ferme…

Puis, tout à coup, je m'arrêtai glacé, frissonnant de peur. Devant moi, quelque chose apparaissait, quelque chose de sombre et de bruissant qui avait surgi de tous les côtés en même temps et qui semblait ne pas finir ; une étendue en mouvement qui me donnait le vertige mortel… Évidemment *c'était ça* ; pas une minute d'hésitation, ni même d'étonnement *que ce fût ainsi*, non, rien que de l'épouvante ; je *reconnaissais* et je tremblais. C'était d'un vert obscur presque noir ; ça semblait instable, perfide, engloutissant ; ça remuait et ça se démenait partout à la fois, avec un air de méchanceté sinistre. Au-dessus, s'étendait un ciel tout d'une pièce, d'un gris foncé, comme un manteau lourd.

Très loin, très loin seulement, à d'inappréciables profondeurs d'horizon, on apercevait une déchirure, un jour entre le ciel et les eaux, une longue fente vide, d'une claire pâleur jaune…

Pour la *reconnaître* ainsi, la mer, l'avais-je déjà vue ?

Peut-être, inconsciemment, lorsque, vers l'âge de cinq ou six mois, on m'avait emmené dans l'*île*, chez une grand'tante, sœur de ma grand'mère.

Ou bien avait-elle été si souvent regardée par mes ancêtres marins, que j'étais né ayant déjà dans la tête un reflet confus de son immensité.

---

1. Côte saintongeaise : côte littorale du département de la Charente-Maritime.
2. Air âpre : ici, air froid.

Questions (15 points)

▶ **1.** Quel est l'âge approximatif du personnage au moment de l'histoire ? Justifiez votre réponse. *(1 point)*

▶ **2. a)** Dans les lignes 1 à 13, comment le texte met-il en scène la découverte de la mer ? *(2 points)*
b) Quel est l'effet produit ? *(1point)*

▶ **3.** Parmi les sens suivants de l'adjectif « singulier » (lignes 7 et 8), quels sont ceux qui vous semblent correspondre au sens du texte ? Vous répondrez sur votre copie. *(1 point)*

- ❑ Qui est isolé
- ❑ Qui est étrange
- ❑ Qui est surprenant
- ❑ Qui est drôle

▶ **4.** L'adjectif « perfide » (ligne 20) vient du latin *fides* (la loi ou la confiance) et du préfixe *per-* (à travers, sous les apparences de). En vous appuyant sur cette étymologie et sur le contexte, quel sens pouvez-vous donner à cet adjectif dans le texte ? *(1 point)*

▶ **5.** Quels sont les différents sentiments éprouvés par le personnage tout au long du passage ? Justifiez votre réponse en prenant appui sur le texte. *(3 points)*

▶ **6. a)** Par quels pronoms la mer est-elle désignée dans le troisième paragraphe ? *(1 point)*
b) Selon vous, pourquoi Loti fait-il ce choix ? *(1 point)*

▶ **7.** Pourquoi le narrateur peut-il avoir le sentiment de « *reconnaître* » (ligne 27) la mer ? *(2 points)*

▶ **8.** À la lecture du texte, quels différents sens peut prendre le titre *Le Roman d'un enfant* ? Justifiez votre point de vue. *(2 points)*

Réécriture (4 points)

Vous réécrirez le passage des lignes 27 à 31 en remplaçant « je » par « nous » et en faisant toutes les modifications qui conviennent.
« Pour la *reconnaître* ainsi, la mer, l'avais-je déjà vue ?
Peut-être, inconsciemment, lorsque, vers l'âge de cinq ou six mois, on m'avait emmené dans l'*île*, chez une grand'tante, sœur de ma grand'mère. Ou bien avait-elle été si souvent regardée par mes ancêtres marins, que j'étais né ayant déjà dans la tête un reflet confus de son immensité. »

Dictée (6 points)

Pierre Loti
Le Roman d'un enfant
1890

Dès cette première entrevue sans doute, j'avais l'insaisissable pressentiment qu'elle finirait un jour par me prendre, malgré toutes mes hésitations, malgré toutes les volontés qui essaieraient de me retenir…

Ce que j'éprouvais en sa présence était non seulement de la frayeur, mais surtout une tristesse sans nom, une impression de solitude désolée, d'abandon, d'exil… Et je repartis en courant, la figure très bouleversée, je pense, et les cheveux tourmentés par le vent, avec une hâte extrême d'arriver auprès de ma mère, de l'embrasser, de me serrer contre elle ; de me faire consoler de mille angoisses.

Écrire le nombre en toutes lettres. Écrire au tableau : pressentiment.

Rédaction au choix (15 points)

Sujet 1

La découverte d'un lieu vous a profondément marqué(e) lorsque vous étiez enfant et vous vous en souvenez aujourd'hui.
Vous raconterez ce souvenir en deux pages (soit une cinquantaine de lignes).

Sujet 2

La découverte de l'inconnu est-elle forcément attirante ? Vous présenterez votre réflexion dans un développement argumenté et organisé. Votre texte fera au moins deux pages (soit une cinquantaine de lignes).

LES CLÉS DU SUJET

■ Questions

▶ **4.** Reportez-vous au lexique → Famille de mots.

▶ **6. a)** Consultez les tableaux de grammaire → Classes grammaticales.

▶ **7.** Pensez à la formation du verbe « reconnaître » pour bien comprendre combien les sensations du narrateur sont étranges.

■ Réécriture

Faites attention :

• à changer le sujet « je » en *nous*, à accorder les verbes en conséquence, et à vérifier l'accord du participe passé précédé de l'auxiliaire *être* (accord avec le sujet).

• Transformer les adjectifs possessifs « ma » et « mes » en *notre* et *nos ;* et le pronom personnel complément « m' » en *nous*, en vérifiant la terminaison du participe passé précédé de l'auxiliaire *avoir* (accord avec le COD quand celui-ci est placé avant le verbe).

■ Rédaction

Sujet 1

• Lisez les fiches 1 et 4 : « Écrire un récit » et « Écrire une description/un portrait ».

• Racontez d'abord les circonstances de la découverte : votre âge, l'époque (sortie scolaire, vacances, voyage à l'étranger…), et les personnes en présence.

• Expliquez ce que vous attendiez de ce lieu avant de vous y rendre.

• Décrivez précisément l'endroit : formes, matières, couleurs, odeurs et bruits éventuels.

• Précisez ce que vous avez ressenti : étonnement, surprise, joie, déception, fierté d'avoir vu cela, émotion.

• Dites comment vous vous êtes comporté(e) pendant cette visite : fébrile, apaisé(e), angoissé(e).

• Expliquez pourquoi ce souvenir reste vivace dans votre mémoire et comment vous l'envisagez aujourd'hui : avec amusement, regret, plaisir.

• Concluez sur les effets produits par une découverte.

Sujet 2

• Lisez la fiche 8 : « Écrire un devoir de réflexion ».

• Définissez, dès l'introduction, les mots : « inconnu » (ce que l'on ne connaît pas, ce qui est inédit pour soi) et « attirante » (ce qui donne envie de le découvrir).

• Annoncez un plan en deux parties, l'une défendant l'attrait de l'inconnu, l'autre, le contraire. Il convient généralement de terminer le devoir par le point de vue que l'on privilégie.
• L'inconnu attire à cause du goût de la découverte, l'envie d'expérimenter des situations que d'autres connaissent et pas soi, par soif de risques…
• Mais il peut aussi effrayer : par crainte des dangers éventuels, par peur de ne pas assumer ce que cet inconnu implique pour soi, par désir de rester dans des limites familières.

CORRIGÉ 7

Questions

▶ **1.** Au moment de l'histoire, le personnage est **très jeune** puisqu'il ne peut voir la mer du fait des dunes : « une ligne de dunes me la cachait, à cause de **ma très petite taille** » (lignes 4-5). Le **titre du livre**, *Le Roman d'un enfant*, renforce cette hypothèse de lecture. De plus, il n'a aucune idée de cette « chose qui s'appelait la mer » (ligne 3).

▶ **2. a)** Des lignes 1 à 13, le texte met en scène la découverte de la mer **de façon progressive**. D'abord, le narrateur évoque cette « chose qui s'appelait la mer » (ligne 3) et dont il ignore tout. Ensuite, il la découvre par les sens, le toucher « L'air vif, âpre » ; l'odorat « sentait je ne sais quoi d'inconnu » (ligne 7) ; l'ouïe « un bruit singulier, à la fois faible et immense » (lignes 7-8), sans toutefois jamais la voir. Il en éprouve une peur que la luminosité intensifie « ce crépuscule tombant d'un ciel couvert » (lignes 10-11), mais qu'il surmonte comme s'il s'agissait d'un acte héroïque : « je partis d'un pas ferme » (ligne 13).

b) Cette mise en scène produit **un effet d'attente**, quasi de suspense. On croit lire le récit d'une expédition aventureuse qui angoisse le héros mais qu'il subit avec courage.

▶ **3.** L'adjectif « singulier » a le sens de : **qui est étrange**, qui est surprenant.

▶ **4.** À la ligne 20, l'auteur qualifie la mer de « **perfide** ». Cet adjectif signifie ici, selon sa formation et son étymologie : en qui on ne peut avoir confiance, qui trahit celui qui lui faisait la confiance, fourbe, **traître**.

▶ **5.** Au début, le personnage éprouve de la **curiosité** due à son ignorance : « une chose qui s'appelait la mer, mais je ne l'avais pas encore vue » (lignes 3-4), il se trouve donc « dans une extrême **impatience** de la connaître » (lignes 5-6). Mais très rapidement, il est pétrifié par la **peur** : « Tout m'effrayait » (ligne 10), « glacé, frissonnant de peur » (ligne 14), « vertige mortel » (ligne 17), « épouvante » (ligne 19), « je tremblais » (ligne 19). Il ressent comme une **impression étrange de déjà vu** : « je *reconnaissais* » (ligne 19) et soupçonne la dangerosité du lieu : « perfide, engloutissant » « avec un air de méchanceté sinistre » (lignes 20 à 22). Il ne semble donc **pas surpris** : « pas une minute d'hésitation, ni même d'étonnement » (ligne 18) mais plutôt **terrifié**.

▶ **6. a)** Dans le troisième paragraphe, la mer est désignée par des pronoms, d'abord un **indéfini** : « **quelque chose** » (ligne15) puis des **démonstratifs** « **ce** » « **c'** » (lignes 18-19) et « **ça** », répété quatre fois, lignes 18-20-21 et souvent mis en italiques comme pour insister.

b) Loti fait ce choix pour montrer d'abord le choc produit sur l'enfant par la découverte de cette « étendue en mouvement » « qui avait surgi de tous les côtés en même temps et qui semblait ne pas finir » (lignes 15-17). L'emploi de ces pronoms marque donc l'étonnement, **la surprise et la difficulté à parler de la mer**, à la décrire précisément.

▶ **7.** L'enfant prétend ne pas éprouver « une minute d'hésitation, ni même d'étonnement » (ligne 18) à la découverte de la mer, car il dit « je *reconnaissais* » (ligne 19). Loti présuppose que, « pour la *reconnaître* ainsi » (ligne 27), il l'avait déjà vue, « inconsciemment », « vers l'âge de cinq ou six mois » (ligne 28), alors qu'il était allé sur une île. Mais il ajoute : « Ou bien avait-elle été si souvent regardée par mes ancêtres marins, que j'étais né ayant dans la tête un reflet confus de son immensité. » (lignes 30-31). Il laisse entendre **une sorte d'hérédité** qui lui permettrait de **connaître la mer avant même de la voir par lui-même**.

▶ **8.** Le titre du livre, *Le Roman d'un enfant*, peut renvoyer au **jeune âge du narrateur** au moment des faits. Le terme « **Roman** » laisse supposer que la vie du héros est romancée, que celui-ci vit une **aventure angoissante qui l'émerveille et qu'il surmonte avec courage**.

Réécriture

Les modifications sont mises en couleur.

Pour la *reconnaître* ainsi, la mer, l'**avions-nous** déjà vue ?

Peut-être, inconsciemment, lorsque, vers l'âge de cinq ou six mois, on **nous** avait **emmené(e)s** dans l'*île*, chez une grand'tante, sœur de **notre** grand-mère. Ou bien avait-elle été si souvent regardée par **nos** ancêtres marins, que **nous étions né(e)s** ayant déjà dans la tête un reflet confus de son immensité.

Dictée

POINT MÉTHODE

❶ Pour vérifier la terminaison en -er ou en -é d'un verbe du premier groupe, il suffit de la remplacer par un verbe du troisième groupe : prendre → -er, pris → -é.

❷ Le déterminant indéfini *tout* prend le genre et le nombre du GN qu'il introduit. Ne confondez pas le déterminant démonstratif *ce*, que l'on peut remplacer par *cela*, et *se*, pronom personnel.

❸ Regardez bien les mots suivants : *essaieraient, frayeur, bouleversée* et retenez leur orthographe.

Dès cette première entrevue sans doute, j'avais l'insaisissable pressentiment qu'elle finirait un jour par me prendre, malgré toutes mes hésitations, malgré toutes les volontés qui essaieraient de me retenir… Ce que j'éprouvais en sa présence était non seulement de la frayeur mais surtout une tristesse sans nom, une impression de solitude désolée, d'abandon, d'exil… Et je repartis en courant, la figure très bouleversée, je pense, et les cheveux tourmentés par le vent, avec une hâte extrême d'arriver auprès de ma mère, de l'embrasser, de me serrer contre elle ; de me faire consoler de mille angoisses.

Rédaction au choix

Sujet 1 : devoir entièrement rédigé

POINT MÉTHODE

Faire le récit d'un événement décisif

❶ Rapporter, dans un premier paragraphe, les circonstances de l'événement à raconter : lieu, époque, personnes en présence, situation.

❷ Faire ensuite le récit de l'événement en précisant les changements intervenus à cause de son influence.

❸ Analyser les sentiments et émotions éprouvés ainsi que les réactions de l'entourage pour en tirer une conclusion.

Lorsque j'étais en sixième, notre professeur d'histoire nous a emmenés à Paris voir l'exposition Toutankhamon. Je n'étais encore jamais entrée dans un musée. Quand je voyais à la télévision la visite d'une exposition,

je ne comprenais pas pourquoi des gens se pressaient pour regarder des tableaux que l'on pouvait examiner bien tranquillement sur Internet. Mais la perspective d'une sortie est toujours une joie qui provoque de l'excitation dans une classe. Le trajet s'effectua donc dans une certaine allégresse.

Arrivée sur les lieux, je vis les immenses affiches qui montraient le masque du pharaon. J'étais passionnée d'histoire égyptienne et j'avais déjà souvent admiré cet objet luxueux qui ne m'impressionna pas. Puis, nous entrâmes dans un lieu sombre, quasi angoissant, qui incitait au silence respectueux. Au début, on distinguait mal les objets exposés : des bijoux en or, lourds, des vases décorés, des sceptres… L'ensemble formait un décor impressionnant donnant la sensation d'entrer dans l'intimité d'un palais. Je croyais entendre le ballet des esclaves, je supposais les felouques glissant sur le Nil, le scribe tenant le stylet que je voyais dans la vitrine, noircissant consciencieusement un papyrus.

Le choc survint plus tard. Nous pénétrâmes dans une salle encore plus obscure. En s'approchant, on distinguait le sarcophage ouvert. Des hiéroglyphes couvraient toute sa surface. C'était splendide, aucune comparaison avec toutes les reproductions que j'avais pu voir. Puis, je LE vis, couché, couvert du masque d'or, enfoncé dans sa coque dorée. La jeunesse et la sérénité qui se reflétaient sur son « visage » rendaient la mort tranquille, intemporelle. Le temps était aboli. Le pharaon acceptait notre présence comme un hommage évident à sa grandeur éternelle.

J'étais autant éblouie par la richesse du masque mortuaire que fascinée par la réalité de la scène. Ce qui paraissait un décor, une image souvent vue et revue dans les livres, se livrait sous mes yeux. Le jeune homme assurait, par sa calme présence, le lien entre nous et une époque vieille de quelques millénaires. L'ambiance silencieuse accentuait la solennité de l'instant. Ce lieu, moderne et froid, n'était plus un musée parisien, mais le tombeau d'un jeune pharaon, à la fois profané et admiré avec déférence.

Il faisait chaud, presque étouffant. Je me sentais un peu oppressée par l'atmosphère, et surtout par l'émotion. Je restais immobile un grand moment. La classe sortit de la salle sans que je m'en aperçoive. Il fallut venir me réveiller de ma rêverie. Mes camarades se moquèrent de moi, prétendant que le pharaon m'avait jeté un sort, qu'il punissait ainsi ceux qui le dévoraient des yeux.

Je me souviens encore de cette visite qui reste vivante dans ma mémoire. Plus jamais je ne dirai qu'un musée est un lieu froid, mort, sans intérêt. Les sentiments éprouvés ce jour-là ne peuvent être provoqués par un film ou des photos. Il faut vivre l'instant.

Sujet 2 : plan détaillé

POINT MÉTHODE

Rédiger une conclusion

1. **Les conclusions partielles terminent chaque partie. Elles se composent d'au moins deux phrases qui synthétisent, sans reprendre les mêmes termes, les deux ou trois sous-parties précédentes.**
2. La conclusion générale termine le devoir. Ce paragraphe final est davantage l'aboutissement de la réflexion menée auparavant qu'une redite des points déjà développés.
3. **Généralement, on rédige une dernière phrase, dite d'ouverture, qui, en lien avec le sujet traité, élargit la question à un domaine plus vaste.**

Introduction

– Faire le lien entre l'extrait de Pierre Loti, la découverte d'un lieu inconnu, la mer, et le sujet cité en entier : la découverte de l'inconnu est-elle forcément attirante ?

– Donner la définition du mot « inconnu » : jamais vu, expérimenté, vécu… et de « attirante » : qui fascine, qui donne envie. Préciser que l'inconnu est propre à chaque personne : lieu, situation, activité jamais pratiquée… et pas obligatoirement extraordinaire.

– Annoncer un plan en deux parties : la peur de l'inconnu et son attrait, par exemple.

Première partie : la peur de l'inconnu

L'inconnu fait peur à cause de ce que l'on ignore et de ce que l'on craint de découvrir : un danger éventuel qui entraînerait une réaction violente.

Premier paragraphe

– Ignorer tout de ce que l'on va découvrir freine parfois les envies : peur d'un lieu hostile, d'un endroit angoissant, d'une situation peu engageante…

– La découverte comporte peut-être des risques.

Deuxième paragraphe

– Le refus de découvrir l'inconnu provient parfois d'un doute sur sa propre personnalité : timidité, difficultés d'adaptation, courage insuffisant, révélations peu valorisantes… Découvrir l'inconnu signifie aussi se découvrir soi-même et être déçu de ses réactions.

– L'inconnu laisse parfois planer un doute sur les dangers éventuels : première relation amoureuse, désir de tester un produit illicite, envie de transgresser un interdit… Certaines personnes refusent de courir ces risques par peur du ridicule ou des conséquences néfastes.

Maintes fois on se trouve confronté à l'inconnu. La plupart du temps, on franchit le pas sans y penser sérieusement, d'autres fois, on hésite, par peur de ce qui pourrait advenir ou de ce qu'on va découvrir de négatif sur soi ou, tout simplement, pour ne pas être influencé et agir comme les autres, sans en avoir réellement envie.

Deuxième partie : l'attrait de l'inconnu

Toutefois, on peut provoquer cette découverte : par curiosité, envie d'imiter les autres ou de tester ses propres capacités.

Premier paragraphe

– La curiosité pousse à aller vers l'inconnu : envie de savoir, de connaître un pays, des cultures… Des explorateurs, des chercheurs mettent parfois leur vie en danger pour avancer dans leurs découvertes : Marie Curie par exemple.

– La soif d'apprendre sur soi et les autres motive aussi.

Deuxième paragraphe

– Des comportements, des situations vécues par d'autres et jamais expérimentées attirent : désir d'être intégré dans un groupe, peur d'être l'objet de moqueries, si on ne le fait pas…

– La découverte de l'inconnu est l'occasion de connaître ses capacités, ses limites. Elle offre la possibilité de se confronter à des situations révélatrices.

La découverte de l'inconnu attire ceux qui participent à l'évolution, au progrès, mais aussi les curieux de tous âges. Si elle est parfois la preuve d'une personnalité peu affirmée qui craint de se démarquer des autres, influençable, elle reste aussi un moyen de connaître et de se connaître.

Conclusion

Ainsi, la découverte de l'inconnu se fait, très généralement, de manière spontanée et inconsciente. Quelquefois, quand on y réfléchit et qu'elle risque de comporter un danger potentiel, on hésite, on s'y refuse. D'autres fois, on accepte de tester ses propres capacités et d'aller vers l'inconnu qui offre souvent de très belles opportunités. Mais des personnes hardies, des explorateurs, des scientifiques ont bravé les obstacles, tant moraux que physiques pour élargir nos horizons et améliorer nos vies. **Souhaitons donc que la découverte de l'inconnu attire encore chacun d'entre nous pour son bien propre et pour celui de l'humanité.**

SUJET

8

D'après France métropolitaine • Septembre 2011

Série professionnelle

La nuit de l'orage

Marcel Pagnol
Le Château de ma mère
1957

Dans son roman Le Château de ma mère*, Marcel Pagnol fait le récit de son enfance. Dans cet extrait, il évoque les circonstances qui l'ont forcé à se réfugier dans une grotte.*

Nous étions parfaitement à l'abri, et nous narguions les forces de l'orage, lorsque la foudre sanglante et hurlante, frappa la barre tout près de nous et fit tomber tout un pan de roche.

Alors nous entendîmes craquer les troncs d'arbres que les blocs bondissants brisaient au passage, avant d'éclater, comme des coups de mine, sur le fond lointain du vallon.

Cette fois-là, je tremblai de peur, et je reculai vers le fond du couloir.

« C'est beau ! » me dit Lili.

Mais je vis bien qu'il n'était pas rassuré ; il vint s'asseoir près de moi, et il reprit :

« C'est beau, mais c'est couillon.

– Est-ce que ça va durer longtemps ?

– Peut-être une heure, mais pas plus. »

Des filets d'eau commencèrent à tomber des fentes de la voûte ogivale, dont le sommet se perdait dans la nuit, puis un jet d'eau nous força à changer de place.

« Ce qui est malheureux, dit Lili, c'est qu'on va perdre une douzaine de pièges… Et les autres, il va falloir bien les faire sécher près du feu, les graisser, parce que… »

Il s'arrêta net, et regarda fixement derrière moi. Du bout des lèvres, il murmura :

« Baisse-toi doucement, et ramasse deux grosses pierres ! »

Soudain terrorisé, et rentrant la tête dans mes épaules, je restai immobile. Mais je le vis se baisser lentement, les yeux toujours fixés sur quelque chose qui se trouvait derrière moi et plus haut que moi… Je me baissai à mon tour, lentement… Il avait pris deux pierres aussi grosses que mon poing : je fis de même.

« Tourne-toi doucement », chuchota-t-il.

Je fis tourner ma tête et mon buste : je vis, là-haut, briller dans l'ombre deux yeux phosphorescents.

Je dis dans un souffle :

« C'est un vampire ?

– Non c'est le grand-duc[1]. »

En regardant de toutes mes forces, je finis par distinguer le contour de l'oiseau.

Perché sur une saillie de la roche, il avait bien deux pieds de haut. Les eaux l'avaient chassé de son nid, qui devait être quelque part dans le plafond.

« S'il nous attaque, attention aux yeux ! » chuchota Lili.

L'épouvante m'envahit soudain.

« Partons, dis-je, partons ! Il vaut mieux être mouillé qu'aveugle ! »

Je sautai dans la brume : il me suivit.

1. Grand-duc : gros hibou, rapace.

Questions (15 points)

▶ **1. a)** Ligne 7, à quelle personne est raconté le récit ? *(0,5 point)*
b) Quel personnage désigne-t-elle ? *(0,5 point)*
c) Par conséquent, à quel genre de récit appartient ce texte ? *(1 point)*

▶ **2.** « Nous étions parfaitement à l'abri, et nous narguions les forces de l'orage, lorsque la foudre sanglante et hurlante, frappa la barre tout près de nous et fit tomber tout un pan de roche. » (lignes 1 à 3)
a) Qui désigne le pronom « nous » ? *(0,5 point)*
b) Quels sont les temps des verbes ? Justifiez le passage d'un temps à l'autre. *(2 points)*

▶ **3.** Pourquoi, à votre avis, le narrateur se souvient-il de cet épisode de son enfance ? *(1 point)*

▶ **4.** Dans les lignes 1 à 6 : par quel sens les personnages perçoivent-ils la foudre ?
Nommez et relevez le champ lexical utilisé. *(2 points)*

▶ **5.** « la foudre, sanglante et hurlante » (ligne 2).
a) Quelle est la figure de style utilisée ? *(1 point)*
❑ une comparaison ❑ une métaphore ❑ une personnification

b) Quel sentiment la foudre provoque-t-elle chez les personnages ? *(1 point)*

▶ **6.** À partir de la ligne 20, quel événement attire l'attention de Lili ? *(1 point)*

▶ **7. a)** Les deux personnages ne réagissent pas de la même façon. Justifiez cette affirmation par les éléments du récit et des dialogues à partir de la ligne 20. *(2 points)*
b) Qu'en déduisez-vous sur le caractère de chacun d'eux ? *(1 point)*

▶ **8.** Pourquoi le personnage dit-il : « Il vaut mieux être mouillé qu'aveugle ! » ? (ligne 41) *(1,5 point)*

Réécriture (5 points)

Recopiez le paragraphe suivant (lignes 23 à 26), en remplaçant le pronom « je » par « il » et effectuez toutes les transformations nécessaires.
« Soudain terrorisé, et rentrant la tête dans mes épaules, je restai immobile. Mais je le vis se baisser lentement, les yeux toujours fixés sur quelque chose qui se trouvait derrière moi et plus haut que moi… Je me baissai à mon tour, lentement… »

Dictée (5 points)

D'après Marcel Pagnol
Le Château de ma mère, 1957

À dix pas, il lança une pierre, et sauta en l'air à plusieurs reprises, les bras écartés, en poussant des cris sauvages. Je l'imitai. Tout à coup, il s'élança : je vis sortir du fourré un lièvre énorme, qui bondissait les oreilles droites, si grand qu'on voyait le jour sous son ventre… Je réussis à couper sa route.

Rédaction au choix (15 points)

Sujet 1

Sur le chemin du retour un nouvel événement se produit. Le narrateur poursuit son récit et fait part de ses émotions dans un texte d'au moins deux pages.

Sujet 2

Vous organisez un voyage scolaire dans un pays européen. Certains élèves de la classe refusent d'y participer parce qu'ils ont peur. Avec quelques camarades, vous rédigez un discours, de deux pages minimum, qui s'adresse à tous les élèves de la classe pour les convaincre de partir.

LES CLÉS DU SUJET

Questions

▶ **1.** Reportez-vous au lexique → Indices de présence du narrateur.

▶ **4.** Les cinq sens sont : la vue, le toucher, l'odorat, l'ouïe et le goût.

▶ **5.** Reportez-vous au lexique → Images.

Réécriture

Faites attention :

- à accorder correctement les verbes au passé simple avec le pronom « il ».
- à la terminaison de la 3e personne du singulier du passé simple pour les verbes du premier groupe qui ne prennent jamais *-at*.
- à transformer les déterminants possessifs « mes », « mon » en *ses, son,* et les pronoms personnels « moi » en *lui* et « me » en *se*.

Rédaction

Sujet 1

- Lisez les fiches 1 et 2 : « Écrire un récit » et « Écrire une suite de texte ».
- Votre récit sera rédigé à la première personne du singulier et aux temps du passé, comme le texte de M. Pagnol.
- Rappelez rapidement la situation : deux jeunes garçons rentrent chez eux sous un orage, après avoir eu peur d'un oiseau.
- Décrivez précisément l'événement auquel ils sont confrontés, angoissant (arbre tombé bloquant le passage, torrent de boue, rivière en crue, animal en danger…) ou exaltant (rencontre d'une personne sympathique qui leur vient en aide, découverte d'un lieu étonnant…), et faites le récit des faits dans l'ordre chronologique.
- N'oubliez pas d'indiquer les sentiments et émotions éprouvés par les deux protagonistes : joie, peur, amusement, surprise, reconnaissance…
- Concluez sur cette journée palpitante et éprouvante.

Sujet 2

- Lisez la fiche 6 : « Écrire un passage argumentatif ».
- Il s'agit d'un discours qui s'adresse aux élèves de la classe, vous pouvez donc parfois employer l'impératif mais restez courtois : pas de langage familier ou vulgaire.
- Revenez sur les peurs exprimées par l'auditoire pour les contrer : peur de l'inconnu, du voyage, de l'incompréhension de la langue, de la nourriture.
- Développez différents arguments en faveur du voyage scolaire : découvertes, visites, dépaysement, rencontres, partage, souvenirs… illustrés d'exemples précis.
- Concluez en exhortant la classe à une nouvelle expérience enrichissante.

CORRIGÉ 8

Questions

▶ **1. a)** Ce récit est raconté à la **première personne du singulier** : « je tremblai de peur, et je reculai vers le fond du couloir » (ligne 7).

b) Le pronom personnel « je » désigne le **narrateur** qui est aussi **l'auteur** puisque le paratexte précise : « Marcel Pagnol fait le récit de son enfance ».

c) Ce récit est donc une **autobiographie**.

▶ **2. a)** Dans la phrase « Nous étions parfaitement à l'abri […] fit tomber tout un pan de roche », lignes 1 à 3, le pronom « nous » désigne **le narrateur, Marcel Pagnol enfant, et son ami, Lili** : « me dit Lili » (ligne 8), « je vis bien qu'il n'était pas rassuré » (ligne 9).

b) Les verbes sont

– soit à **l'imparfait** : « étions », « narguions » (ligne 1) ;

– soit au **passé simple** : « frappa », « fit » (ligne 2).

L'imparfait est employé pour une action passée dont on ne connaît ni le début ni la fin. Dans un récit, il marque des **actions de second plan**, **souvent longues**, ce qui est le cas ici puisqu'ils sont restés longtemps à l'abri dans la grotte.

Le passé simple exprime l'aspect limité d'un fait dont on connaît le début et la fin. Dans un récit, il est employé pour évoquer **une succession d'actions** qui sont **au premier plan**, souvent brèves : la foudre frappe une fois et fait rapidement « tomber tout un pan de roche » (ligne 3).

▶ **3.** Marcel Pagnol se souvient particulièrement de cet épisode de son enfance car il a eu lieu **pendant les vacances**, dans la campagne qu'il aimait tant, **avec son meilleur ami** vivant dans la région. De plus, il s'agit d'un **événement angoissant** à cause de l'orage brutal et de la foudre tombée à côté d'eux. Enfin, il se rappelle qu'ils ont fui la grotte, terrifiés par la présence, apparemment dangereuse, d'un « grand-duc » (ligne 33).

▶ **4.** Les personnages perçoivent la foudre essentiellement par **l'ouïe** : « nous entendîmes » (ligne 4).

Le champ lexical utilisé dans les lignes 1 à 5 est celui du **vacarme** :

– « la foudre [...] hurlante » (ligne 2) ;

– « nous entendîmes craquer » (ligne 4) ;

– « avant d'éclater, comme des coups de mine » (ligne 5).

▶ **5. a)** Dans l'expression : « la foudre, sanglante et hurlante » (ligne 2), la figure de style utilisée est une **personnification**.

b) La foudre provoque différents sentiments chez les deux personnages :

– d'abord la **peur** : « je tremblai de peur » (ligne 7) ; « il n'était pas rassuré » (ligne 9) ;

– mais aussi **l'admiration** : « C'est beau ! » (ligne 8) ;

– le **regret** que l'orage dévaste les pièges posés : « Ce qui est malheureux, dit Lili, c'est qu'on va perdre une douzaine de pièges... Et les autres, il va falloir bien les faire sécher près du feu et les graisser » (lignes 17 à 19).

▶ **6.** À partir de la ligne 20, le narrateur raconte qu'un événement attire l'attention de Lili, c'est la **présence d'un « grand-duc »** (ligne 33), que « les eaux avaient chassé de son nid » (ligne 37), et dont on voyait « briller dans l'ombre deux yeux phosphorescents » (lignes 29-30). Il était « perché sur une saillie de la roche, il avait bien deux pieds de haut. » (ligne 36).

▶ **7. a)** Les deux amis réagissent différemment.

– **Lili**, qui reconnaît instantanément l'oiseau : « c'est le grand-duc » (ligne 33), **fait preuve d'initiative**. Il mesure ses gestes : « je le vis se baisser lentement » (ligne 24), il « murmura » (ligne 21), pour ne pas effrayer l'oiseau. Il **donne des ordres** : « Baisse-toi doucement, et ramasse deux grosses pierres » (ligne 22) ; « Tourne-toi doucement » (ligne 28), et s'arme, lui aussi, de « deux grosses pierres aussi grosses que mon poing » (lignes 26-27).

– Au contraire, le **narrateur** est « **terrorisé** » (ligne 23), dès les premiers gestes et paroles de son ami. Néanmoins, il **lui fait confiance et lui obéit** : « Je me baissai à mon tour » (lignes 25-26), « Je fis tourner ma tête et mon buste » (ligne 29), mais, quand il voit « briller dans l'ombre deux yeux phosphorescents » (lignes 29-30), il ignore de quoi il s'agit et demande : « C'est un vampire ? » (ligne 32). Enfin, pris d'« épouvante » (ligne 40), il **s'enfuit**.

b) Les deux amis n'ont manifestement pas le même caractère.

– Lili vit à la campagne, il **connaît les animaux**, il sait comment ils vont réagir à la présence humaine et ce qu'il faut faire en cas de danger ; il fait preuve de **courage**, même s'il s'enfuit avec son ami : « Je sautai dans la brume : il me suivit » (ligne 42).

– Le narrateur, lui, ne sait rien du monde animal, il prend l'oiseau pour un « vampire » (ligne 32), il n'a **aucune idée des gestes de protection**, mais il a une confiance totale en son ami et obéit à ses ordres ou conseils. Néanmoins, quand il prend réellement conscience du danger, il préfère fuir plutôt que de l'affronter. **L'un est donc plus téméraire que l'autre.**

▶ **8.** Le narrateur dit : « Il vaut mieux être mouillé qu'aveugle ! » (ligne 41), avant de s'enfuir de la grotte où ils avaient trouvé refuge pendant l'orage, car son camarade vient de le renseigner sur les dangers liés à la présence d'un grand-duc à leurs côtés : « **S'il nous attaque, attention aux yeux !** » (ligne 39). Le jeune garçon préfère donc affronter la pluie plutôt que les risques que l'oiseau pourrait leur faire courir.

Réécriture

Les modifications sont mises en couleur.

Soudain terrorisé, et rentrant la tête dans **ses** épaules, **il resta** immobile. Mais **il** le **vit** se baisser lentement, les yeux toujours fixés sur quelque chose qui se trouvait derrière **lui** et plus haut que **lui**… **Il se baissa** à **son** tour, lentement…

Dictée

POINT MÉTHODE

1 N'oubliez pas que la terminaison *–ai* à la première personne du singulier correspond au passé simple des verbes du premier groupe et qu'à ce temps, aucun verbe ne se termine par *–at.* Pour les verbes *lancer* et *s'élancer*, une cédille est nécessaire devant le a.

2 **Les adjectifs qualificatifs et participes passés épithètes s'accordent en genre et en nombre avec les GN qu'ils complètent.**

3 Regardez bien les mots suivants : *tout à coup, fourré, lièvre* et retenez leur orthographe.

À dix pas, il lança une pierre, et sauta en l'air à plusieurs reprises, les bras écartés, en poussant des cris sauvages. Je l'imitai. Tout à coup, il s'élança : je vis sortir du fourré un lièvre énorme, qui bondissait les oreilles droites, si grand qu'on voyait le jour sous son ventre… Je réussis à couper sa route.

Rédaction au choix

Sujet 1 : pistes possibles

Introduction

– Rappelez d'abord dans quelle situation les jeunes garçons se trouvent à la fin du texte de Pagnol : l'orage, leur frayeur lorsque la foudre est tombée, la fuite éperdue de la grotte dans laquelle ils s'étaient réfugiés quand ils ont pris conscience de la présence du grand-duc et du danger qui les menaçait.

– Décrivez leur aspect : mouillés, les cheveux dégoulinants… mais heureux d'avoir échappé à la menace. Ils peuvent être pris d'un rire nerveux et commenter l'aventure en exagérant leur bravoure et la menace.

Première possibilité

• Sur le chemin du retour, il se produit un autre événement angoissant :

– chute d'arbres qui leur barrent la route ;

– ou torrent de boue qui risque de les emporter ;

– ou rivière en crue à cause des fortes pluies ;

– ou animal qui s'est enfui de son enclos, apeuré par l'orage, et dont ils ont peur…

• Lili prend seul les initiatives qui conviennent ou les rôles s'inversent et le narrateur réagit. Ils éprouvent des sentiments de peur, d'angoisse, traversent des moments d'épuisement et de découragement.

• Ils trouvent des solutions pour surmonter cette nouvelle épreuve et se félicitent de leur perspicacité, ou échouent lamentablement et doivent attendre une aide extérieure…

Deuxième possibilité

• L'événement qui se produit est heureux :

– rencontre avec un berger qui les recueille chez lui et les aide à se sécher ;

– possibilité de sauver un animal en détresse pris au piège par des branchages tombés ;

– découverte d'un endroit fabuleux qu'ils ne connaissaient pas…

• Les deux enfants ressentent de la reconnaissance, de la fierté, du plaisir ou de l'émerveillement.

Conclusion

La journée s'achève. Chacun rentre chez soi. Leur amitié se trouve renforcée d'avoir vécu ensemble des émotions aussi intenses.

Sujet 2 : devoir entièrement rédigé

POINT MÉTHODE

Inclure des exemples dans un texte argumentatif

1 L'exemple choisi est en rapport direct avec le thème ou l'idée développée.

2 L'exemple peut être tiré d'une expérience personnelle.

3 Il est introduit par : « comme », « par exemple », « ainsi », mais il est parfois plus judicieux de l'inclure directement dans le texte.

Avec quelques camarades, nous avons appris que certains d'entre vous refusaient de participer au voyage scolaire prévu en Espagne parce qu'ils craignaient la durée du trajet. C'est long, effectivement, douze heures de train, mais la dernière fois que je suis allé dans ce pays, je m'y suis rendu en voiture avec mes parents, et, croyez moi, ce fut bien pire ! Vous verrez, dans le train, comme nous avons réservé des couchettes, nous dormirons, à moins que vous ne préfériez faire du chahut entre vous, mais attention au contrôleur !

D'autres ont peur de ne pas comprendre, ou de peiner à se faire comprendre. C'est ce qui est arrivé à plusieurs d'entre nous l'an dernier en Angleterre. Par exemple, le terrible son *th* nous a fait attraper de sérieux fous rires, mais je peux vous assurer qu'avec des gestes et beaucoup de sourires, on résout bien des problèmes.

La nourriture vous inquiète aussi. Allons ! Vous ne partez pas sur Mars ! Et non, les plats ne sont pas plus épicés que chez nous et certainement moins que lors de l'expérience que j'ai vécue une fois au restaurant indien où j'ai cru que ma langue s'enflammait. Ce qui risque, effectivement, de vous étonner, ce sont les horaires de repas : dîner à dix heures du soir vous semblera un peu tardif et une petite faim risque de se faire sentir. Rien ne vous empêche alors de profiter des tapas, ces petites bouchées variées que les Espagnols ont coutume de prendre en attendant de se mettre à table. Ainsi, j'en ai goûté certaines aux crevettes ou au jambon qui m'ont laissé le meilleur souvenir.

Vous craignez aussi d'être **très isolés dans les familles d'accueil** et de devoir obéir à des étrangers qui ne respecteront pas vos personnalités. Mais vous serez deux ou trois par famille, chacune d'ailleurs comptant des jeunes de votre âge avec qui vous pourrez sortir, et on sort généralement très tard dans ce pays, horaires des repas obligent. **Par exemple**, **je me souviens avoir voulu aller danser à onze heures du soir et je me suis vite rendu compte que ces lieux n'ouvraient qu'à deux heures du matin**. Je ne suis pas certain que nos accompagnateurs nous laissent profiter de cette coutume locale !

Et puis songez surtout à toutes les visites prévues, au dépaysement garanti, au plaisir de faire la connaissance d'autres personnes de votre âge, et, qui sait ?, d'améliorer votre niveau dans cette langue. Vous allez sans doute créer des liens **comme** ceux que nous entretenons encore avec les Anglais, et rien ne dit que vous n'aurez pas envie d'y retourner.

Allez, ne craignez pas de tenter l'aventure, vous aurez des souvenirs que vous ne regretterez pas. J'espère que je vous ai convaincus et que nous partirons prochainement ensemble !

Polynésie française • Juin 2013
Série professionnelle

Une enfance douloureuse

Tumata Robinson
Comme deux navires qui se croisent dans la nuit
2008

Tumata Robinson a grandi avec ses trois sœurs dans le domaine d'Ofaipapa, à Tahiti, entourée de servantes, mais sans sa mère, Philomène, décédée très jeune. C'est William Albert Robinson, le père, qui s'est chargé de l'éducation des quatre enfants.

Sa beauté, éclatante sur deux photos accrochées jadis au mur de notre chambre, était la seule chose que je connaissais d'elle. Je souffrais de ne pas en savoir plus : ses goûts vestimentaires, le son de sa voix, ses parfums…

Mais notre père ne nous disait jamais rien sinon que cette femme, sur les deux photos, était notre maman et qu'une maladie l'avait emportée. Nous le regardions, les yeux écarquillés, impatients d'en savoir plus. Mais il restait silencieux. Plus tard, il nous expliqua qu'elle était morte d'une tumeur au cerveau.

Dès mon plus jeune âge, j'ai toujours éprouvé le sentiment qu'un mystère flottait autour de sa personne. Poppy ne nous précisait jamais s'il l'avait aimée et si elle l'avait aimé. J'ignorais si elle avait été une bonne mère, si elle se faisait du souci pour nous. Passait-elle des nuits blanches quand nous avions la fièvre, posait-elle un baiser sur nos bobos, essuyait-elle nos larmes en nous prenant dans ses bras quand nous avions du chagrin ? Est-ce qu'elle riait et pleurait avec nous ? Est-ce qu'elle nous grondait quand nous faisions des bêtises ?

Plus je grandissais, plus ces questions me torturaient. Mon père ne semblait pas s'en rendre compte. Non seulement il n'évoquait jamais ma mère, mais il ne voulait pas en entendre parler, éludant[1] toutes nos interrogations. C'était comme s'il y avait là un tabou, et que son souvenir eût constitué une trahison des exigences paternelles. Mais maintenant que Poppy était mort, c'est la mémoire de notre mère que notre silence à tous me semblait trahir.

1. Éludant : évitant.

Questions (15 points)

▶ **1.** Qui est la narratrice ? À quelle personne le récit est-il fait ? Relevez deux indices dans le texte. *(1 point)*

▶ **2.** Quel personnage le pronom personnel « elle » dans le texte désigne-t-il ? Justifiez votre réponse en prenant des exemples. *(0,5 point)*

▶ **3. a)** Comment cette personne est-elle décrite dans la première ligne du texte ? *(0,5 point)*
b) Quel adjectif est utilisé pour mettre en valeur le personnage ? *(0,5 point)*
c) Donnez un synonyme de cet adjectif. *(0,5 point)*
d) Donnez un mot de la même famille. *(0,5 point)*

▶ **4.** Qui est « Poppy » ? Pourquoi est-il nommé ainsi ?
Justifiez votre réponse. *(1 point)*

▶ **5.** Quels sentiments la narratrice ressent-elle dans le premier paragraphe ?
Expliquez et justifiez en vous appuyant sur le texte. *(1,5 point)*

▶ **6.** Quel est le temps le plus employé dans le texte ? Donnez deux exemples et indiquez la valeur de ce temps. *(1,5 point)*

▶ **7.** Pourquoi la mère de Tumata apparaît-elle si mystérieuse ? Relevez les éléments dans le texte qui contribuent à créer le mystère autour du personnage. *(1,5 point)*

▶ **8.** De la ligne 13 à 17, « Passait-elle des nuits blanches quand nous avions la fièvre, posait-elle un baiser sur nos bobos, essuyait-elle nos larmes en nous prenant dans ses bras quand nous avions du chagrin ? Est-ce qu'elle riait et pleurait avec nous ? Est-ce qu'elle nous grondait quand nous faisions des bêtises ? »
a) Quel est le type de phrases employé ? *(0,5 point)*
b) Pourquoi la narratrice utilise-t-elle ce type de phrases ? *(0,5 point)*
c) Que montre ce choix quant à ses sentiments ? *(0,5 point)*

▶ **9.** À la ligne 18 : « Plus je grandissais, plus ces questions me torturaient », quelle est la figure de style utilisée ? Expliquez son sens. *(1 point)*

▶ **10.** Qu'est-ce qu'un « tabou » ligne 21 ? En quoi l'histoire de la mère de la narratrice constitue-t-elle un tabou ? Expliquez et justifiez. *(1 point)*

▶ **11.** Quel devoir vis-à-vis de sa mère la narratrice a-t-elle ? Expliquez et développez votre réponse. *(1 point)*

▶ **12.** Que ressentez-vous par rapport à l'histoire de la narratrice ? Justifiez et développez votre réponse. *(1,5 point)*

Réécriture (5 points)

Recopiez ce passage, lignes 13 à 16, en remplaçant « elle » par « elles ». Faites les modifications nécessaires.
« Passait-elle des nuits blanches quand nous avions la fièvre, posait-elle un baiser sur nos bobos, essuyait-elle nos larmes en nous prenant dans ses bras quand nous avions du chagrin ? Est-ce qu'elle riait et pleurait avec nous ? »

Dictée (5 points)

Tumata Robinson
Comme deux navires qui se croisent dans la nuit, 2008

Elle connaissait les bons coins dans le lagon et sur le récif, tous les poissons, tous les coquillages, et les nuits où ils sortent de leurs trous, les saisons, tout ça. Quand elle vivait avec ton père, même, elle le laissait tout seul dans son lit au milieu de la nuit, pour aller pêcher au mori gaz, avec les autres. Il était fâché ! Mais alors fâché !

Écrire au tableau : mori gaz.

Rédaction au choix (15 points)

Sujet 1

Tumata Robinson interroge Tehapai, une vieille femme qui a bien connu sa mère.
Imaginez en une trentaine de lignes le récit de la vieille dame qui explique ce qui est arrivé à sa mère, elle explique aussi pourquoi le père n'a pas voulu en parler à ses enfants.

Sujet 2

Pensez-vous qu'il soit bon de dire toujours la vérité aux enfants ? Ou ne vaut-il pas mieux faire comme le père de Tumata Robinson qui a fait le choix de garder le silence sur la mort de sa femme ?
Votre texte développera un seul point de vue, que vous justifierez par des exemples concrets.

LES CLÉS DU SUJET

Questions

▶ **1.** Reportez-vous au lexique → Indices de présence du narrateur.

▶ **6.** Reportez-vous au lexique → Valeurs des temps, plus particulièrement les temps du passé.

▶ **12.** Vous devez développer votre point de vue sur l'histoire que vous venez de lire. Pensez au mystère qui entoure la mère de la narratrice, à la souffrance qu'elle éprouve de ne pas connaître la vérité.

Réécriture

Faites attention à :

- l'accord des verbes avec les nouveaux sujets, surtout lorsqu'ils sont inversés comme dans les phrases interrogatives.
- la terminaison des verbes à la troisième personne du pluriel de l'imparfait.
- la transformation de l'adjectif possessif « ses » en « leurs ».

Rédaction

Sujet 1

- Lisez la fiche 1 : « Écrire un récit ».
- C'est la vieille dame qui raconte. Elle fait référence à des événements passés. Utilisez correctement les temps verbaux.
- Elle donne deux explications distinctes : comment et pourquoi la mère de l'auteur est décédée d'une part, et les raisons pour lesquelles le père a gardé le silence sur cet épisode, d'autre part. Développez chacune de ces parties.
- Vous pourrez envisager un accident, une longue maladie, un suicide… et l'amour, la souffrance ou la culpabilité du père qui ne souhaite pas évoquer cet épisode.

Sujet 2

- Lisez la fiche 8 : « Écrire un devoir de réflexion ».
- Le sujet propose deux possibilités : dire toujours toute la vérité aux enfants ou en dissimuler une partie. Vous ne devez développer qu'un seul de ces points de vue.
- La vérité permet aux enfants de se construire, d'éviter d'échafauder des histoires effrayantes ou trop idéalisées, de se forger une opinion personnelle… à condition qu'ils soient en mesure de comprendre les motivations de chacun.

• Garder le silence se fait généralement dans une intention, louable ou non, de protection des enfants que l'on juge inaptes à comprendre, que l'on souhaite protéger ou ne pas blesser, ou pour ne pas évoquer ses propres problèmes, par pudeur ou par crainte d'être jugé.

CORRIGÉ 9

Questions

▶ **1.** La narratrice est **l'auteur de ce texte**, ce que précise le paratexte ; il s'agit donc d'une **autobiographie**. Le récit est fait à la première personne du singulier « **je** » : « Je souffrais » (ligne 2), « Dès mon plus jeune âge » (ligne 10).

▶ **2.** Dans le texte, le pronom « elle » renvoie à **la mère de l'auteur** : « deux photos accrochées jadis au mur de notre chambre était la seule chose que je connaissais d'elle » (lignes 1-2), « cette femme, sur les deux photos, était notre maman » (lignes 5-6), « J'ignorais si elle avait été une bonne mère, si elle se faisait du souci pour nous. » (lignes 12-13).

▶ **3. a)** Dans la première ligne du texte, la mère n'est pas nommée, l'auteur utilise « elle » sans plus d'explications. Tumata Robinson la connaît par « **deux photos accrochées jadis au mur** » qui ne la renseignent que sur son aspect physique : « **Sa beauté, éclatante** ».

b) Pour mettre en valeur le personnage, l'adjectif qualificatif utilisé est « **éclatante** ».

c) Synonymes de cet adjectif : **éblouissante**, resplendissante.

d) Mots de la même famille : **éclat, éclater**.

▶ **4.** « Poppy » (ligne 11) est le **père de la narratrice** : « Poppy ne nous précisait jamais s'il l'avait aimée et si elle l'avait aimé » (lignes 11-12) ; « ces questions me torturaient. Mon père ne semblait pas s'en rendre compte. » (lignes 18-19).

« Poppy » est un **diminutif affectueux** utilisé par les enfants pour appeler leur père.

▶ **5.** Dans le premier paragraphe, la narratrice explique **qu'elle a souffert** de ne rien connaître de sa mère sinon deux photos : « Je souffrais de ne pas en savoir plus : ses goûts vestimentaires, le son de sa voix, ses parfums… » (lignes 2-4). Elle est frustrée de n'avoir aucun souvenir de sa maman et du fait que personne ne puisse assouvir sa curiosité. Elle est **triste** de ne pouvoir se l'imaginer plus précisément et concrètement. Elle ressent un **manque impossible à combler**.

▶ **6.** Le temps le plus employé dans le texte est **l'imparfait** : « disait » (ligne 5), « regardions » (ligne 7) ; « grandissais » (ligne 18).

L'imparfait est employé pour une action passée dont on ne précise ni le début ni la fin. Dans un récit, il marque des actions de second plan, **répétitives**.

▶ **7.** La mère de Tumata est mystérieuse car la narratrice ne connaît que « sa beauté, éclatante », à partir de **deux photos** (ligne 1). **Le père refuse de parler d'elle** : « notre père ne nous disait jamais rien sinon que cette femme, sur les deux photos, était notre maman et qu'une maladie l'avait emportée » (lignes 5-6). La maladie fatale n'est nommée que tardivement : « Nous le regardions […] impatientes d'en savoir plus. Mais il restait silencieux. Plus tard, il nous expliqua qu'elle était morte d'une tumeur au cerveau. » (lignes 7 à 9).

Tumata éprouve « le sentiment qu'un mystère flottait autour de sa personne » (lignes 10-11) car son père « non seulement n'évoquait jamais [sa] mère, mais il ne voulait pas en entendre parler, éludant toutes nos interrogations. » (lignes 19-21). La narratrice évoque même la **notion de « tabou »**, **d'interdit**, comme si « son souvenir eût constitué une trahison des exigences paternelles » (ligne 22). Tous ces silences alimentent le mystère autour de la vie de la mère et de sa disparition.

▶ **8. a)** Des lignes 13 à 17, les phrases sont **interrogatives** : « Passait-elle des nuits blanches », « posait-elle », « essuyait-elle », « Est-ce qu'elle riait », « Est-ce qu'elle nous grondait ».

b) La narratrice multiplie les interrogatives qui signalent **le nombre important de questions qu'elle se pose** sur ce passé mystérieux.

c) Ce choix montre les sentiments qu'elle éprouve :

– **frustration de ne rien savoir** ;

– **désir d'en apprendre plus**, surtout ce qui concerne les relations entre la mère et ses filles ;

– **envie d'être rassurée sur l'affection** que la mère leur a portée : « Passait-elle des nuits blanches quand nous avions la fièvre, posait-elle un baiser sur nos bobos, essuyait-elle nos larmes quand nous avions du chagrin ? » (lignes 13 à 16) ; « Est-ce qu'elle nous grondait quand nous faisions des bêtises ? » (lignes 16-17).

▶ **9.** Dans la phrase : « Plus je grandissais, plus ces questions me torturaient » (ligne 18), la figure de style utilisée est **l'anaphore** ou répétition de « plus ».

À mesure que la narratrice sort de l'enfance, elle prend de plus en plus conscience du silence qui entoure l'existence de sa mère ; **ses questions deviennent de plus en plus précises et cruciales**. Elle souffre de n'avoir pas de réponse et ce manque la torture, la fait terriblement **souffrir**, **moralement et quasi physiquement**.

▶ **10.** Un « tabou » (ligne 21) est une interdiction de caractère sacré, religieux ou moral. Il s'agit **d'un interdit à ne pas transgresser**.

L'histoire de la mère de la narratrice constitue un tabou puisque **le père** « n'évoquait jamais ma mère », « il **ne voulait pas en entendre parler** » (lignes 19-20). Les filles le ressentent comme un interdit à ne pas transgresser, comme si « son souvenir eût constitué une trahison des exigences paternelles » (ligne 22). Elles comprennent qu'il ne faut jamais évoquer cette personne devant leur père qu'elles craignent de blesser.

▶ **11.** À la mort de son père, la narratrice sent qu'elle a trahi, en quelque sorte, sa mère en n'insistant pas pour en savoir davantage sur sa vie : « Mais maintenant que Poppy était mort, c'est la mémoire de notre mère que notre silence à tous me semblait trahir. » (lignes 22-24). Elle estime donc qu'elle a un **devoir de mémoire** à accomplir, celui de raviver les souvenirs, de **savoir enfin la vérité sur cette femme, ses goûts, ses comportements, sa disparition**. Elle se doit de connaître et de faire connaître la vérité sur l'histoire de sa famille, trop longtemps occultée.

▶ **12.** Le lecteur, en lisant l'histoire de la narratrice, ressent **la souffrance** qu'elle a éprouvée et partage ses doutes et sa culpabilité. Il s'identifie à elle et a **le désir d'en savoir plus sur cette femme mystérieuse** dont personne ne souhaite parler, comme si un mystère dangereux ou honteux entourait sa vie et sa disparition.

Le lecteur s'interroge aussi sur les raisons qui ont poussé le père à laisser ainsi ses filles dans l'ignorance, comme s'il craignait de ternir la réputation de sa femme… ou la sienne.

Réécriture

Les modifications sont mises en couleur.

Passaient-elles des nuits blanches quand nous avions la fièvre, **posaient-elles** un baiser sur nos bobos, **essuyaient-elles** nos larmes en nous prenant dans **leurs** bras quand nous avions du chagrin ? Est-ce qu'**elles riaient** et **pleuraient** avec nous ?

Dictée

POINT MÉTHODE

1 Pour vérifier la terminaison en *-é* ou *-er* d'un verbe du premier groupe, il suffit de le remplacer par un autre du troisième : *prendre* ⇒ *-er ; pris* ⇒ *-é*. Le participe passé précédé de l'auxiliaire *être* s'accorde en genre et en nombre avec le sujet.

2 L'adjectif indéfini *tout* s'accorde en genre et en nombre avec le groupe qu'il introduit : *tout le*, *tous les*, *tout cela*, *tout seul*.

3 Regardez bien les mots suivants : *lagon*, *récif*, *fâché* et retenez leur orthographe.

Elle connaissait les bons coins dans le lagon et sur le récif, tous les poissons, tous les coquillages, et les nuits où ils sortent de leurs trous, les saisons, tout ça. Quand elle vivait avec ton père, même, elle le laissait tout seul dans son lit au milieu de la nuit, pour aller pêcher au mori gaz, avec les autres. Il était fâché ! Mais alors, fâché !

Rédaction au choix

Sujet 1 : pistes possibles

Tehapai explique ce qui est arrivé à la mère de Tumata Robinson

Au choix :

– La mère n'est pas morte d'une tumeur au cerveau, comme le prétend le père, mais d'une maladie héréditaire qu'il veut cacher.

– La mère est décédée lors d'un accident, en mer, lorsqu'elle partait pêcher la nuit, ce que lui interdisait son mari.

– La mère s'est suicidée parce que son mari ne lui laissait pas mener la vie qu'elle souhaitait, ou était parti pour une autre femme.

– La mère est décédée effectivement d'une tumeur au cerveau mais son mari ne lui a pas prodigué les soins nécessaires et l'a abandonnée dans un hôpital psychiatrique où elle ne fut pas traitée correctement.

La vieille femme explique pourquoi le père n'a pas voulu en parler à ses enfants

Au choix :

– Il refuse que les enfants apprennent que leur mère se levait la nuit pour aller pêcher, comme les gens pauvres de l'île. Il a honte de la conduite de sa femme.

– Il se sent responsable du suicide de sa femme et préfère que ses enfants ignorent quelle responsabilité il a prise dans cette affaire.

– W. Albert Robinson, un des premiers navigateurs à avoir bouclé le tour du monde à la voile, riche et célèbre, vivait avec la mère des enfants, d'un statut social très inférieur au sien. Il refuse que Tumata apprenne que celle-ci était une servante qu'il a abandonnée lorsqu'il a appris sa maladie incurable. Il a honte de l'attitude qu'il a adoptée. Il ne veut pas que ses enfants gardent une image négative de lui.

Sujet 2 : propositions pour chaque point de vue

Point de vue 1 : il est bon de dire toujours la vérité aux enfants

– Pour des sujets sans gravité, il est difficile d'exiger d'eux de se montrer parfaitement honnêtes si les adultes ne donnent pas eux-mêmes l'exemple.

– Pour des sujets plus graves, il est juste qu'ils connaissent la vérité et affrontent la réalité : une situation de chômage des parents ou des difficultés financières… afin qu'ils adaptent leur attitude à ce qu'ils savent.

– On peut craindre qu'ils apprennent une vérité douloureuse par le biais de personnes qui le diront de manière brutale, sans ménagement, alors qu'une présentation plus affectueuse sera mieux perçue : annonce de séparation des parents, adoption, maladie incurable…

– Les enfants risquent de souffrir du silence, alors qu'ils perçoivent qu'on leur cache l'essentiel. Ils bâtissent des histoires qui sont encore plus graves ou fantaisistes que la réalité : disparition d'un enfant, absence de l'un des parents, histoire familiale pénible, honte d'un des membres de la famille…

Point de vue 2 : il est préférable de ne pas tout dire aux enfants ou de dissimuler une partie de la réalité

– Dans le cas où le silence est la clé de la réussite d'une fête surprise ou pour maintenir l'enfant dans un monde merveilleux : Père Noël, petite souris…

– Lorsque l'on craint que l'enfant ne soit pas encore en mesure de comprendre et qu'il s'inquiète inutilement : trop jeune pour percevoir les conséquences d'un licenciement ou pour affronter la mort prochaine d'un être aimé.

– Si l'on a peur que l'équilibre familial soit perturbé : annonce d'une adoption, aveu d'une faute grave commise par un proche.

– Dans le but de protéger l'enfant d'un risque possible, de fugue par exemple s'il sait qu'un de ses parents s'est mal comporté ou de violence s'il imagine une situation fausse qu'il condamne sans savoir. Lui faire croire qu'un exil à l'étranger n'est pas définitif lui permettra, par exemple, de ne pas réagir trop violemment et d'accepter la séparation avec des êtres chers.

Conclusion

Nécessité d'adapter l'attitude à avoir en fonction des circonstances et du caractère de l'enfant.

Antilles, Guyane • Juin 2013
Série professionnelle

Un parrainage

Éric-Emmanuel Schmitt
L'Enfant de Noé
Magnard, 2010

Joseph, le narrateur, est un enfant juif caché par le père Pons au sein de son internat « La Villa Jaune », durant la Seconde Guerre mondiale. Il fait la connaissance de Rudy, un des pensionnaires.

– Maintenant, je vais te présenter ton parrain. Tout pensionnaire à la Villa Jaune est protégé par un plus grand. Rudy !

Le père Pons cria « Rudy » plusieurs fois sans succès. Les surveillants reprirent le nom en écho. Puis les élèves. Enfin, après un temps qui me parut insupportable et qui mit toute l'école sens dessus dessous, le dénommé Rudy survint.

En me promettant un « grand » comme parrain, le père Pons n'avait pas menti : Rudy était interminable. Il montait si haut qu'on le croyait suspendu à un fil derrière ses épaules basses, tandis que ses bras et ses jambes pendaient dans le vide, sans force, désarticulés, et que sa tête dodelinait[1] en avant, pesante, chargée de cheveux trop bruns, trop drus[2], trop raides, étonné d'être là. Il avançait lentement pour s'excuser de son gigantisme, tel un dinosaure nonchalant[3] qui dirait : « N'ayez pas d'inquiétude : je suis gentil, je ne mange que de l'herbe. »

« Mon père ? demanda-t-il d'une voix grave mais molle.

– Rudy, voici Joseph, ton filleul.

– Ah non, mon père, ce n'est pas une bonne idée.

– Tu ne discutes pas.

– Il a l'air bien, ce gosse… Il ne mérite pas ça.

– Je te charge de lui faire visiter l'école et lui enseigner le règlement.

– Moi ?

– À force d'être puni, je pense que tu le connais mieux que personne. À la deuxième cloche, tu amèneras ton filleul dans la classe des petits. »

Le père Pons s'éclipsa. […]

« Pourquoi ne veux-tu pas être mon parrain ?

– Parce que j'ai le mauvais œil. S'il y a un caillou dans les lentilles, c'est pour moi. Si une chaise doit se briser, c'est sous moi. Si un avion tombe, c'est sur moi. J'ai la poisse et je porte la poisse. Le jour de ma naissance, mon père a perdu son emploi et ma mère a commencé à pleurer. Si tu me confies une plante, elle crève. Si tu me prêtes un vélo, il crève aussi. J'ai les doigts de la mort. Quand les étoiles me regardent, elles frissonnent. Quant à la lune, elle serre les fesses. Je suis une calamité universelle, une erreur, une catastrophe, la malchance sur patte, un vrai *schlemazel*[4]. »

Plus il enchaînait les plaintes d'une voix qui ricochait du grave à l'aigu sous le coup de l'émotion, plus je me tordais de rire.

---

1. Sa tête dodelinait : se balançait.
2. Drus : épais, fournis.
3. Nonchalant : qui manque d'énergie.
4. Schlemazel : un incompétent.

Questions (15 points)

▶ **1.** Quels sont les deux sens que prend le terme « grand » à la ligne 2 et de la ligne 7 à la ligne 8 ? *(2 points)*

▶ **2.** Selon vous, pourquoi l'arrivée de Rudy paraît-elle insupportable aux yeux de Joseph ? *(2 points)*

▶ **3.** Des lignes 7 à 12, quel est le temps employé ? Quelle est sa valeur ? *(2 points)*

▶ **4.** Identifiez et expliquez la figure de style dans la phrase suivante : « Il avançait lentement pour s'excuser de son gigantisme, tel un dinosaure nonchalant… » *(2 points)*

▶ **5.** Quelle mission le père Pons confie-t-il à Rudy ? Pourquoi Rudy ne se sent-il pas à la hauteur ? *(2 points)*

▶ **6.** Quel niveau de langue Rudy emploie-t-il dans son discours aux lignes 26 à 34 ? Pourquoi s'exprime-t-il ainsi ? Choisissez et recopiez la bonne réponse. *(3 points)*
Il s'exprime ainsi : ❑ parce qu'ils sont jeunes
❑ parce que c'est son meilleur ami ❑ parce qu'il est bien élevé

▶ **7.** Après avoir relevé le champ lexical dominant dans le discours de Rudy (lignes 26 à 34), expliquez l'expression « j'ai le mauvais œil » (ligne 26). *(2 points)*

Réécriture (5 points)

Réécrivez le passage suivant (lignes 27 à 31) à la troisième personne du singulier, faites toutes les modifications nécessaires.
« Si un avion tombe, c'est sur moi. J'ai la poisse et je porte la poisse. Le jour de ma naissance, mon père a perdu son emploi et ma mère a commencé à pleurer. Si tu me confies une plante, elle crève. Si tu me prêtes un vélo, il crève aussi. »

Dictée (5 points)

D'après Dany Bébel-Gisler
À la recherche d'une odeur de grand-mère
Jasar, 2000

Encore un déménagement. Je hais les déménagements. Bouger, toujours bouger, ce n'est pas normal.

J'avais envie de me coucher sur le lit, de laisser couler toute l'eau sur mon corps.

Mais aucune goutte ne tomba de mes yeux.

J'entendais, au fond de mon cœur la voix de ma grand-mère, cette voix qui savait se faire douce pour me consoler quand je pleurais.

Elle m'essuyait tendrement le coin des yeux. Ses mains se faufilaient doucement dans mes cheveux, me frottaient le cou.

Grand-mère savait me calmer. Aujourd'hui, elle n'est plus là, c'est elle qui me parle en ce moment…

Rédaction au choix (15 points)

Sujet 1

Rudy devient donc le parrain de Joseph.
Imaginez que Joseph devienne le porte-bonheur de Rudy. Grâce à sa présence, il ne lui arrive plus malheur ; bien au contraire, il a une chance incroyable dans tout ce qu'il entreprend.
Vous raconterez trois aventures chanceuses de Rudy.
Votre récit fera au moins deux pages.

Sujet 2

Joseph intègre un nouveau pensionnat, son parrain Rudy est chargé de veiller sur lui. Vous qui êtes jeune, expliquez pourquoi il est utile d'encadrer les plus jeunes.

Vous répondrez à ce sujet dans un développement argumenté, organisé et illustré d'exemples. Votre texte fera au moins deux pages.

LES CLÉS DU SUJET

Questions

▶ **2.** Songez à la situation dans laquelle se trouve le narrateur : il est nouveau dans l'école, il est au centre de l'attention et il doit attendre.

▶ **3.** Reportez-vous au lexique → Valeurs des temps verbaux.

▶ **4.** Consultez le lexique → Images.

Réécriture

Faites attention :

• à transformer les sujets « je » en *il* et à accorder les verbes en conséquence.

• à transposer les déterminants possessifs « mon/ma » en *son/sa ;* et les pronoms personnels compléments, de la première à la troisième personne du singulier.

Rédaction

Sujet 1

• Lisez les fiches 1 et 2 : « Écrire un récit » et « Écrire une suite de texte ».

• Votre récit sera rédigé à la première personne du singulier, Joseph étant le narrateur, et aux temps du passé, comme dans le texte d'Éric-Emmanuel Schmitt.

• Respectez les caractéristiques de chacun des deux élèves : âge, taille, caractère, expérience...

• Évitez les anachronismes. La période concernée est celle de la Deuxième Guerre mondiale, donc pas de téléphone portable, d'électronique, de télévision.

• Tenez compte du lieu : pensionnat, sans doute catholique (père Pons) et des circonstances liées au milieu scolaire.

• Les aventures positives concernent le « grand », Rudy. Faites varier les événements dans lesquels le narrateur intervient favorablement. Précisez les sentiments éprouvés par chacun d'eux et éventuellement par l'entourage.

• Concluez sur l'influence bénéfique de celui que le grand refusait de prendre en charge.

Sujet 2

- Lisez la fiche 8 : « Écrire un devoir de réflexion ».
- Précisez, dès l'introduction, les sens que l'on peut donner au mot « encadrer » : veiller sur, mettre en garde, conseiller, réprimander, expliquer. Encadrer ne signifie pas prendre en charge ou décider pour l'autre.
- Annoncez un plan en deux parties. L'une développera les points liés au soutien, aux conseils, aux aides diverses, à la protection… L'autre envisagera les restrictions éventuelles : limites à ne pas franchir, punitions, réprimandes, interdictions. Notez, à chaque fois, pourquoi cet encadrement vous semble bénéfique.
- Concluez sur les bienfaits de cet encadrement : mise en confiance, développement des compétences, mesure des prises de risques…

CORRIGÉ 10

Questions

▶ **1.** Dans l'expression : « protégé par un plus grand » (ligne 2), le terme « grand » renvoie à **l'âge** de Rudy, qui est déjà pensionnaire à « la Villa Jaune » (ligne 2). À la ligne 8-9, le mot indique que le jeune homme a une **taille élevée** : « Rudy était interminable. Il montait si haut qu'on le croyait suspendu ».

▶ **2.** Le temps que mit Rudy à arriver « parut insupportable » (ligne 5) à Joseph. Le narrateur vient d'arriver au pensionnat, **il est nouveau**, donc pas très à l'aise. Il est **inquiet** car il ne sait à quoi correspond cette mission de « parrain » (ligne 1) qu'on lui impose de subir. Il est longtemps placé au centre de l'attention puisque Rudy, que tous les personnels et élèves appellent en vain, tarde à venir. Il a sans doute un peu **peur** de la personne qu'il va rencontrer et sous la responsabilité de laquelle il va se trouver.

▶ **3.** Des lignes 7 à 14, le temps employé est **l'imparfait** de l'indicatif : « montait » (ligne 8), « avançait » (ligne 12). Ce temps est ici utilisé car il s'agit d'une **description** insérée dans un récit au passé.

▶ **4.** Dans la phrase : « Il avançait lentement pour s'excuser de son gigantisme, tel un dinosaure nonchalant » (lignes 12-13), le groupe « tel un dinosaure nonchalant » est une **comparaison**. Celle-ci rend compte à la fois de la **taille** de Rudy, de sa **démarche** lente, et de **l'impression qu'il veut donner** : « N'ayez pas d'inquiétude : je suis gentil » (lignes 13-14), malgré son apparence un peu inquiétante pour qui ne le connaît pas.

▶ **5.** Le père Pons confie à Rudy la mission de **parrainer le nouvel arrivé**, le narrateur, Joseph : « je vais te présenter ton parrain » (ligne 1). Il sera chargé « de lui faire visiter l'école et lui enseigner le règlement » (ligne 20) puis d'amener son « filleul dans la classe des petits » (ligne 23).

Rudy est **étonné** qu'on lui confie cette mission : « Moi ? » (ligne 21), il ne se sent pas à la hauteur : « ce gosse… il ne mérite pas ça » (ligne 19). Non seulement il ne se voit pas comme un modèle possible : « à force d'être puni » (ligne 22), mais, de plus, il se dit **extrêmement malchanceux** : « j'ai le mauvais œil. [...] Je suis une calamité universelle, une erreur, une catastrophe, la malchance sur patte » (lignes 26 à 33). Il est donc persuadé qu'il ne pourra pas avoir une bonne influence sur le nouveau venu.

▶ **6.** Des lignes 26 à 34, Rudy emploie un niveau de langue **familier** : « J'ai la poisse et je porte la poisse » (ligne 28), « Si tu me confies une plante, elle crève » (ligne 30). Il utilise ce registre parce qu'il s'adresse à un élève comme lui et qu'ils sont **jeunes**.

▶ **7.** Dans le discours de Rudy, des lignes 26 à 34, le champ lexical dominant est celui de la **malchance** : « la poisse », « elle crève », « les doigts de la mort », « calamité universelle », « catastrophe », « malchance », « schlemazel ». L'expression « avoir le mauvais œil » signifie **attirer la malchance**.

Réécriture

Les modifications sont mises en couleur.

Si un avion tombe, c'est sur **lui**. **Il** a la poisse et **il** porte la poisse. Le jour de **sa** naissance, **son** père a perdu **son** emploi et **sa** mère a commencé à pleurer. Si tu **lui** confies une plante, elle crève. Si tu **lui** prêtes un vélo, il crève aussi.

Dictée

POINT MÉTHODE

❶ Presque tous les verbes sont à l'imparfait, soit à la 3e personne du singulier *(-ait)*, soit à la 1re personne du singulier *(-ais)*.

❷ **Ne confondez pas *ce*, pronom démonstratif que l'on peut généralement remplacer par *cela* ou déterminant démonstratif qui précède un nom, et *se* qui est un élément d'un verbe pronominal.**

❸ **Regardez bien les mots suivants : *hais, faufilaient, aujourd'hui* et retenez leur orthographe.**

Encore un déménagement. Je hais les déménagements. Bouger, toujours bouger, ce n'est pas normal.

J'avais envie de me coucher sur le lit, de laisser couler toute l'eau sur mon corps.

Mais aucune goutte ne tomba de mes yeux.

J'entendais, au fond de mon cœur la voix de ma grand-mère, cette voix qui savait se faire douce pour me consoler quand je pleurais.

Elle m'essuyait tendrement le coin des yeux. Ses mains se faufilaient doucement dans mes cheveux, me frottaient le cou.

Grand-mère savait me calmer. Aujourd'hui, elle n'est plus là, c'est elle qui me parle en ce moment.

Rédaction au choix

Sujet 1 : devoir entièrement rédigé

POINT MÉTHODE

Organiser un récit

1. **Bien préciser les circonstances de l'événement : lieu, époque, personnes en présence, situation.**
2. **Faire ensuite le récit des faits, de préférence dans l'ordre chronologique : enchaînement des actions, détails importants de l'épisode concerné.**
3. **Analyser les sentiments éprouvés ainsi que les réactions de l'entourage, puis en tirer des conclusions.**

Depuis trois mois que j'étais arrivé au pensionnat, je suivais partout Rudy, dès que j'avais un moment de libre. Il avait dit vrai, sa malchance n'était pas une légende. Dès qu'il touchait un objet, celui-ci se cassait. Il suffisait qu'il décide d'entreprendre une action pour que cela tourne à la catastrophe. Je riais beaucoup de sa maladresse, mais je me rendis rapidement compte qu'il souffrait de cet état bien plus que des punitions qui lui étaient infligées.

Un soir, nous devions aller chercher du bois dans la réserve. « Ne m'accompagne pas, me dit-il, je fais chaque fois tomber la pile. Je ne veux pas que tu te blesses par ma faute ! »

Je le suivis néanmoins de loin. À son arrivée, il constata qu'une portée de chatons s'était installée sur le tas de bois. Les bûches, en équilibre instable, menaçaient de s'effondrer, mettant en péril la vie des chats. Je le vis tourner désespérément autour de la pile dangereuse. Ses longs bras s'avançaient maladroitement vers le bois, mais, à chaque fois, il reculait l'instant d'agir. Il était clair qu'il craignait de précipiter le désastre. Soudain, il avisa un tronc, il le transporta et, en grimpant dessus, il réussit à s'emparer des trois chatons, avant que la pile de bois ne s'écroule. Il s'écarta d'un bond.

« Tu vois, lui dis-je, tu leur as sauvé la vie.

– Ah ! Tu étais là, toi, toujours dans mes pattes. Je t'avais pourtant dit de ne pas venir. Tu aurais pu être écrasé.

– Mais non, je ne suis pas aussi bête, je me tenais à l'écart ! »

Il n'ajouta rien mais je distinguai un vague sourire sur ses lèvres.

Il était aussi chargé, parfois, de remplir les encriers, une activité qu'il redoutait particulièrement. Nul ne pouvait ignorer que c'était lui qui avait accompli cette tâche ! Un matin, je le vis m'espionner, pas assez discrètement pour que je ne le remarque pas, mais je ne fis aucun commentaire.

Le lendemain, il serra plus fort le bec verseur sur la bouteille d'encre et entoura chaque encrier d'un vieux chiffon, comme je l'avais fait moi-même. Il se montra très satisfait de sa réussite. Je le félicitai.

« Encore là ! Ma parole, je ne peux vraiment pas être tranquille !

– Je vois que tu t'améliores. Je pense que le père Pons va être content.

– Surtout, ne lui dis pas que tu m'as vu, il ne te croirait pas ! »

Mais un jour, il se révéla encore plus efficace. Des policiers débarquèrent et demandèrent aux pères de réunir tous les élèves dans la cour, puis de leur désigner les enfants juifs dissimulés parmi les autres. Le père Pons assura qu'ils ne cachaient aucun élève dans l'établissement. Un membre de la milice avisa Rudy qui se balançait bizarrement sur ses jambes qui n'en finissaient pas. Il le fit sortir du rang. Je savais qu'il maîtrisait mal ses émotions et que ses yeux trahiraient ma présence. Il trébucha sur une pierre et manqua s'étaler dans la boue. Je me précipitai instinctivement pour l'aider à retrouver son équilibre. « Écarte-toi ! Tu ne peux pas me laisser en paix ! Même quand je sers la messe, il hurle *Amen* avant moi », dit-il au gendarme.

Et la police repartit bredouille. Le père Pons félicita Rudy pour sa présence d'esprit. « J'ai rien fait, protesta-t-il, c'est lui. Il me suit partout. Depuis qu'il est là, j'ai l'impression de n'être plus moi-même. »

Le père sourit et je vis que Rudy, pour la première fois, redressait son grand corps dégingandé. Je ne sais si je lui portais chance, comme il me le dit plus tard, mais lui, ce jour-là, il m'avait sauvé.

Sujet 2 : pistes possibles

Introduction

– Rappelez les termes du sujet posé et définissez le mot « encadrer » : aide, soutien, exemple donné, explication des limites à ne pas dépasser…

– Indiquez sur quels plans cet encadrement peut intervenir : scolaire, familial, sportif, amical, apprentissage.

– Annoncez deux parties, par exemple : les limites imposées et les conseils donnés.

Première partie : les limites

– Les dangers à éviter : produits dangereux, actes téméraires pour ne pas se mettre en danger ou ne pas mettre les autres en péril.

– Les règles à respecter : politesse, respect, savoir-vivre… pour apprendre à vivre en société.

– Les conduites à risques : amitiés malsaines, usage de drogues, vols.

– Concluez sur les personnes qui peuvent intervenir dans ce cadre : famille, amis, professeurs.

Deuxième partie : les conseils

– Le soutien scolaire qui aide à surmonter des difficultés passagères et permet de reprendre un rythme de scolarité plus aisé.

– L'aide psychologique en cas de problèmes personnels : harcèlement, bagarres, intimidations, pour éviter de se sentir exclu.

– Encadrement sportif ou professionnel, transmission d'une expérience ou d'un savoir faire, pour connaître ses propres capacités et prendre confiance en soi.

– Concluez sur les bienfaits d'un encadrement qui permet des prises de risques mesurées et qui établit une relation sereine.

Conclusion

Encadrer ne signifie ni prise en charge totale ni autoritarisme, mais accompagnement bienveillant pour aider les plus jeunes à trouver leur place dans la société et à comprendre ce qu'ils font et la portée de leurs gestes.

D'après Pondichéry • Avril 2012
Série générale

Un étranger au village

Blaise Cendrars
L'Or
1925

C'était le 6 mai 1834.

Les vauriens du pays entouraient un petit Savoyard qui tournait la manivelle de son orgue de Sainte-Croix, et les mioches avaient peur de la marmotte émoustillée qui venait de mordre l'un d'eux. Un chien noir pissait contre l'une des quatre bornes qui encadraient la fontaine polychrome. Les derniers rayons du jour éclairaient la façade historiée[1] des maisons. Les fumées montaient tout droit dans l'air pur du soir. Une carriole grinçait au loin dans la plaine.

Ces paisibles campagnards bâlois[2] furent tout à coup mis en émoi par l'arrivée d'un étranger. Même en plein jour, un étranger est quelque chose de rare dans ce petit village de Rünenberg ; mais que dire d'un étranger qui s'amène à une heure indue, le soir, si tard, juste avant le coucher du soleil ? Le chien noir resta la patte en l'air et les vieilles femmes laissèrent choir leur ouvrage. L'étranger venait de déboucher par la route de Soleure. Les enfants s'étaient d'abord portés à sa rencontre, puis ils s'étaient arrêtés, indécis. Quant au groupe de buveurs, « Au Sauvage », ils avaient cessé de boire et observaient l'étranger par en dessous. Celui-ci s'était arrêté à la première maison du pays et avait demandé qu'on veuille bien lui indiquer l'habitation du syndic[3] de la commune. Le vieux Buser, à qui il s'adressait, lui tourna le dos et, tirant son petit-fils par l'oreille, lui dit de conduire l'étranger qui s'éloignait à longues enjambées derrière l'enfant trottinant.

On vit l'étranger pénétrer chez le syndic.

Les villageois avaient eu le temps de le détailler au passage. C'était un homme grand, maigre, au visage prématurément flétri. D'étranges cheveux d'un jaune filasse sortaient de dessous un chapeau à boucle d'argent. Ses souliers étaient cloutés. Il avait une grosse épine[4] à la main.

Et les commentaires d'aller bon train. « Ces étrangers, ils ne saluent personne », disait Buhri, l'aubergiste, les deux mains croisées sur son

ROMANS, NOUVELLES

énorme bedaine. « Moi, je vous dis qu'il vient de la ville », disait le vieux Siebenhaar qui autrefois avait été soldat en France ; et il se mit à conter une fois de plus les choses curieuses et les gens extravagants qu'il avait vus chez les Welches[5]. Les jeunes filles avaient surtout remarqué la coupe raide de la redingote et le faux col à hautes pointes qui sciait le bas de ses oreilles ; elles potinaient à voix basse, rougissantes, émues. Les gars, eux, faisaient un groupe menaçant auprès de la fontaine ; ils attendaient les événements, prêts à intervenir.

---

1. Façade historiée : façade décorée de scènes avec des personnages.
2. Bâlois : de la région de Bâle, ville de Suisse, comme Rünenberg (ligne 11) et Soleure (ligne 15).
3. Le syndic de la commune : le maire de la commune.
4. Épine : bâton.
5. Les Welches : les Français.

Questions (15 points)

▶ **1.** Où et quand se déroule la scène ? Citez le texte précisément pour répondre. *(1 point)*

▶ **2.** Dans les lignes 2 à 8, comment s'organise la description ? Justifiez votre réponse. *(1 point)*

▶ **3.** Quelles impressions se dégagent de la description des lieux ? Justifiez votre réponse. *(1 point)*

▶ **4. a)** Quel élément bouleverse le quotidien des villageois ? *(0,5 point)*
b) Lignes 10 à 13, relevez deux indices grammaticaux qui soulignent ce changement. *(0,5 point)*
c) « Même en plein jour, un étranger est quelque chose de rare dans ce petit village de Rünenberg » (lignes 10-11) : quelle est la valeur du présent dans cette phrase ? *(1 point)*

❑ présent d'actualité ❑ présent de vérité générale
❑ présent de narration

▶ **5. a)** Relevez dans les deux derniers paragraphes (lignes 24 à 37) quatre éléments du portrait de l'étranger. *(1 point)*
b) Quel est l'effet produit par cette description ? *(1 point)*

▶ **6.** De la ligne 10 « Même en plein jour… » à la ligne 19 « … la commune », quelle est la conséquence immédiate de l'arrivée de l'étranger pour les villageois ? Justifiez votre réponse en citant précisément le texte. *(1 point)*

▶ **7.** « Ces étrangers, ils ne saluent personne » (lignes 28-29).
a) Quelle est la particularité de la construction de cette phrase ? *(1 point)*
b) Que révèle-t-elle sur l'état d'esprit de l'aubergiste ? *(1 point)*

▶ **8.** « rougissantes, émues » (ligne 35).
Pourquoi les jeunes filles réagissent-elles de cette façon ? *(1 point)*

▶ **9.** « Les gars, eux, faisaient un groupe menaçant auprès de la fontaine ; ils attendaient les événements, prêts à intervenir. » (lignes 35 à 37)
a) Relevez les propositions de cette phrase, donnez leurs natures (ou classes) et précisez comment la phrase est construite. *(1 point)*
b) Pourquoi et comment sont-ils « prêts à intervenir » ? *(1 point)*

▶ **10.** En vous appuyant sur vos réponses précédentes, expliquez pourquoi le nom du bar des buveurs est particulièrement bien choisi. *(2 points)*

Réécriture (4 points)

Réécrivez ce passage (ligne 13 à 18) en mettant le verbe « resta » au présent de l'indicatif et en effectuant toutes les modifications nécessaires entraînées par ce changement.
« Le chien noir resta la patte en l'air et les vieilles femmes laissèrent choir leur ouvrage. L'étranger venait de déboucher par la route de Soleure. Les enfants s'étaient d'abord portés à sa rencontre, puis ils s'étaient arrêtés, indécis. Quant au groupe de buveurs, « Au Sauvage », ils avaient cessé de boire et observaient l'étranger par en dessous. Celui-ci s'était arrêté à la première maison du pays […] ».

Dictée (6 points)

D'après Blaise Cendrars
L'Or, 1925

L'étranger regrimpa dans la carriole qui l'avait amené et disparut bientôt. Cette brusque apparition et ce départ précipité bouleversaient ces paisibles villageois. L'enfant s'était mis à pleurer. La pièce d'argent que l'étranger lui avait donnée circulait de main en main. Des discussions s'élevaient. L'aubergiste était parmi les plus violents. Il était outré que l'étranger n'ait même point daigné s'arrêter un moment chez lui pour vider un cruchon. Il parlait de faire sonner le tocsin pour prévenir les villageois voisins et d'organiser une chasse à l'homme.

Écrire au tableau : tocsin.

Rédaction au choix (15 points)

Sujet 1

Racontez à votre tour l'arrivée d'une personne nouvelle au sein d'un groupe, dans un lieu qui lui est inconnu.
Votre narration comprendra une description des lieux et des personnages, et vous mettrez en valeur les réactions et les sentiments de chacun.
Votre texte fera au moins deux pages.

Sujet 2

Dans le texte de Cendrars, les villageois réagissent négativement à l'arrivée de l'inconnu.
Selon vous, dans une collectivité, quelles peuvent être les conséquences d'un changement de cadre matériel ou naturel ?
Votre texte fera au moins deux pages.

LES CLÉS DU SUJET

Questions

▶ **2.** Faites la liste des éléments du paysage qui sont décrits ; puis réfléchissez à l'ordre : du particulier au général, du bas en haut, de gauche à droite…

Réécriture

Faites attention :
- à la terminaison des verbes au présent qui s'accordent avec le sujet.
- au fait que l'accord des participes passés, précédés des auxiliaires *être* ou *avoir*, n'est pas modifié par le changement de temps.

Rédaction

Sujet 1

- Lisez les fiches 1 et 4 : « Écrire un récit » et « Écrire une description/un portrait ».

• Le groupe concerné par la situation décrite peut être familial, amical, scolaire et les événements avoir lieu au collège, lors d'activités extrascolaires, pendant les vacances...
• La personne nouvelle n'est pas obligatoirement d'origine étrangère. Le fait qu'elle soit inconnue du groupe, qu'elle affiche un comportement particulier, qu'elle soit d'un autre milieu social, entraîne parfois des réactions.
• L'attitude du groupe envers cette nouvelle personne peut être négative (suspicion, rejet, refus de l'intégrer...) ou positive (plaisir de faire connaissance, enrichissement mutuel, découverte d'une personnalité...).

Sujet 2

• Lisez la fiche 8 : « Écrire un devoir de réflexion ».
• Dès l'introduction, vous définirez les termes :
– « changement de cadre matériel » : réfection ou destruction d'un bâtiment vétuste, changement d'affectation (création d'une salle multimédias, d'un centre de loisirs, nouveau magasin, disparition d'un cinéma, d'un espace vert) ;
– construction nouvelle ou « changement de cadre naturel » : création d'un jardin, d'un parc...
• Les conséquences sont parfois négatives (perte de repères, effacement du passé, moins de commodités...) ou positives (nouvelles activités, possibilités d'échanges, modernisme, meilleures voies de communication...).

CORRIGÉ 11

Questions

▶ **1.** La scène se déroule le « **6 mai 1834** » (ligne 1), dans la région de Bâle, en Suisse (« Ces paisibles campagnards bâlois », ligne 9), plus précisément dans le « **petit village de Rünenberg** » (ligne 11).

▶ **2.** Dans les lignes 2 à 8, la description s'organise dans un **mouvement d'élargissement** et **du sol vers le ciel** :
– « orgue de Sainte-Croix » (ligne 3) ;
– « quatre bornes qui encadraient la fontaine polychrome » (lignes 5-6) ;
– « la façade historiée des maisons » (lignes 6-7) ;
– « Les fumées montaient tout droit dans l'air pur du soir. Une carriole grinçait au loin dans la plaine. » (lignes 7-8)

▶ **3.** De cette description des lieux se dégage une **impression de paix** : « air pur » (ligne 7), de tranquillité rompue par les sons de l'orgue de Sainte-Croix et le grincement de la carriole. Tout est calme et paisible, presque un peu figé.

▶ **4. a)** L'**arrivée d'un étranger** va bouleverser le quotidien des villageois : « L'étranger venait de déboucher par la route de Soleure. » (lignes 14-15). Or, « Même en plein jour, un étranger est quelque chose de rare [...] mais que dire d'un étranger qui s'amène à une heure indue, le soir, si tard, juste avant le coucher du soleil ? » (lignes 10 à 13).
b) La **répétition du mot** « étranger » (lignes 10 et 12) et le **type interrogatif** de la phrase (« Mais que dire... ? ») soulignent ce changement.
c) Le présent a une valeur de **vérité générale**.

▶ **5. a)** Différents éléments composent le **portrait de l'étranger** : « C'était un homme grand, maigre, au visage prématurément flétri. D'étranges cheveux d'un jaune filasse [...] un chapeau à boucle d'argent. Ses souliers étaient cloutés. Il avait une grosse épine à la main. » (lignes 24 à 27) ; « la coupe raide de la redingote et le faux col à hautes pointes qui sciait le bas des oreilles » (lignes 33 à 35).
b) Cet homme paraît **un peu étrange** par sa maigreur et son « visage prématurément flétri », ses cheveux « d'un jaune filasse ». Il semble toutefois avoir **un certain statut social** (« chapeau à boucle d'argent », « redingote »). On remarque sa raideur et le fait qu'il soit marcheur par ses souliers cloutés et sa « grosse épine ». Cette description crée un **effet de mystère et d'attente** pour le lecteur.

▶ **6.** L'arrivée de l'étranger provoque la **stupéfaction générale** qui se traduit par un brusque **arrêt des activités** : « les vieilles femmes laissèrent choir leur ouvrage » et même « Le chien noir resta la patte en l'air » (lignes 13-14). « Quant au groupe de buveurs [...] ils avaient cessé de boire » (lignes 16-17).

▶ **7. a)** « Ces étrangers » est repris par le **pronom personnel** « ils » (ligne 28), ce qui donne à la phrase une **forme emphatique**.
b) Cette formulation révèle la **méfiance** de l'aubergiste à l'égard de tous les étrangers.

▶ **8.** Les jeunes filles sont « rougissantes » et « émues » (ligne 35) car l'arrivée inattendue d'un étranger **les met en émoi**. Cette intrusion rompt la monotonie de leur vie et peut, éventuellement, laisser présager une rencontre prometteuse.

▶ **9. a)** La phrase des lignes 35 à 37 comporte deux propositions indépendantes **juxtaposées** par le point virgule :
– « *Les gars, eux, faisaient un groupe menaçant* » ;
– « *ils attendaient les événements, prêts à intervenir* ».

b) Les jeunes gens sont « prêts à intervenir » car ils considèrent l'arrivée de cet étranger comme un **danger éventuel**. Ils forment un groupe, afin d'unir leurs forces en cas de nécessité, face à un étranger muni d'« une grosse épine » (ligne 27).

▶ **10.** Le nom du bar de ce village, « Au Sauvage » (ligne 16), est particulièrement bien choisi tant les habitants se montrent hostiles à toute intrusion étrangère, **méfiants** dès qu'un inconnu s'aventure près de chez eux. Ils sont « prêts à intervenir » (ligne 37) si besoin est. L'attitude générale des villageois correspond à l'une des définitions du mot sauvage : peu hospitalier, d'une nature rude.

Réécriture

Les modifications sont mises en couleur.

Le chien noir **reste** la patte en l'air et les vieilles femmes **laissent** choir leur ouvrage. L'étranger **vient** de déboucher par la route de Soleure. Les enfants **se sont** d'abord portés à sa rencontre, puis ils **se sont** arrêtés, indécis. Quant au groupe de buveurs, « Au Sauvage », ils **ont** cessé de boire et **observent** l'étranger par en-dessous. Celui-ci s'**est** arrêté à la première maison du pays.

Dictée

POINT MÉTHODE

1 Jamais de *-at* final aux verbes du premier groupe, ni d'accent circonflexe aux verbes du troisième groupe, à la troisième personne du singulier du passé simple.

2 Pour vérifier la terminaison en *-er* ou en *-é* d'un verbe du premier groupe, on le remplace par un autre du troisième groupe : *prendre* → *-er*, *pris* → *-é*.

3 Regardez bien les mots suivants : *carriole*, *de main en main*, *ait [...] daigné* et retenez leur orthographe.

L'étranger **regrimpa** dans la **carriole** qui l'avait **amené** et **disparut** bientôt. Cette brusque apparition et ce départ **précipité** bouleversaient ces paisibles villageois. L'enfant s'était mis à **pleurer**. La pièce d'argent que l'étranger lui avait **donnée** circulait **de main en main**. Des discussions s'élevaient. L'aubergiste était parmi les plus violents. Il était **outré** que l'étranger n'**ait** même point **daigné** **s'arrêter** chez lui pour **vider** un cruchon. Il parlait de faire **sonner** le tocsin pour prévenir les villageois voisins et d'**organiser** une chasse à l'homme.

Rédaction au choix

POINT MÉTHODE

Exprimer des sentiments

❶ Il faut mettre les sentiments exprimés en relation avec une cause précise : situation particulière, personne marquante, événement, caractère personnel…

❷ On exprime des sentiments par des verbes *(sentir, éprouver, regretter, aimer, se plaindre, souffrir…)*, des adjectifs qualificatifs *(heureux, touché, ému, triste, honteux…)*.

❸ Des noms servent aussi à évoquer un sentiment : *angoisse, honte, soulagement, stupéfaction, déception, révolte, pitié, joie…*

Sujet 1 : devoir entièrement rédigé

Au cours de la dernière année scolaire, un nouvel élève arriva dans notre classe, sans doute expulsé d'un autre établissement à la suite d'un événement malheureux. D'emblée, il se montra à la fois fier et un peu anxieux. La cité scolaire forme un cercle, avec la cour au milieu, et changer de salle, à chaque interclasse, pose de réels problèmes aux nouveaux arrivants puisqu'une partie du bâtiment est interdite aux élèves, réservée à l'administration et aux professeurs. Ainsi, aller de la salle 123 à la salle 101, par exemple, suppose de descendre puis de remonter par deux escaliers différents. Pierre, le nouveau, se trouva confronté, comme d'autres, à cette difficulté et arriva fréquemment en retard avant qu'il ne comprenne qu'il avait intérêt à suivre ses camarades. Évidemment, il n'en laissa rien paraître, se montrant toujours très assuré quand il se trouvait pris en défaut.

Son apparence physique étonna aussi bien des élèves, plutôt classiques dans leurs tenues. Il ne lui restait, sur le crâne, qu'une fine lisière de cheveux, et un éternel pull noir lui descendait jusqu'aux genoux. Il refusait de porter un cartable et ses cahiers ou classeurs s'entassaient dans un vague sac de sport.

Les élèves de la classe se montrèrent réticents à intégrer rapidement Pierre qui ne trouva de soutien qu'auprès de jeunes plutôt en rupture avec le système scolaire. L'arrivée d'un nouvel élément qui pourrait étendre le champ de leurs bêtises habituelles les ravissait et ils s'empressèrent de le mettre au courant des transgressions possibles. Pierre éprouva du soulagement à se sentir accepté et il ne regrettait pas son changement d'établissement.

Toutefois, peu d'élèves acceptaient de s'asseoir à côté de lui, comme s'il leur répugnait de se sentir assimilés à l'intrus. Pierre dissimulait sa déception mais on sentait que, parfois, il se sentait blessé de tant de méfiance.

Et puis, un jour, notre professeur de français nous demanda d'apprendre une tirade de la tragédie classique de notre choix afin de la dire en classe. Quand le tour de Pierre arriva, certains se préparaient à marquer leur mépris ; lui, semblait plutôt anxieux. Soudain, il commença à déclamer la tirade de Clytemnestre dans *Iphigénie* de Racine. Son angoisse fit place à la **joie de réciter avec tant de facilité**. Les rires qui avaient salué son arrivée sur l'estrade se turent. Chacun retenait son souffle et regrettait d'avoir tenu Pierre à l'écart. À la fin de la tirade, beaucoup avaient les larmes aux yeux. Des applaudissements marquèrent la fin de sa prestation. La satisfaction se lisait sur le visage de Pierre qui fut chaudement félicité. Depuis, tout le monde recherche sa compagnie.

Sujet 2 : plan détaillé

Introduction

– Reprenez la première phrase du sujet qui établit le lien entre la rédaction et le texte de Cendrars et définissez la notion de changement.

– Précisez que les changements sont de natures diverses : bâtiments, espaces verts, etc., et que les réactions seront différentes selon que le groupe ressentira cette mutation comme un progrès ou comme une régression.

– Présentez votre plan, aspects négatifs et positifs d'une évolution dans le cadre de vie. Terminez par le point que vous souhaitez mettre en valeur.

Première partie : les aspects négatifs

– S'il s'agit de la disparition d'un bâtiment vétuste par exemple, les riverains peuvent regretter un pan de leur passé, le lieu de souvenirs d'enfance… La valeur sentimentale d'un lieu est à mettre en évidence.

– Le changement peut signifier la fin de l'affectation précise d'un bâtiment : disparition d'un cinéma de quartier, perte d'un terrain de jeux, transformation d'un terrain de sport en complexe commercial. Il faudra envisager la transformation des habitudes.

– La construction d'un bâtiment ou la création d'un espace vert devient parfois polémique : perte de repères, difficultés à accepter une nouvelle architecture…

– Concluez sur les craintes justifiées ou exagérées liées à ces changements.

Deuxième partie : les aspects positifs

– Rénover la ville ou le quartier apporte souvent des avantages aux habitants, sur le plan esthétique, relationnel, par l'amélioration des moyens de transport par exemple, ou des appartements mieux adaptés à leur mode de vie.

– Créer des lieux de rencontre : salles de spectacles, terrains de sports, espaces verts, valorise les échanges. Les jeunes se sentent davantage impliqués dans leur quartier.

– Il n'est pas toujours négatif de bousculer les habitudes même sur le plan esthétique : lors de sa construction, le centre Pompidou, à Paris, a été très critiqué. Il est devenu aujourd'hui un lieu assez incontournable.

– Concluez sur l'évolution normale des villes ou des villages qui reflète le passage des générations.

Conclusion

Les conséquences positives ou négatives d'un changement de cadre matériel dépendent surtout de la manière dont les personnes concernées sont associées à la transformation. S'agit-il d'une évolution subie ou consentie ? Mais la valeur émotionnelle d'un lieu demeure.

Amérique du Nord • Juin 2013
Série générale

L'exposition coloniale

Didier Daeninckx
Cannibale
1998

Un vieil homme raconte comment, en compagnie d'hommes et de femmes de son village de Nouvelle-Calédonie, il a été désigné par les autorités françaises pour représenter l'Océanie à l'Exposition coloniale de 1931, à Paris.

Nous avons embarqué le 15 janvier 1931, sur le *Ville de Verdun.* Nous vivions sur le troisième pont, comme des passagers de dernière catégorie. Il faisait trop chaud le jour, trop froid la nuit, et plusieurs d'entre nous ont contracté la malaria[1] lors d'une escale aux Nouvelles-Hébrides. Il y a eu trois morts, si mes souvenirs sont exacts, dont Bazit, un Kanak[2] albinos de Wé. L'équipage a jeté leurs corps à la mer sans nous laisser le temps de leur expliquer que l'on naît pour vivre avec les vivants, et que l'on meurt pour vivre avec les morts. Les morts ne peuvent vivre dans l'océan, ils ne peuvent pas retrouver leur tribu… Nous sommes arrivés à Marseille au début du mois d'avril, sous la pluie. Des autocars militaires attendaient sur le quai de la Joliette pour nous conduire directement à la gare Saint-Charles. Je ne connaissais que la brousse de la Grande-Terre[3], et d'un coup je traversais l'une des plus vastes villes de France… À l'époque, je n'étais jamais allé au cinéma. J'avais mal aux yeux à force de les tenir ouverts pour ne rien perdre du spectacle ! Les lumières, les voitures, les tramways, les boutiques, les fontaines, les affiches, les halls des cinémas, des théâtres… Parvenus à la gare, nous n'osions pas bouger. Nous restions collés les uns aux autres, comme des moutons, effrayés par le bruit, les fumées, les râles de vapeur et les sifflements des locomotives. La fatigue m'a terrassé. Je n'ai presque rien vu du voyage, sauf un moment magique : un peu de neige qui tombait sur le Morvan[4]. Je restais le plus près possible de Minoé[5]. Elle m'était promise, et j'avais fait le serment à son père, le petit chef de Canala, de veiller sur elle.

À Paris, il ne subsistait rien des engagements qu'avait pris l'adjoint du gouveneur à Nouméa[6]. Nous n'avons pas eu droit au repos ni visité la ville. Un officiel nous a expliqué que la direction de l'Exposition était responsable de nous et qu'elle voulait nous éviter tout contact avec les mauvais éléments des grandes métropoles. Nous avons longé la Seine, en camion, et on nous a parqués derrière des grilles, dans un village kanak reconstitué au milieu du zoo de Vincennes, entre la fosse aux lions et le marigot des crocodiles. Leurs cris, leurs bruits nous terrifiaient. Ici, sur la Grande-Terre, on ne se méfie que du serpent d'eau, le tricot rayé. Et encore… les gamins s'amusent avec. C'est rare qu'il arrive à ouvrir sa gueule assez grand pour mordre ! Au cours des jours qui ont suivi, des hommes sont venus nous dresser, comme si nous étions des animaux sauvages. Il fallait faire du feu dans des huttes mal conçues dont le toit laissait passer l'eau qui ne cessait de tomber. Nous devions creuser d'énormes troncs d'arbres, plus durs que la pierre, pour construire des pirogues tandis que les femmes étaient obligées de danser le pilou-pilou à heures fixes. Au début, ils voulaient même qu'elles quittent la robe-mission[7] et exhibent leur poitrine. Le reste du temps, malgré le froid, il fallait aller se baigner et nager dans une retenue d'eau en poussant des cris de bêtes. J'étais l'un des seuls à savoir déchiffrer quelques mots que le pasteur[8] m'avait appris, mais je ne comprenais pas la signification du deuxième mot écrit sur la pancarte fichée au milieu de la pelouse, devant notre enclos : « Hommes anthropophages[9] de Nouvelle-Calédonie ».

1. Malaria : maladie très contagieuse qui entraîne de très fortes fièvres.
2. Kanak : peuple d'Océanie (appelé aussi « mélanésien »). Ce nom, en polynésien, signifie « homme ».
3. Grande-Terre : nom de l'île principale qui constitue la Nouvelle-Calédonie.
4. Morvan : région de Bourgogne.
5. Minoé : nom féminin.
6. Nouméa : capitale de la Nouvelle-Calédonie.
7. Robe-mission : robe préconisée par les missionnaires, lorsqu'ils ont converti les Kanaks au christianisme.
8. Pasteur : prêtre chez les protestants.
9. Anthropophages : qui mangent de la chair humaine (synonyme de « cannibales »).

Questions (15 points)

▶ **1.** D'après les lignes 1 à 6, dans quelles conditions s'est déroulé le voyage en bateau ?
Relevez trois indices dans ce passage pour justifier votre réponse. *(1 point)*

▶ **2.** Dans le passage qui s'étend de la ligne 4 à la ligne 9 :
a) Pour quelle raison l'équipage du navire a-t-il « jeté leurs corps à la mer » ? *(0,5 point)*

b) De quelle manière le narrateur perçoit-il ce geste ? Justifiez votre réponse. *(1 point)*

▶ **3.** « Nous restions collés les uns aux autres, comme des moutons, effrayés par le bruit, les fumées, les râles de vapeur et les sifflements des locomotives. » (lignes 18 à 20)
a) Relevez et identifiez la figure de style utilisée dans cette phrase. *(0,5 point)*
b) Expliquez-la : que met ainsi en valeur le narrateur ? *(1 point)*

▶ **4.** En prenant appui sur le radical du participe passé « terrassé » (ligne 20), expliquez le sens propre de ce mot, puis précisez son sens dans la phrase. *(1 point)*

▶ **5.** « Les lumières, les voitures, les tramways, les boutiques, les fontaines, les affiches, les halls des cinémas, des théâtres… » (lignes 15-17)
a) Quelle est la particularité grammaticale de cette phrase ? *(0,5 point)*
b) Quel effet est produit par la construction de cette phrase ? *(1 point)*

▶ **6.** « Je n'ai presque rien vu du voyage, sauf un moment **magique** : un peu de neige qui tombait sur le Morvan. » (lignes 20-21). Expliquez le choix de l'adjectif « magique » par le narrateur. *(1 point)*

▶ **7.** « Elle m'était promise, et j'avais fait le serment à son père, le petit chef de Canala, de veiller sur elle. » (lignes 22-23).
a) Expliquez l'expression : « Elle m'était promise ». *(0,5 point)*
b) Qu'apprend-on dans cette phrase sur le caractère du personnage ? *(1 point)*

▶ **8.** « Un officiel nous a expliqué que […] avec les mauvais éléments des grandes métropoles » (lignes 26 à 28)
a) Comment sont rapportées les paroles de l'officiel ? Quelles caractéristiques grammaticales vous permettent d'identifier ce type de discours rapporté ? *(1 point)*
b) Que pensez-vous de l'explication avancée par l'officiel ? *(1 point)*

▶ **9.** Dans le passage de la ligne 28 à la ligne 46, comment les Kanaks sont-ils traités ?
Développez votre réponse en vous appuyant sur des citations de ce passage. *(2 points)*

▶ **10.** Quelle image des Kanaks la direction de l'exposition veut-elle donner ? Selon vous, le narrateur correspond-il à cette image ? Développez votre réponse en prenant appui sur l'ensemble du texte. *(2 points)*

Réécriture (4 points)

Réécrivez le passage suivant à la troisième personne du pluriel et au féminin. Vous effectuerez toutes les modifications nécessaires.
« Parvenus à la gare, nous n'osions pas bouger. Nous restions collés les uns aux autres, comme des moutons, effrayés par le bruit, les fumées, les râles de vapeur et les sifflements des locomotives. La fatigue m'a terrassé. » (lignes 17 à 20).

Dictée (6 points)

Didier Daeninckx
Cannibale, 1998

Je me suis précipité sur les uniformes, les poings dressés. Ils n'attendaient que cela pour sortir leurs gourdins et me frapper sur les épaules, la tête. J'ai réussi à m'agripper à un des surveillants, à m'en servir comme d'un bouclier. J'avançais en le tenant par la gorge. Je montrais les dents, comme ils nous avaient appris à le faire pour impressionner les visiteurs. Ils avaient formé le cercle et riaient.

– Mais c'est qu'il mordrait, le cannibale !

L'un des gardiens s'était faufilé derrière moi, et quand j'ai pris conscience de sa présence, il était trop tard. La matraque s'est abattue sur ma nuque. Je suis tombé sur les genoux, à demi assommé. J'ai rassemblé toutes les forces qui me restaient pour ne pas fermer les yeux.

On précisera que le narrateur est un homme.

Rédaction au choix (15 points)

Sujet 1

Un journaliste a visité l'Exposition coloniale. Imaginez l'article qu'il rédige pour dénoncer le traitement infligé aux Kanaks. Vous signerez votre article des initiales du journaliste (A. B.).
Votre texte fera au moins deux pages.

Sujet 2

Selon vous, en quoi la rencontre d'une autre culture est-elle une expérience enrichissante ? Vous donnerez votre réponse selon un développement argumenté et organisé.
Votre texte fera au moins deux pages.

LES CLÉS DU SUJET

■ Questions

▶ **1.** Trois explications doivent être données pour justifier les mauvaises conditions du voyage.

▶ **3.** Regardez le lexique → Figure de style.

▶ **8.** Reportez-vous au lexique → Discours rapporté.

■ Réécriture

Faites attention à :

• l'accord des verbes à l'imparfait avec les sujets « elles ».

• l'accord des participes passés avec le sujet quand ils sont employés avec l'auxiliaire *être*, et avec le COD placé devant le verbe lorsqu'ils sont précédés de l'auxiliaire *avoir*.

■ Rédaction

Sujet 1

• Lisez la fiche 6 : « Écrire un article de journal ».

• Le journaliste peut s'impliquer directement en disant « je », ou rester plus neutre en usant de formules impersonnelles.

• Il s'agit de dénoncer une situation indigne et révoltante : le texte doit donc s'appuyer sur des arguments. Les sentiments (indignation, émotion, voire colère) du journaliste seront perceptibles.

• N'oubliez pas de conclure, si possible, avec une formule choc.

Sujet 2

• Lisez la fiche 8 : « Écrire un devoir de réflexion ».

• Vous organiserez votre devoir en deux parties, par exemple : la connaissance de l'autre, source d'enrichissement personnel ; et les intérêts éventuels à en tirer, apprentissage de la tolérance et remise en cause de soi.

• Vous pouvez envisager le mot « culture » dans un sens très large : rencontre avec une personne étrangère ou avec quelqu'un de la même nationalité mais aux coutumes différentes.

• Vous vous interrogerez sur les autres et sur vous-même.

CORRIGÉ 12

Questions

▶ **1.** Le voyage en bateau s'est déroulé dans des conditions extrêmement difficiles pour des raisons diverses :

– de **pénibilité** d'abord : « Nous vivions sur le troisième pont, comme des passagers de dernière catégorie. » (lignes 1 et 2) ;

– de **climat** ensuite : « Il faisait trop chaud le jour, trop froid la nuit » (ligne 2) ;

– de **maladie** enfin : « plusieurs d'entre nous ont contracté la malaria » (lignes 3-4) ce qui a conduit à des drames : « Il y a eu trois morts » (ligne 5).

▶ **2. a)** L'équipage a « jeté leurs corps à la mer » (ligne 6), comme c'est habituellement la coutume sur les bateaux, car **il n'a pas pris la peine d'écouter les Kanaks et de connaître leurs rites funéraires** : « sans nous laisser le temps de leur expliquer que l'on naît pour vivre avec les vivants, et que l'on meurt pour vivre avec les morts. Les morts ne peuvent vivre dans l'océan, ils ne peuvent pas retrouver leur tribu… » (lignes 6 à 9). Les marins n'ont pas respecté la culture des Kanaks.

b) Le narrateur perçoit ce geste comme **la transgression d'un interdit**, d'un tabou, grave, puisqu'il ne respecte pas la tradition, les croyances de son peuple. Il est **scandalisé** par cette attitude qui va à l'encontre des coutumes de son peuple, et **indigné** de n'avoir pas été associé à cette décision qui a été prise sans leur approbation.

▶ **3. a)** Dans la phrase : « Nous restions collés les uns aux autres comme des moutons, effrayés par le bruit, les fumées, les râles de vapeur et les sifflements des locomotives. » (lignes 18 et 20), la figure de style utilisée est une **comparaison** introduite par la préposition « comme ».

b) Le narrateur compare ainsi leur groupe, les Kanaks, à des moutons, un troupeau d'animaux dépendant de celui qui les mène car ils ignorent où ils sont et ce qu'ils doivent faire, mais surtout des moutons effrayés puisqu'ils n'ont sans doute jamais vu de trains et que tout les inquiète. Il **met en valeur la manière dont on les traite, sans aucun respect** ni aucune explication pour les rassurer et les associer à ces événements si nouveaux pour eux. On ne semble pas les considérer comme des êtres humains mais plutôt comme un cheptel qui ne doit qu'obéir.

▶ **4.** Le mot « terrassé » (ligne 20) est formé sur le radical **terre**. Au sens propre, ce mot signifie : **jeter à terre**, mettre à terre dans une lutte. Dans le texte, il a le sens de : **abattre**, rendre incapable de réagir, de résister.

▶ **5. a)** La phrase « Les lumières, les voitures, les tramways, les boutiques, les fontaines, les affiches, les halls des cinémas, des théâtres… » (lignes 15 à 17) est une **phrase nominale**, sans verbe, qui comporte une énumération.
b) La construction de cette phrase rend compte d'une accumulation. Cela permet **d'énumérer les sensations visuelles et auditives** ressenties par le narrateur qui semble pris de vertige devant tant de réalités inhabituelles. Il est sidéré par ce qu'il voit et veut profiter de ce spectacle si nouveau pour lui : « J'avais mal aux yeux à force de les tenir ouverts pour ne rien perdre du spectacle. » (lignes 14-15).

▶ **6.** Dans la phrase « Je n'ai presque rien vu du voyage, sauf un moment magique : un peu de neige qui tombait sur le Morvan. » (lignes 20-21), le mot « magique » signifie : qui tient de la magie, **qui est merveilleux**, envoûtant. Pour ce Kanak qui n'a jamais voyagé, la neige est un élément inédit, inconnu, inexpliqué, qui le fascine comme si la magie l'avait créé.

▶ **7. a)** Dans la phrase « Elle m'était promise, et j'avais fait le serment à son père, le petit chef de Canala, de veiller sur elle. » (lignes 22-23), le groupe « Elle m'était promise » renvoie à une **promesse de mariage**. Les jeunes gens sont fiancés et liés par une promesse que le père a acceptée.
b) Cette phrase nous apprend que le personnage a **le sens de l'honneur**, qu'il tient à respecter la parole donnée, qu'il est **fidèle à ses engagements**. Elle montre aussi qu'il se sent investi du **rôle de protecteur** et qu'il veut l'exercer.

▶ **8. a)** Dans la phrase : « Un officiel nous a expliqué que […] avec les mauvais éléments des grandes métropoles. » (lignes 26 à 28), les paroles de l'officiel sont rapportées au **discours indirect**. On le constate car ces paroles sont retranscrites dans une proposition **subordonnée complétive introduite par *que*** ; le verbe introducteur « a expliqué » précède la complétive ; les **pronoms personnels** sont différents de ceux du discours direct et **l'imparfait** remplace le présent.
b) L'explication avancée par l'officiel montre en apparence un sens des responsabilités. Il présente la direction de l'Exposition comme protectrice de ses invités : « la direction de l'Exposition était responsable de nous et qu'elle voulait nous éviter tout contact avec les mauvais éléments des grandes métropoles. » (lignes 26-28). En fait, **elle empêche les Kanaks de sortir de l'endroit** où ils sont « parqués derrière des grilles » (ligne 29), moins pour les protéger d'un hypothétique danger que pour restreindre leur liberté et ne pas leur accorder le moindre loisir : « Nous n'avons pas eu droit au repos ni visité la

ville » (lignes 25-26). Les « engagements qu'avait pris l'adjoint du gouverneur à Nouméa » (lignes 24-25) ne sont pas respectés et les officiels ne veulent pas s'embarrasser d'une visite en ville qui montrerait les Kanaks comme des touristes alors qu'ils souhaitent les présenter comme des sauvages. L'explication avancée est donc d'une **parfaite hypocrisie**.

▶ **9.** Le passage de la ligne 28 à la ligne 46 rapporte que les Kanaks sont traités **comme des bêtes** : ils sont « parqués derrière des grilles » (ligne 29) ; on les a installés « au milieu du zoo de Vincennes, entre la fosse aux lions et le marigot des crocodiles » dont « Leurs cris, leurs bruits nous terrifiaient. » (lignes 30 à 31) ; « des hommes sont venus nous dresser, comme si nous étions des animaux sauvages » (lignes 35-36).

Ils sont soumis à des tâches précises et se doivent d'obéir : « Il fallait faire du feu » (ligne 36), « Nous devions creuser » (ligne 37), « ils voulaient même qu'elles quittent la robe-mission » (lignes 40-41), « il fallait aller se baigner et nager » (ligne 42).

On les oblige à se comporter comme des animaux : ils doivent pousser « des cris de bêtes » (ligne 43). **Ils ne sont donc pas respectés en tant qu'êtres humains** mais, de plus, on leur demande de montrer une image de leurs coutumes qui n'est absolument pas conforme à la réalité.

▶ **10.** La direction de l'Exposition veut donc présenter les Kanaks comme des « animaux sauvages » (ligne 36), qui n'ont pas vraiment de traits ou de comportements humains. Elle les montre aussi **comme primitifs**, avec les scènes qu'elle leur impose de jouer : « faire du feu dans des huttes » (ligne 36), creuser des pirogues, « nager dans une retenue d'eau en poussant des cris de bêtes » (lignes 42-43) et sans pudeur : « ils voulaient même qu'elles quittent la robe-mission et exhibent leur poitrine » (lignes 40-41). Pire, « la pancarte fichée au milieu de la pelouse, devant notre enclos » (lignes 45-46) indique : « Hommes anthropophages de Nouvelle-Calédonie » (ligne 46).

Pourtant, le narrateur ne correspond aucunement à l'image que l'on souhaite donner de lui. Il est très conscient de ce qu'on l'oblige à faire, il **comprend qu'on ne respecte pas les engagements pris** alors que lui est homme de parole et qu'il tient à protéger la jeune fille qui lui est promise. Il perçoit l'hypocrisie des paroles de l'officiel qui prétend les protéger d'un hypothétique danger.

Il est **blessé par les mauvais traitements** qu'on lui inflige et voit que les responsables de leurs malheurs ne connaissent rien à leur culture. Loin d'être l'animal sauvage ou le primitif que les responsables veulent exhiber, il sait lire et est sans doute christianisé : « J'étais l'un des seuls à savoir déchiffrer quelques mots » (lignes 43-44). Il a même été capable de mémoriser tous les détails de son voyage jusqu'à Paris. L'image que la direction de l'Exposition veut montrer des Kanaks n'est donc en rien fidèle à la réalité.

Réécriture

Les modifications sont mises en couleur.

Parvenues à la gare, **elles n'osaient** pas bouger. **Elles restaient collées les unes** aux autres, comme des moutons, **effrayées** par le bruit, les fumées, les râles de vapeur et les sifflements des locomotives. La fatigue **les a terrassées**.

Dictée

POINT MÉTHODE

1 Les participes passés précédés de l'auxiliaire *avoir* s'accordent en genre et en nombre avec le COD quand celui-ci est placé devant le verbe. On peut vérifier la finale muette d'un participe passé en le mettant au féminin : *pris ⇒ prise* ; *fait ⇒ faite*.

2 On peut vérifier la terminaison en *–é* ou *–er* d'un verbe du premier groupe en le remplaçant par un autre du troisième groupe : *prendre ⇒ –er, pris ⇒ –é.*

3 Regardez bien les mots suivants : *agripper, conscience, assommé* et retenez leur orthographe.

Je me suis **précipité** sur les uniformes, les poings **dressés**. Ils n'attendaient que cela pour sortir leurs gourdins et me **frapper** sur les épaules, la tête. J'ai **réussi** à **m'agripper** à un des surveillants, à m'en servir comme d'un bouclier. J'avançais en le tenant par la gorge. Je montrais les dents, comme ils nous avaient **appris** à le faire pour **impressionner** les visiteurs. Ils avaient **formé** le cercle et riaient.

– Mais c'est qu'il mordrait, le cannibale !

L'un des gardiens s'était **faufilé** derrière moi, et quand j'ai **pris conscience** de sa présence, il était trop tard. La matraque s'est **abattue** sur ma nuque. Je suis **tombé** sur les genoux, à demi **assommé**. J'ai **rassemblé** toutes les forces qui me restaient pour ne pas **fermer** les yeux.

ROMANS, NOUVELLES

Rédaction au choix

POINT MÉTHODE

Utiliser des mots de liaison

❶ Chaque sous-partie commence par un mot de liaison pour assurer la cohérence du texte.

❷ On peut aussi inclure des mots indiquant des rapports logiques à l'intérieur d'une sous-partie pour lier ou opposer deux idées entre elles.

❸ Les mots de liaison ont un sens. Ils expriment soit la chronologie : *d'abord, ensuite, enfin…* ; l'opposition : *mais, toutefois, néanmoins, or…* ; la succession : *ainsi, de plus, alors…* ; ou la conclusion : *donc, par conséquent…*

Sujet 1 : devoir entièrement rédigé

Exposition immorale

Le 6 mai 1931 a été inaugurée, par le ministre des colonies, Paul Reynaud, en présence du Président de la République Gaston Doumergue, la plus vaste exposition coloniale de tous les temps. Elle occupe cent dix hectares du Bois de Boulogne et ne compte pas moins de deux cents pavillons, représentant toutes les colonies françaises, ainsi que les pays sous protectorat, plus quelques pays étrangers. On peut y voir une reproduction fidèle du temple principal d'Angkor Vat, une tour de quarante cinq mètres de haut et de somptueuses fontaines.

De plus, un jardin zoologique très moderne a été créé : les animaux ne sont pas enfermés dans des cages ou protégés par des grilles mais ils s'ébattent dans des enclos ouverts, séparés du public par des fossés. On ne peut que saluer cette initiative pour les girafes, les éléphants ou les lions. Toutefois, entre la fosse aux lions et le marigot des crocodiles, un espace attire l'attention, une pancarte indique : « Hommes anthropophages de Nouvelle-Calédonie ». Il semblerait donc que ces personnes soient assimilées aux animaux qu'elles côtoient.

Bien sûr, on ne les voit pas déchirer à belles dents de la chair humaine et rien ne laisse supposer que ces paisibles Kanaks à l'air apeuré soient des cannibales. D'ailleurs, les robes-mission que portent les jeunes femmes confirment le fait que ces peuplades ont été converties au christianisme et que les fidèles respectent les préceptes de la religion.

Les conditions de vie qui leur sont faites défient la morale : ils peinent à faire du feu dans des huttes qui ne les protègent pas de la pluie qui ne cesse de tomber ; on les voit grelotter de froid et de peur, à cause des hurlements des animaux parqués à côté d'eux. On les oblige à aller se baigner dans des retenues d'eau artificielles en poussant des cris de bêtes.

Ainsi, on réserve un meilleur sort aux fauves de la savane qu'aux représentants de l'Océanie ! On cherche à faire croire que ces derniers sont des primitifs qui n'ont pas vraiment de rapports avec l'humanité ! Au traitement inhumain qu'on leur inflige, on ajoute un mensonge éhonté qui vise à tromper les millions de visiteurs qui vont se presser pour les examiner comme des bêtes de foire !

Qui donc a monté cette vaste supercherie qui fait honte à notre république ? Qui s'est permis d'exhiber ainsi, dans un jardin d'acclimatation, des hommes et des femmes respectables, pour jouer un rôle comme dans un cirque ? Il semblerait que le gouverneur de Nouvelle-Calédonie soit à l'origine de cet effroyable scandale qui ne peut qu'horrifier ; on murmure que le maréchal Lyautey, organisateur principal de cette exposition, serait sur le point de le destituer.

Néanmoins, aucune sanction ne permettra de rendre leur dignité à ces personnes offensées dans leur humanité, transférées, sans doute dans des conditions déplorables, de leurs lointaines contrées, pour servir de spectacle affligeant à des visiteurs avides d'exotisme mensonger.

On peut aussi s'étonner que peu de voix se soient élevées contre cette atteinte aux principes fondateurs de notre constitution, et que les spectateurs ne s'offusquent pas de voir leurs congénères ainsi traités. J'en appelle donc à la conscience de nos concitoyens pour élever une vaste protestation contre ces pratiques inqualifiables et faire cesser ce scandale ! Louis Aragon, un des rares intellectuels à avoir dénoncé ces faits, a écrit : « Il pleut, il pleut à verse sur l'Exposition coloniale ». J'ajouterai, plagiant Verlaine : et il pleure sur mon cœur comme il pleut sur l'exposition de la honte !

A.B.

Sujet 2 : plan détaillé

Introduction

– Rappelez d'abord l'intitulé de la question posée en l'intégrant dans une phrase de présentation, qui fera référence à l'extrait de texte étudié.

– Définissez le terme essentiel du sujet, le mot *culture*. On peut n'envisager que les pratiques liées aux personnes étrangères mais considérer aussi les concitoyens qui vivent de manière totalement différente de soi pour des raisons religieuses, de statuts sociaux ou de convictions personnelles.

– Annoncez les deux parties, en allant du plus évident au plus complexe, par exemple : enrichissement personnel, remise en cause de soi.

Première partie : la rencontre d'une autre culture comme enrichissement personnel

– La rencontre de personnes d'une autre culture permet d'étendre ses connaissances sur le plan culinaire (plats exotiques, habitudes alimentaires, manières de manger…).

– Par ces rencontres, on comprend des pratiques religieuses ; des coutumes particulières, vestimentaires par exemple ; des rapports entre les membres d'une même communauté (respect des parents ou des personnes âgées…).

– On apprend des faits historiques sur le pays d'origine de la personne, sur les raisons de son arrivée en France, économiques ou politiques. En posant des questions, on pourra connaître d'autres systèmes éducatifs et scolaires.

Deuxième partie : la rencontre d'une autre culture comme remise en cause de soi

– Mieux connaître une personne étrangère ou d'une autre culture que la sienne permet d'abolir certains préjugés et évite les jugements hâtifs, sans fondements, qui ouvrent la porte au racisme. Cela oblige à revoir certaines idées préconçues que l'on pouvait avoir soi-même.

– Le regard de l'autre sur notre culture intéresse aussi. L'étranger qui examine notre propre manière de vivre pointe certains faits qui, évidents et habituels chez nous, ne nous paraissent plus contestables. On en arrive à réfléchir sur ses propres coutumes, ses choix, ses priorités.

– Faire des efforts pour approcher l'autre est aussi valorisant pour soi car cela incite à se remettre en cause et prouve que l'on est capable d'ouverture d'esprit. On peut alors intégrer certains aspects bénéfiques de la vie de l'autre.

Conclusion

Les rencontres avec des personnes d'autres cultures assurent une connaissance réciproque et un respect mutuel.

SUJET

13

France métropolitaine • Juin 2013
Série générale

L'arrivée à New York

Laurent Gaudé
Le Soleil des Scorta
2004

Dans le sud de l'Italie, une vieille femme évoque son enfance, au cours de laquelle sa famille a tenté de fuir le pays pour s'installer à New York. Elle s'adresse à un personnage nommé don Salvatore. L'action se déroule dans la première moitié du XXe siècle.

Don Giorgio nous a menés jusqu'au port et nous avons embarqué sur un de ces paquebots construits pour emmener les crève-la-faim d'un point à un autre du globe, dans de grands soupirs de fioul[1]. Nous avons pris place sur le pont au milieu de nos semblables. Miséreux d'Europe au regard affamé. Familles entières ou gamins esseulés. Comme tous les autres, nous nous sommes tenus par la main pour ne pas nous perdre dans la foule. Comme tous les autres, la première nuit, nous n'avons pu trouver le sommeil craignant que des mains vicieuses[2] ne nous dérobent la couverture que nous nous partagions. Comme tous les autres, nous avons pleuré lorsque l'immense bateau a quitté la baie de Naples. « La vie commence », a murmuré Domenico. L'Italie disparaissait à vue d'œil. Comme tous les autres nous nous sommes tournés vers l'Amérique, attendant le jour où les côtes seraient en vue, espérant, dans des rêves étranges, que tout là-bas soit différent, les couleurs, les odeurs, les lois, les hommes. Tout. Plus grand. Plus doux. Durant la traversée nous restions agrippés des heures au parapet[3], rêvant à ce que pouvait bien être ce continent où les crasseux comme nous étaient les bienvenus. Les jours étaient longs, mais cela importait peu, car les rêves que nous faisions avaient besoin d'heures entières pour se développer dans nos esprits. Les jours étaient longs mais nous les avons laissés couler avec bonheur puisque le monde commençait.

Un jour enfin, nous sommes entrés dans la baie de New York. Le paquebot se dirigeait lentement vers la petite île d'Ellis Island. La joie de ce jour, don Salvatore, je ne l'oublierai jamais. Nous dansions et criions. Une agitation frénétique avait pris possession du pont. Tout le monde voulait voir la terre nouvelle. Nous acclamions chaque chalutier de

ROMANS, NOUVELLES

pêcheur que nous dépassions. Tous montraient du doigt les immeubles de Manhattan. Nous dévorions des yeux chaque détail de la côte.

Lorsque enfin le bateau fut à quai, nous descendîmes dans un brouhaha de joie et d'impatience. La foule emplit le grand hall de la petite île. Le monde entier était là. Nous entendions parler des langues que nous prîmes d'abord pour du milanais ou du romain[4], mais nous dûmes ensuite convenir que ce qui se passait ici était bien plus vaste. Le monde entier nous entourait. Nous aurions pu nous sentir perdus. Nous étions étrangers. Nous ne comprenions rien. Mais un sentiment étrange nous envahit, don Salvatore. Nous avions la conviction que nous étions ici à notre place.

---

1. Fioul : carburant dérivé du pétrole, qu'utilisent les bateaux.
2. Mains vicieuses : mains de voleur.
3. Parapet : barrière placée sur le bord du pont pour empêcher les passagers de tomber à l'eau.
4. Milanais ou du romain : dialectes italiens.

Questions (15 points)

▶ **1.** « […] ce continent où les crasseux comme nous étaient les bienvenus. » (lignes 16-17)
a) De quel continent s'agit-il ? *(0,5 point)*
b) Qui est désigné par l'expression « les crasseux » ? Que pensez-vous de cette formulation ? *(1 point)*

▶ **2.** En vous appuyant précisément sur le texte, expliquez ce que les personnages attendent de ce nouveau pays. *(2 points)*

▶ **3. a)** Par quels sentiments successifs passent les personnages aux différentes étapes du voyage ? Illustrez votre réponse par des éléments précis du texte. *(3 points)*
b) Pourquoi le « sentiment » évoqué à la ligne 34 est-il qualifié d'« étrange » ? *(1,5 point)*

▶ **4.** « Le paquebot se dirigeait lentement vers la petite île d'Ellis Island. La joie de ce jour, don Salvatore, je ne l'oublierai jamais. Nous dansions et criions. » (lignes 21 à 23) : identifiez les deux temps utilisés et justifiez l'emploi de chacun. *(2 points)*

▶ **5.** « Miséreux d'Europe au regard affamé. Familles entières ou gamins esseulés. » (lignes 4-5) :
a) Quelle remarque grammaticale pouvez-vous faire sur la construction de ces deux phrases ? *(1 point)*
b) Quel effet produisent-elles sur le lecteur ? *(1 point)*

▶ **6.** Pensez-vous que Domenico a raison en murmurant « La vie commence. » (ligne 10) ? Développez votre réponse en quelques lignes. Vous prendrez appui sur le texte et éventuellement votre culture personnelle. *(3 points)*

Réécriture (4 points)

Réécrivez les phrases suivantes, en remplaçant les pronoms de la 1re personne du pluriel « nous » par la 3e personne du pluriel « ils ».
Vous ferez toutes les modifications nécessaires.
« Comme tous les autres, nous nous sommes tenus par la main pour ne pas nous perdre dans la foule. Comme tous les autres, la première nuit, nous n'avons pu trouver le sommeil, craignant que des mains vicieuses ne nous dérobent la couverture que nous nous partagions. » (lignes 5-9)

Dictée (6 points)

Georges Perec
Ellis Island, 1980

Tous les émigrants n'étaient pas obligés de passer par Ellis Island. Ceux qui avaient suffisamment d'argent pour voyager en première ou en deuxième classe étaient rapidement inspectés à bord par un médecin et un officier d'état civil et débarquaient sans problèmes. Le gouvernement fédéral estimait que ces émigrants auraient de quoi subvenir à leurs besoins et ne risqueraient pas d'être à la charge de l'État. Les émigrants qui devaient passer par Ellis étaient ceux qui voyageaient en troisième classe […] dans de grands dortoirs non seulement sans fenêtres mais pratiquement sans aération et sans lumière, où deux mille passagers s'entassaient sur des paillasses superposées.

Écrire au tableau : Ellis Island.

Rédaction au choix (15 points)

Sujet 1

Imaginez la suite de ce texte, dans laquelle la narratrice raconte les premiers jours des personnages à New York.
Votre texte fera au moins deux pages (soit une cinquantaine de lignes).

ROMANS, NOUVELLES

Sujet 2

Le monde aujourd'hui laisse-t-il encore place, selon vous, à un ailleurs qui fasse rêver ?
Vous donnerez votre réponse dans un développement argumenté et organisé.
Votre texte fera au moins deux pages (soit une cinquantaine de lignes).

LES CLÉS DU SUJET

Questions

▶ **3. a)** Analysez avec précision tous les sentiments en vous appuyant sur des citations. Cette question est sur 3 points !
▶ **4.** Reportez-vous au lexique → Valeurs des temps.
▶ **5.** Reportez-vous au lexique → Types de phrases.

Réécriture

Faites attention à :
- accorder correctement les verbes avec les nouveaux sujets *ils* en gardant le même temps.
- ne pas faire d'erreur sur la terminaison du verbe *partager* à la troisième personne du pluriel de l'imparfait.
- transformer le « nous » des verbes pronominaux en *se* et le « nous », pronom personnel COS en *leur*, toujours invariable devant un verbe.

Rédaction

Sujet 1

- Lisez les fiches 1 et 2 : « Écrire un récit » et « Écrire une suite de texte ».
- Votre récit sera rédigé à la première personne : *je* (la narratrice) ou *nous*, aux temps du passé (elle continue de raconter son arrivée à New York) et elle s'adressera à don Salvatore.
- L'action se passe au début du XXe siècle ; évitez les anachronismes : peu ou pas d'accès au téléphone, à la télévision ; pas d'Internet…
- Votre texte comportera des descriptions de la ville : avenues, bâtiments, affiches, foule… des portraits de personnages ou des dialogues rendus difficiles à cause de la méconnaissance de la langue.
- Vous envisagerez les problèmes de logement, de déplacement, d'alimentation, d'argent, d'emploi et les solutions apportées, à moins que cette

famille ne soit prise en charge par des compatriotes déjà installés dans cette ville.

• Vous préciserez les sentiments et sensations éprouvés.

• La narratrice peut conclure son récit par une impression générale liée au moment où elle raconte, regard porté sur cette époque : rêves réalisés, difficultés, échec… ou par une indication plus vague sur l'avenir.

Sujet 2

• Lisez la fiche 8 : « Écrire un devoir de réflexion ».

• Dans la première phrase, vous mettrez en relation le sujet à traiter, que vous recopierez fidèlement, et l'extrait du texte de Gaudé étudié.

• Interrogez-vous, dès l'introduction, sur les notions « d'ailleurs » : pays lointain, exotique ; culture différente… et « rêver » : d'un séjour agréable ou d'un monde meilleur pour une émigration.

• Il faudra alors préciser s'il s'agit d'un ailleurs où l'on s'exile ou d'un lieu pour séjourner momentanément.

• Votre devoir comportera deux parties distinctes, l'une présentant, par exemple, les raisons pour lesquelles on peut rêver d'un ailleurs (dépaysement, beauté des paysages ou des monuments, pays accueillant, possibilités d'améliorer des conditions de vie difficiles) ou restriction du rêve (meilleure connaissance des pays qu'autrefois, par les reportages, Internet, moins de surprise, lois restrictives pour les émigrés, plus de réalisme dans le maigre espoir de trouver des conditions de vie meilleures).

CORRIGÉ 13

Questions

▶ **1. a)** Dans le groupe : « ce continent où les crasseux comme nous étaient les bienvenus » (lignes 16-17), le continent auquel il est fait référence est **l'Amérique** : « nous nous sommes tournés vers l'Amérique » (ligne 12), « nous sommes entrés dans la baie de New York » (ligne 21).

b) L'expression « les crasseux » désigne les **émigrés**, et parmi eux, précisément les Italiens qui quittent l'Europe pour se rendre aux États-Unis où ils sont « les bienvenus » (ligne 17) : « Nous avons pris place sur le pont au milieu de nos semblables. Miséreux d'Europe au regard affamé. » (lignes 3-5).

Ce terme, péjoratif, qui **fait référence à la saleté** due autant à la pauvreté qu'au manque d'hygiène sur le bateau, renvoie à d'autres expressions du texte : « les crève-la-faim » (ligne 2), « Miséreux d'Europe au regard affamé » (lignes 4-5). Les passagers émigrent pour fuir la misère qu'ils subissent dans leur pays. L'auteur utilise ce mot pour **insister sur l'état précaire** dans lequel ils se trouvent et pour **marquer leur détresse**.

▶ **2.** Les passagers, les émigrants, attendent beaucoup de ce nouveau pays : « espérant, dans des rêves étranges, que tout là-bas soit différent, les couleurs, les odeurs, les lois, les hommes. Tout. Plus grand. Plus doux. » (lignes 13-15), c'est-à-dire du **dépaysement et de meilleures conditions de vie**. Ils espèrent un **pays accueillant** : « rêvant à ce que pouvait bien être ce continent où les crasseux comme nous étaient les bienvenus » (lignes 16-17). Ils pensent **qu'une vie nouvelle s'annonce** : « La vie commence » (ligne 10), « le monde commençait » (ligne 20). Ils imaginent une intégration facile : « Nous avions la conviction que nous étions à notre place » (ligne 35).

▶ **3. a)** Selon les étapes du voyage, les émigrants éprouvent différents sentiments :
- de la **peur** : « nous nous sommes tenus par la main pour ne pas nous perdre dans la foule », « nous n'avons pu trouver le sommeil, craignant que des mains vicieuses ne nous dérobent la couverture que nous partagions » (lignes 6 à 9) ;
- de la **tristesse au moment du départ et de l'espoir ensuite** : « Nous avons pleuré lorsque l'immense bateau a quitté la baie de Naples » (lignes 9-10). Mais, rapidement, l'espoir domine : « "La vie commence" » (ligne 10) ; « espérant dans des rêves étranges » (ligne 13) ; « rêvant » (ligne 16) ; « les rêves que nous faisions avaient besoin d'heures entières pour se développer » (lignes 18-19) ; « Les jours étaient longs mais nous les avons laissés couler avec bonheur » (lignes 19-20) ;
- à l'arrivée, de la **curiosité** : « Tout le monde voulait voir la terre nouvelle. » (lignes 24-25) ; « Nous dévorions des yeux chaque détail » (ligne 27) ; « Nous acclamions chaque chalutier » (ligne 25) ;
- du **bonheur** : « La joie de ce jour » (lignes 22-23) ; « Nous dansions et criions. » (ligne 23) ; « Un brouhaha de joie et d'impatience » (lignes 28-29) ;
- une certaine **satisfaction** après le débarquement : « Nous avions la conviction que nous étions ici à notre place. » (ligne 35).

b) À la ligne 34, l'auteur écrit : « Mais un sentiment étrange nous envahit ». Les émigrants arrivent de toute l'Europe : « Miséreux d'Europe au regard affamé. » (lignes 4-5), ils **devraient être inquiets face à l'inconnu**, ou du moins, dépaysés, mal à l'aise : « Nous aurions pu nous sentir perdus. Nous étions étrangers. Nous ne comprenions rien. » (lignes 33-34). Or, il n'en est rien : « Nous avions la conviction que nous étions ici à notre place » (ligne 35). C'est cette distance entre les sentiments d'appréhension attendus, logiques, et la **sensation de satisfaction, de soulagement** qui paraît étrange.

▶ **4.** Dans les phrases : « Le paquebot se dirigeait lentement vers la petite île d'Ellis Island. La joie de ce jour, don Salvatore, je ne l'oublierai jamais. Nous dansions et nous criions. » (lignes 22-23), les deux temps utilisés sont :

– **l'imparfait** : « dirigeait », « dansions », « criions » ;

– le **futur simple** : « oublierai ».

L'imparfait est employé pour une action passée dont on ne précise ni le début ni la fin. Dans un récit, il marque des actions dites de « second plan » souvent longues (« dirigeait »), ou répétitives (« dansions, criions »).

Le futur situe un fait dans l'avenir par rapport au présent, ici celui du récit fait à don Salvatore.

▶ **5. a)** Les deux phrases : « Miséreux d'Europe au regard affamé. Familles entières ou gamins esseulés » (lignes 4-5) sont des **phrases nominales**, sans verbe.

b) Elles permettent de décrire de manière condensée les émigrants en insistant sur leurs caractéristiques : « Miséreux », « affamé », « esseulés », autrement dit la pauvreté, le manque et le sentiment d'abandon. Le lecteur peut donc **ressentir la détresse des passagers** et éprouver de la sympathie, de la pitié à leur égard.

▶ **6.** Quand « l'immense bateau a quitté la baie de Naples » (ligne 10), Domenico « a murmuré » : « La vie commence » (ligne 10). Cette remarque semble signaler que, jusqu'à ce départ, les émigrants n'ont pas réellement vécu, juste survécu. Domenico fait ainsi référence à la pauvreté dans laquelle ils se trouvent : « crève-la-faim » (ligne 2), « Miséreux » (ligne 4), « regard affamé » (ligne 5), « crasseux » (ligne 16).

Comme les autres, il espère trouver aux États-Unis de meilleures conditions : « espérant [...] que tout là-bas soit différent, les couleurs, les odeurs, les lois, les hommes. Tout. Plus grand. Plus doux. » (lignes 13-15). Il rêve **d'une vie meilleure qui leur fasse oublier leur misérable existence présente**.

Dans un sens, on peut penser que Domenico a raison : il est, en effet, difficile d'imaginer que les conditions de vie soient, matériellement, pires que celles qu'ils subissaient dans leur pays d'origine. D'autre part, la remarque de Domenico insiste sur **l'envie d'un nouveau départ**, sur le désir courageux de tout mettre en œuvre pour réussir.

Toutefois, cette ardeur respectable et cet espoir risquent de se heurter aux **difficultés liées à l'émigration** : logement, travail, argent, langue, xénophobie… et à l'exil : nostalgie du pays d'origine, souffrance d'être éloigné des siens…

Réécriture

Les modifications sont mises en couleur.

Comme tous les autres, **ils se sont** tenus par la main pour ne pas **se** perdre dans la foule. Comme tous les autres, la première nuit, **ils n'ont** pu trouver le sommeil, craignant que des mains vicieuses ne **leur** dérobent la couverture **qu'ils se partageaient**.

Dictée

POINT MÉTHODE

❶ Les participes passés employés avec l'auxiliaire *être* s'accordent avec le sujet.

❷ Ne confondez pas *ceux* (pronom démonstratif pluriel) avec *ce* et *se* ; *ou* (que vous pouvez remplacer par *ou bien*) et *où*.

❸ Regardez bien les mots suivants : *subvenir*, *deux mille* et *paillasses* et retenez leur orthographe.

Tous les émigrants n'**étaient** pas **obligés** de passer par Ellis Island. **Ceux** qui avaient suffisamment d'argent pour voyager en première **ou** en deuxième classe **étaient** rapidement **inspectés** à bord par un médecin et un officier d'état civil et débarquaient sans problèmes. Le gouvernement fédéral estimait que ces émigrants auraient de quoi **subvenir** à leurs besoins et ne risqueraient pas d'être à la charge du l'État. Les émigrants qui devaient passer par Ellis étaient **ceux** qui voyageaient en troisième classe […] dans de grands dortoirs non seulement sans fenêtres mais pratiquement sans aération et sans lumière, **où deux mille** passagers s'entassaient sur des **paillasses** superposées.

Rédaction au choix

Sujet 1 : plan détaillé pour deux suites possibles

Proposition 1 : réussite du projet

Première partie : l'arrivée

• Formalités administratives rapides et sans problèmes.

• Hébergement :

– dans un foyer d'accueil pour migrants ou grâce à des associations caritatives qui proposent leur aide : logement, recherche d'un emploi, premiers secours financiers, dons de vêtements…

– ou accueil par des membres de la famille déjà installés, par des représentants de la communauté italienne qui prennent en charge les nouveaux arrivants.

• Sentiments éprouvés : surprise, soulagement, satisfaction.

Deuxième partie : la découverte de New York

• Promenades dans la ville : les avenues, les monuments, Manhattan, la statue de la Liberté, la foule, les affiches, le bruit…

• Découvertes de la manière de vivre des Américains, de la cuisine, des difficultés liées à la langue, du prix des biens…

• Rencontres éventuelles avec de futurs employeurs : restauration, déchargement de camions, ménages…

• Sentiments éprouvés : émerveillement, reconnaissance.

Conclusion

• L'espoir d'atteindre une vie meilleure se confirme.

• Impression de plus en plus forte de se trouver à sa place.

• Envie de réussir et de tout mettre en œuvre pour y parvenir.

• Phrase directe adressée à don Salvatore : l'exil s'avéra donc être une solution bénéfique.

Proposition 2 : échec du projet

Première partie : l'arrivée

• Difficultés administratives : manque de papiers pour obtenir le droit d'entrée sur le territoire américain, ennuis de santé détectés qui obligent à une mise en quarantaine, personnel de la police des douanes méprisant et agressif…

- Entrée retardée sur le territoire.
- Problèmes pour trouver un hébergement et de la nourriture.
- Sentiments éprouvés : déception, épuisement, grande impression d'abandon et de solitude.

Deuxième partie : la découverte de New York

- Étonnement devant les dimensions : immeubles de Manhattan, parcs, avenues…
- Peur de la foule, de se perdre, de ne pas réussir à traverser les rues, d'avoir du mal à se faire comprendre, de ne pas se procurer un logement et un travail.
- Contacts décevants avec la population : Américains indifférents ou hostiles, Italiens déjà installés peu portés à venir en aide.
- Petits travaux occasionnels : manutention, heures de ménage… et salaire misérable.
- Hébergement chez des gens peu scrupuleux.
- Sentiments éprouvés : tristesse, honte, amertume…

Conclusion

- L'espoir d'atteindre une vie meilleure s'éloigne encore.
- Regrets d'avoir quitté la terre natale : quitte à être pauvre, autant que ce soit dans son propre pays.
- Désir de repartir ou, au contraire, volonté tenace et renouvelée de parvenir à s'intégrer.
- Phrase adressée à don Salvatore : raisons pour lesquelles ils sont retournés dans la région de Naples ou information sur les difficultés de départ et le chemin parcouru depuis.

Sujet 2 : plan détaillé

Introduction

- Mise en relation du sujet avec l'extrait étudié : un ailleurs qui fait rêver.
- Questionnement sur les notions « d'ailleurs », pays lointain ou proche, exotisme, culture différente…, pour un exil définitif ou pour un voyage limité dans le temps.
- Pourquoi le monde d'aujourd'hui restreindrait-il la faculté de rêver d'un ailleurs ?
- Annonce des deux parties : possibilités et limites du rêve.

Développement

Première partie : possibilités de rêver d'un ailleurs

• Introduction partielle : Le rêve dépend de ce que l'on quitte et de ce qu'on espère découvrir mais surtout de la durée de l'absence.

• Premier paragraphe : les voyages

– Les pays proches ou lointains, exotiques ou non, font toujours rêver pour des vacances, séjours linguistiques, échanges scolaires…

– On espère quitter sa vie monotone, la pression exercée par les parents, un entourage néfaste…

– On rêve de découvertes (paysages, flore, faune, monuments, culture…), de détente, de dépaysement, de se faire de nouveaux amis…

– Même si la découverte est sans doute moins aventureuse qu'autrefois, à cause des reportages, Internet, récits de voyage…, expérimenter le voyage par soi-même peut s'avérer totalement différent et porter au rêve.

• Deuxième paragraphe : l'émigration

– Des étrangers, vivant dans des conditions extrêmement difficiles, pour des raisons économiques, climatiques, de guerre, de terrorisme, de manque de libertés…, rêvent souvent d'un ailleurs qui leur semble meilleur : possibilités de sécurité, d'étudier, de travailler, de vivre plus librement…

– Certains pays restent ouverts à l'émigration : natalité en baisse, travaux que les nationaux refusent d'effectuer…

– De jeunes Français envisagent aussi de s'installer ailleurs : plus de possibilités de trouver un emploi correspondant à leur niveau d'études, meilleure rémunération, envie d'améliorer le CV…

– Toutes ces raisons poussent à rêver d'un ailleurs même si chacun est mieux informé sur les difficultés liées à l'exil temporaire ou définitif.

• Conclusion partielle : une meilleure connaissance des lieux ou des problèmes n'empêche pas le rêve.

Deuxième partie : limites du rêve d'un ailleurs

• Introduction partielle : le rêve d'un séjour idyllique ailleurs est sans doute restreint par les informations que l'on peut obtenir au préalable. Les candidats à l'émigration, plus au fait des difficultés, rêvent encore, sans doute, mais de manière plus réaliste.

• Premier paragraphe : les voyages

– Le touriste est mieux informé qu'autrefois : guides, reportages, Internet… Certaines destinations de rêve ont perdu de leurs attraits : meilleures connaissances des difficultés économiques et politiques, travail des enfants, exploitation sexuelle, risques de terrorisme, de maladies…

– Les possibilités de voyages se sont démocratisées, on voyage davantage et plus facilement, ce qui restreint le rêve. Des pays récemment encore rarement visités s'ouvrent au tourisme.

– Il s'agit peut-être moins d'un rêve que d'un désir de connaître, de voir par soi-même, de vérifier des informations. La découverte véritable est désormais plus rare.

• Deuxième paragraphe : l'émigration

– Les étrangers, candidats à l'émigration, instruits par les medias et des compatriotes déjà partis, ne rêvent plus, comme autrefois, d'un eldorado : difficultés d'obtenir des papiers, du travail, un logement, problèmes d'intégration…

– Beaucoup de pays sont désormais réticents à accueillir des étrangers : chômage, xénophobie…

– Si des jeunes Français envisagent de partir, c'est en connaissance de cause et, souvent, avec l'idée de revenir.

– Les flux migratoires ne tarissent pas, bien au contraire, mais sans doute plus par nécessité vitale de quitter son pays que pour un rêve d'un ailleurs idyllique.

• Conclusion partielle : le désir d'un ailleurs est toujours aussi fort mais fait-il pour autant rêver ?

Conclusion

• Rien n'empêche de rêver aujourd'hui à un ailleurs pour celui qui veut ou qui doit quitter son pays.

• Pour autant, une meilleure connaissance, de plus amples informations restreignent sans doute les rêves de chacun.

Antilles, Guyane • Juin 2013
Série générale

Une condamnation à mort

Sébastien Japrisot
Un long dimanche de fiançailles
1991

Cette scène se situe au tout début du roman.

Il était une fois cinq soldats français qui faisaient la guerre parce que les choses sont ainsi.

Le premier, jadis aventureux et gai, portait à son cou le matricule 2124 d'un bureau de recrutement de la Seine. Il avait des bottes à ses pieds, prises à un Allemand et ces bottes s'enfonçaient dans la boue, de tranchée en tranchée, à travers le labyrinthe abandonné de Dieu qui menait aux premières lignes[1].

L'un suivant l'autre et peinant à chaque pas, ils allaient tous les cinq vers les premières lignes, les bras liés dans le dos. Des hommes avec des fusils les conduisaient, de tranchée en tranchée – floc et floc des bottes prises à un Allemand – vers les grands reflets froids du soir par-delà les premières lignes, par-delà le cheval mort et les caisses de munitions perdues, et toutes ces choses ensevelies sous la neige.

Il y avait beaucoup de neige et c'était le premier mois de 1917 et dans les premiers jours.

Le 2124 avançait dans les boyaux[2] en arrachant, pas après pas, ses jambes de la boue et parfois l'un des bonshommes l'aidait en le tirant par la manche de sa vieille capote, changeant son fusil d'épaule, le tirant par le bras de sa capote raidie, sans un mot, l'aidant à soulever une jambe après l'autre hors de la boue.

Et puis des visages.

Il y avait des dizaines et des dizaines de visages, tous alignés du même côté dans les boyaux étroits et des yeux cernés de boue fixaient au passage les cinq soldats épuisés qui tiraient tout le poids de leur corps en avant pour marcher, pour aller plus loin vers les premières lignes. Sous les casques, dans la lumière du soir par-delà les arbres tronqués, contre les murs de terre perverse, des regards muets dans les cernes de boue qui suivaient un instant, de proche en proche, les cinq soldats aux bras liés avec de la corde.

Lui, le 2124, dit l'Eskimo, dit aussi Bastoche, il était menuisier, au beau temps d'avant, il taillait des planches, il les rabotait, il allait boire un blanc sec entre deux placards pour une cuisine – un blanc chez Petit Louis, rue Amelot, à Paris –, il entourait chaque matin une longue ceinture de flanelle autour de sa taille. Des tours et des tours et des tours. Sa fenêtre s'ouvrait sur des toits d'ardoise et des envols de pigeons. Il y avait une fille aux cheveux noirs, dans son lit, qui disait – qu'est-ce qu'elle disait ?

« Attention au fil[3]. »

Ils avançaient, la tête nue, vers les tranchées des premières lignes, les cinq soldats français qui faisaient la guerre, les bras liés avec de la corde détrempée et raidie comme le drap de leur capote, et sur leur passage, quelquefois, une voix s'élevait, une voix tranquille, jamais la même, une voix neutre qui disait « attention au fil ».

Il était menuisier, il était passé en conseil de guerre pour mutilation[4] volontaire, on avait trouvé des morsures de poudre sur sa main gauche blessée, on l'avait condamné à mort. Ce n'était pas vrai. Il avait voulu arracher de sa tête un cheveu blanc. Le fusil, qui n'était même pas le sien, était parti tout seul, parce que de la mer du Nord aux montagnes de l'Est, depuis longtemps, les labyrinthes creusés par les hommes n'abritaient plus que le diable. Il n'avait pas attrapé le cheveu blanc.

---

1. Premières lignes : les soldats qui sont les plus exposés.
2. Boyaux : fossés étroits et sinueux qui mettent en communication les tranchées.
3. Les soldats font référence aux mines que les Allemands ont laissées sur le champ de bataille.
4. Mutilation : blessure grave affectant le corps.

Questions (15 points)

▶ **1.** Où se déroule la scène ? Relevez trois citations du texte qui vous permettent de répondre. *(1,5 point)*

▶ **2.** À quel événement historique le texte fait-il référence ? Justifiez votre réponse en citant le texte. *(1,5 point)*

▶ **3.** « Il était une fois cinq soldats français qui faisaient la guerre parce que les choses sont ainsi » (lignes 1 et 2).
Dans cette phrase complexe, donnez la classe de chaque proposition et la fonction des propositions subordonnées. *(1,5 point)*

▶ **4.** D'après les informations données par le texte, présentez en quelques lignes les conditions de vie des soldats ? *(1,5 point)*

▶ **5. a)** Quel est le temps verbal dominant dans le texte ? *(0,5 point)*
b) Dans les lignes 8 à 13, quelle est la valeur du temps verbal utilisé ? *(0,5 point)*

▶ **6.** « Le 2124 avançait dans les boyaux [...] et parfois l'un des bonhommes l'aidait [...] *changeant son fusil d'épaule* [...] » (lignes 16 à 18). Comparez l'expression en italique avec celle de la phrase suivante et expliquez sa signification dans chacune des phrases : « Pour plaire à ses électeurs, le politicien *a changé son fusil d'épaule* ». *(1 point)*

▶ **7.** « ... on *avait trouvé* des morsures de poudre sur sa main gauche blessée, on *l'avait condamné* à mort » (lignes 45 et 46).
Quel est le temps verbal utilisé ? Justifiez son emploi. *(1 point)*

▶ **8.** Relisez attentivement les lignes 30 à 37 (« Lui, le 2124, dit l'Eskimo »... jusqu'à « qu'est-ce qu'elle disait ? ») et le dernier paragraphe (lignes 44 à 50).
Sans recopier le texte, racontez l'histoire du personnage à partir des informations fournies par le narrateur. *(3 points)*

▶ **9.** « Il avait voulu arracher de sa tête *un cheveu blanc* » (lignes 46 et 47) : précisez la fonction grammaticale du groupe de mots en italique. *(0,5 point)*

▶ **10.** Dans un paragraphe de plus de cinq lignes, expliquez la manière dont l'auteur présente la guerre dans ce texte. *(2,5 points)*

Réécriture (4 points)

Réécrivez ce passage en remplaçant le pronom « il » par celui de la première personne du singulier et en mettant le premier verbe au présent. Effectuez toutes les modifications nécessaires.
« Il était menuisier, il était passé en conseil de guerre pour mutilation volontaire, on avait trouvé des morsures de poudre sur sa main blessée, on l'avait condamné à mort. Ce n'était pas vrai. » (lignes 44 à 46)

Dictée (6 points)

Victor Hugo
Le dernier jour d'un condamné, 1832

Ceux qui jugent et qui condamnent disent la peine de mort nécessaire. D'abord, – parce qu'il importe de retrancher de la communauté sociale un membre qui lui a déjà nui et qui pourrait lui nuire encore. – S'il ne s'agissait que de cela, la prison perpétuelle suffirait. À quoi bon la mort ? Vous objectez qu'on peut s'échapper d'une prison ? Faites mieux votre ronde.

Pas de bourreau où le geôlier suffit.

Mais, reprend-on, – il faut que la société se venge, que la société punisse. – Ni l'un, ni l'autre. Se venger est de l'individu, punir est de Dieu.

La société est entre les deux. Le châtiment est au-dessus d'elle, la vengeance au-dessous. Rien de si grand et de si petit ne lui sied. Elle ne doit pas « punir pour se venger » ; elle doit corriger pour améliorer.

Rédaction au choix (15 points)

Sujet 1

Avant d'être exécuté, le personnage au matricule 2124 écrit une lettre d'adieu à sa femme pour lui expliquer les raisons de sa condamnation à mort et lui faire partager ce qu'il ressent. Écrivez cette lettre. Votre texte comportera au moins deux pages.

Sujet 2

Vous êtes l'avocat du personnage au matricule 2124 : vous le défendez dans un discours adressé aux juges en produisant au moins trois arguments illustrés d'exemples.
Votre texte comportera au moins deux pages.

LES CLÉS DU SUJET

Questions

▶ **1.** Reportez-vous au lexique → Indicateurs de lieu.

▶ **3.** Consultez les tableaux de grammaire → Phrase simple/complexe et les propositions subordonnées.

▶ **6.** Une expression peut être prise au sens propre/concret ou au sens figuré/imagé.

Réécriture

Faites attention :

- à changer l'imparfait en présent et accorder les verbes avec le nouveau sujet.
- transformer le déterminant possessif « sa » en *ma* et le pronom personnel COD en *m'*.

Rédaction

Sujet 1

• Lisez les fiches 1 et 5 : « Écrire un récit » et « Écrire une lettre ».
• Respectez la présentation d'une lettre : lieu, date, formule de début, formule finale, signature.
• Expliquez les raisons de la condamnation à mort en tenant compte des éléments fournis par le texte : cheveu blanc, fusil parti tout seul…
• Racontez les conditions de vie dans les tranchées : froid, boue, fatigue, danger permanent et mettez-les en relation avec les faits reprochés.
• Insistez sur l'insignifiance de la raison invoquée pour la condamnation et l'absurdité d'un tel châtiment dans ce lieu exposé en permanence à la mort.
• Développez les sentiments éprouvés : découragement, désespoir, tristesse voire colère, amour pour les siens.

Sujet 2

• Lisez la fiche 8 : « Écrire un devoir de réflexion ».
• Il s'agit d'un discours direct, prononcé par un avocat s'adressant à des juges. Le niveau de langue sera donc soutenu.
• Rappelez les conditions de vie des soldats sur le front et rapprochez-les de l'envie légitime d'échapper un instant à ce cauchemar.
• Insistez sur les raisons invoquées par le matricule 2124 et sur son honnêteté voire son courage lors des combats.
• Donnez des arguments pour sa défense : disproportion entre les faits et la peine encourue, absurdité d'une condamnation dans de telles circonstances, peine de mort qui n'empêchera pas ceux qui souhaitent déserter de tenter leur chance…
• Concluez en demandant la clémence des juges.

CORRIGÉ 14

Questions

▶ **1.** La scène se déroule sur le front, **dans les tranchées** :
– « de tranchée en tranchée » (lignes 5-6) ;
– « dans les boyaux étroits » (ligne 23) ;
– « les premières lignes » (ligne 7) ;
– « vers les tranchées des premières lignes » (ligne 39).

▶ **2.** Ce texte fait référence à la **Première Guerre mondiale** :
– « Il était une fois cinq soldats français qui faisaient la guerre » (ligne 1) ;
– « Il y avait beaucoup de neige et c'était le premier mois de 1917 et dans les premiers jours. » (lignes 14-15) ;
– « Il avait des bottes à ses pieds, prise à un Allemand » (lignes 4-5).

▶ **3.** La phrase : « Il était une fois cinq soldats français qui faisaient la guerre parce que les choses sont ainsi. » (lignes 1-2) comporte trois propositions :
– une **proposition principale** : « Il était une fois cinq soldats français » ;
– une **proposition relative** : « qui faisaient la guerre », complément de son antécédent « cinq soldats français » ;
– une proposition **subordonnée** conjonctive **circonstancielle de cause**, complément circonstanciel de cause du verbe « faisaient » : « parce que les choses sont ainsi ».

▶ **4.** Les conditions de vie des soldats sont **extrêmement pénibles**. Ils souffrent du **froid** : « les grands reflets froids du soir » (ligne 11), « sous la neige » (ligne 13), « beaucoup de neige » (ligne 14). Ils pataugent dans la **boue** : « dans la boue » (ligne 5), « en arrachant, pas après pas, ses jambes de la boue » (lignes 16-17), « hors de la boue » (ligne 20), « des yeux cernés de boue » (ligne 23). Ils sont très **fatigués** : « cinq soldats épuisés » (ligne 24). Ils vivent dans la **promiscuité** : « Il y avait des dizaines et des dizaines de visages » (ligne 22) et la **menace constante du danger** : « Attention au fil. » (ligne 38), « les labyrinthes creusés par les hommes n'abritaient plus que le diable » (lignes 49-50).

▶ **5. a)** Le temps dominant dans le texte est **l'imparfait** : « allaient » (ligne 8), « avançait » (ligne 16), « s'élevait » (ligne 42).
b) Des lignes 8 à 13, ce temps signale des actions passées dont on ne connaît ni le début ni la fin, qui durent.

▶ **6.** Dans le groupe : « et parfois l'un des bonshommes l'aidait [...] changeant son fusil d'épaule » (lignes 17-18), le soldat fait véritablement passer son fusil d'une épaule à l'autre. L'expression est prise au **sens propre**.
Dans la phrase : « Pour plaire à ses électeurs, le politicien a changé son fusil d'épaule », la même expression prend un **sens figuré** et signifie : **changer d'avis**, de discours ou de stratégie.

▶ **7.** Dans le groupe : « on avait trouvé des morsures de poudre sur sa main gauche blessée, on l'avait condamné à mort » (lignes 45-46), les verbes sont au **plus-que-parfait**.

Ce temps marque **l'antériorité** des faits rapportés, par rapport à la situation du personnage marchant dans les tranchées.

▶ **8.** Le « matricule 2124 » (ligne 3) était « jadis aventureux et gai » (ligne 3), « il était **menuisier** » (ligne 30) et menait une **vie tranquille** : « allait boire un blanc sec entre deux placards pour une cuisine » (lignes 31-32). Il vivait dans un petit appartement, à **Paris**, en haut d'un immeuble : « Sa fenêtre s'ouvrait sur des toits d'ardoise et des envols de pigeons. » (lignes 34-35) avec « une fille aux cheveux noirs » (ligne 36). Il n'avait aucun problème, ni dans sa vie professionnelle ni dans sa vie conjugale. Il était **heureux**, sans soucis, au contraire de sa vie présente ; après des années dans les tranchées, le froid, la boue et le danger permanent, il est désormais **condamné à mort** pour s'être blessé accidentellement, ce qui a été considéré comme un acte volontaire pour fuir le front.

▶ **9.** Dans la phrase : « Il avait voulu arracher de sa tête un cheveu blanc. » (lignes 46-47), le groupe « un cheveu blanc » est COD du verbe « arracher ».

▶ **10.** L'auteur présente la guerre comme une sorte de **conte de fée sordide et inexplicable** : « Il était une fois cinq soldats français qui faisaient la guerre parce que les choses sont ainsi » (lignes 1-2). Il donne une **image négative** de la guerre qui détruit le bonheur tranquille des hommes : « jadis aventureux et gai » (ligne 3), les fait vivre dans le froid, la boue, le danger, la fatigue et la résignation : « des regards muets dans des cernes de boue qui suivaient un instant, de proche en proche, les cinq soldats » (lignes 27-28). La guerre crée la **souffrance** et expose à une **absurdité** supplémentaire avec cette condamnation à mort, uniquement destinée à dissuader ceux qui voudraient se mutiler volontairement, pour échapper au cauchemar des tranchées, de ne pas le faire. Japrisot critique donc violemment la guerre, particulièrement celle de 1914-1918.

Réécriture

Les modifications sont mises en couleur.

Je suis menuisier, **je suis** passé en conseil de guerre pour mutilation volontaire, on **a** trouvé des morsures de poudre sur **ma** main gauche blessée, on **m'a** condamné à mort. Ce **n'est** pas vrai.

Dictée

POINT MÉTHODE

1 Repérez quel est l'antécédent des pronoms relatifs « qui », pour faire l'accord correctement.

2 Ne confondez pas la terminaison *–é* et *–er* des verbes du premier groupe. Pour vérifier cette terminaison, il suffit de remplacer le verbe par un autre du 3e groupe : *prendre → -er, pris → -é.*

3 Regardez bien les mots suivants : *geôlier, châtiment, sied* et retenez leur orthographe.

Ceux qui jugent et qui condamnent disent la peine de mort nécessaire. D'abord, – parce qu'il importe de retrancher de la communauté sociale un membre qui lui a déjà nui et qui pourrait lui nuire encore. – S'il ne s'agissait que de cela, la prison perpétuelle suffirait. À quoi bon la mort ? Vous objectez qu'on peut s'échapper d'une prison ? Faites mieux votre ronde.

Pas de bourreau où le geôlier suffit.

Mais, reprend-on, – il faut que la société se venge, que la société punisse. – Ni l'un, ni l'autre. Se venger est de l'individu, punir est de Dieu.

La société est entre deux. Le châtiment est au-dessus d'elle, la vengeance au-dessous. Rien de si grand et de si petit ne lui sied. Elle ne doit pas « punir pour se venger » ; elle doit corriger pour améliorer.

Rédaction au choix

Sujet 1 : plan détaillé

Présentation de la lettre

– Lieu : Verdun, par exemple ;

– Date : janvier 1917 ;

– Formule d'adresse au destinataire, affectueuse, avec ou sans prénom.

Premier paragraphe

– Annonce que le soldat écrit sa dernière lettre précisant d'emblée la condamnation à mort pour mutilation volontaire, après un passage en conseil de guerre. Son exécution est imminente.

– Atténuation du choc sans doute produit par la brutalité de la nouvelle.

– Assurance qu'il n'a pas commis les actes reprochés.

– Rappel de sa personnalité : joie de vivre, passé sans histoire, amour des siens, honnêteté. Celui qui écrit assure que la guerre n'a altéré ni son caractère ni son comportement.

Deuxième paragraphe

– Récit des conditions de vie sur le front : froid, boue, fatigue, peur, promiscuité, durée du conflit, tranchées reprises et perdues à plusieurs reprises...

– Dans ces conditions, parfois un moment de coquetterie, arracher un cheveu blanc, acte dérisoire qui prouve l'étonnement du soldat à avoir vieilli physiquement si vite et sa volonté de vouloir préserver son apparence.

– Malchance, oubli du fusil, même pas le sien, parti tout seul, dans l'urgence du geste accompli spontanément.

– Réaction de l'état major, à cause de la main gauche blessée, suspicion de mutilation volontaire, passage en conseil de guerre pour acte s'apparentant à un désir de désertion ; rapidité de l'enchaînement des faits.

Troisième paragraphe

– Sentiments éprouvés : surprise devant la sentence, effarement dû à la disproportion entre l'acte accompli et la condamnation, colère après tant de sacrifices accomplis, désespoir de mourir si jeune et de quitter les siens, culpabilité de laisser sa famille avec le poids d'un mari jugé pour lâcheté, ce qui assure la honte pour ceux qui restent.

– Paroles de consolation, incitation à vivre, à être heureuse, à se remarier, tout en respectant sa mémoire.

Fin de la lettre

– Formule affectueuse d'adieu. Signature.

Sujet 2 : devoir entièrement rédigé

POINT MÉTHODE

Exprimer la cause

1 On utilise des propositions subordonnées de cause introduites par : parce que, puisque, sous prétexte que, étant donné que...

2 Des propositions relatives, des propositions indépendantes coordonnées ou juxtaposées peuvent aussi exprimer la cause.

3 On aura recours à des groupes nominaux introduits par : à cause de, grâce à, ou à des verbes au gérondif.

Messieurs les juges,

Nous sommes ici réunis pour examiner le cas du matricule 2124 accusé de mutilation volontaire **pour s'être blessé lui-même à la main gauche**.

Nous savons tous que ces actes, s'ils sont avérés, sont punis de la peine de mort, **l'état major souhaitant faire des exemples afin de dissuader les soldats d'agir de la sorte pour fuir le front**. Je vais démontrer que mon client n'a pas contrevenu aux ordres donnés.

Examinons d'abord la personnalité du prévenu. L'Eskimo, ou Bastoche, comme l'appellent ses amis, est un jeune homme sans histoire. Menuisier, il vivait à Paris avant la guerre, dans un minuscule appartement avec son épouse, tout en haut d'un immeuble. Tous ses voisins l'estimaient **car il est honnête, travailleur et ne se mêle pas de politique**. Depuis qu'il a été mobilisé, il a accompli son devoir sans faillir. Il a d'ailleurs été cité pour une décoration : **en effet, il a ramené dans la tranchée, au péril de sa vie, un camarade blessé**. Les hommes, **qui le trouvent courageux**, le respectent et savent qu'ils peuvent compter sur lui en toutes circonstances. Malgré les conditions de vie extrêmement pénibles que supportent nos soldats et que vous connaissez : froid, neige, boue, fatigue intense, danger omniprésent, rares permissions, il semble qu'il n'ait jamais protesté. **Au contraire, il s'est toujours porté volontaire pour prendre la place d'un camarade.**

Venons-en maintenant aux faits qui lui sont reprochés. Il affirme, et je le crois sans aucune hésitation, qu'il a voulu arracher un cheveu blanc de sa tête. Vous trouvez la raison invoquée puérile et vous vous moquez de son manque d'imagination pour expliquer son acte. Pourtant, c'est justement l'insignifiance de son geste qui me pousse à penser, sans conteste, qu'il est innocent des actes qui nous occupent aujourd'hui.

Regardez-le. Vous avez devant vous un jeune homme, couvert de boue, épuisé, les bottes maculées, la capote raidie. Vous vous dites : un tel homme ne peut pas se soucier de son apparence, d'un banal cheveu blanc. Et pourtant si ! Pourquoi ce cheveu ? **Parce que c'est la preuve d'un vieillissement prématuré qu'il refuse, d'un constat implacable d'une jeunesse qui s'enfuit.** Dans un mouvement spontané et lourd de conséquences, il tente de l'arracher. **À cause de ce geste irréfléchi**, il a oublié le fusil, que, **par la force de l'habitude**, il ne considère plus comme un objet mais comme une partie de son être. Et le coup part, le blessant grièvement à la main gauche.

Et c'est à cause de ce mouvement, d'un jeune homme qui a oublié son statut de soldat un instant pour ne plus penser qu'à sa jeunesse perdue, que vous voulez le condamner ? La peine encourue semble tragiquement disproportionnée par rapports aux faits. Pour preuve : des témoins sont venus spontanément assurer l'avoir vu souvent agir de la manière qu'il décrit, se moquant de sa coquetterie déplacée dans les tranchées. Voulez-vous aussi mettre en doute la parole d'autres soldats uniquement **parce que vous voulez faire un exemple**, puisque c'est de cela qu'il s'agit véritablement ? Je n'ose le croire.

Mais parlons maintenant de la prétendue exemplarité de la peine. La condamnation à mort vous paraît dissuasive et vous pensez qu'elle empêchera d'autres soldats de se blesser volontairement pour échapper au front. Êtes-vous réellement persuadés de l'efficacité du procédé ? Les hommes, **vivant dans les conditions que je viens de vous décrire, côtoyant jour et nuit la mort**, ont-ils peur de mourir ? Entre une échéance fatale quasi assurée dans les tranchées et un très faible espoir d'échapper à un éventuel procès, que va choisir le soldat qui veut fuir l'enfer ? L'exemple va-t-il le freiner ? C'est sans compter sur son épuisement et son désespoir.

Enfin, j'évoquerai, sans m'y attarder, la question de la peine de mort, que Victor Hugo a tant combattue. « Punir est de Dieu », a-t-il dit. Laissons ces hommes face à leur conscience, **leur long sacrifice pour notre patrie ne nous donne pas le droit de les juger moralement**. Qui sommes-nous pour condamner à mort des soldats qui risquent à tout instant de mourir pour nous ? Qui sommes-nous pour condamner à mort ceux qui s'étonnent d'avoir survécu à tant de souffrances ? Qui sommes-nous pour condamner à mort des soldats qui sont prêts à donner leur vie pour que nous ne perdions pas la nôtre ? Abandonnez les charges retenues contre lui **par charité et par humanité**.

Je réclame la clémence pour le matricule 2124 et demande sa libération immédiate.

Merci Messieurs de votre attention.

SUJET

15

France métropolitaine • Septembre 2013

Série professionnelle

Prisonnier de guerre

Yvon Mauffret

Mon journal de guerre

1996

En 1942, le narrateur est prisonnier de guerre en Allemagne.

Thomas, mon fils,

Tu ne dois pas en douter, un jour, je reviendrai, un jour nous nous retrouverons. Je pense souvent à cet instant magique, je l'imagine, je le savoure chaque soir avant de m'endormir. Avec bonheur, avec angoisse. Ne vais-je pas me trouver devant une sorte de trou immense, que je ne saurai comment combler ? Tant de jours, de mois, d'années passées loin de vous pendant lesquels, vous les enfants, aurez grandi, nous les adultes, aurons vieilli. Tout ce temps que vous aurez vécu et dont je ne saurai rien. Cela m'effraie, même si je sais que notre affection viendra à bout de ce vide.

Alors je voudrais que tu m'aides, mon Tom. Je sais que tu aimes écrire, que tu es bon en français comme on dit (mais attention, ne néglige pas pour autant les maths !), alors prends ta plume et lorsque tu as envie, raconte-moi, raconte-moi tout : tes disputes avec ta sœur, tes discussions avec tes copains. Dis-moi ce que vous mangez, comment vous supportez vos difficultés, raconte-moi votre quotidien, même s'il est morose ou triste.

Je ne te demande pas d'emboucher une trompette, mais de me jouer doucement la petite musique de vos journées. De mon côté, j'en ferai autant. Je vous raconterai le stalag[1] au jour le jour, notre existence d'enfermés, le courage des uns, la veulerie[2] des autres.

Ainsi lorsque nous nous retrouverons, tu me tendras la main à travers ton journal. Et je te tendrai la main avec le mien. Tu veux bien ?

---

1. Stalag : nom donné pendant la Seconde Guerre mondiale (1939-1945) aux camps allemands où étaient enfermés les prisonniers de guerre.
2. Veulerie : faiblesse, lâcheté.

Questions (15 points)

▶ **1.** Qui sont les deux personnages principaux ? Qu'apprend-on sur leur situation ? *(2 points)*

▶ **2.** « Avec bonheur, avec angoisse » (ligne 4). Pourquoi le narrateur éprouve-t-il ces sentiments opposés ? *(2 points)*

▶ **3.** Quels moyens le narrateur propose-t-il pour lutter contre cette angoisse ? *(2 points)*

▶ **4.** « une sorte de trou immense, que je ne saurai comment combler » (lignes 5 et 6).
Recopiez sur votre feuille le synonyme de « combler » dans la liste suivante : creuser, remplir, trouver, oublier. *(1 point)*

▶ **5.** Dans le deuxième paragraphe, comment le narrateur montre-t-il son insistance ? *(1 point)*

▶ **6.** À la fin du texte, quel est le temps dominant ? Quel sens prend-il pour le narrateur ? *(2 points)*

▶ **7.** Lignes 18 et 19 : « Je ne te demande pas d'emboucher une trompette, mais de me jouer doucement la petite musique de vos journées. »
a) Sur quelle image cette phrase est-elle construite ? *(1 point)*
b) Que signifie cette phrase ? *(2 points)*

▶ **8.** À votre avis, quel est le moment le plus émouvant du texte ? Vous justifierez votre réponse. *(2 points)*

Réécriture (5 points)

Réécrivez ce passage à la première personne du pluriel, et donc en commençant par : « nous… »
Lignes 18 à 20 : « Je ne te demande pas d'emboucher une trompette, mais de me jouer doucement la petite musique de vos journées. De mon côté, j'en ferai autant. »

Dictée (5 points)

Yvon Mauffret
Mon journal de guerre, 1996

Il devait être dix heures et demie, onze heures peut-être. Je dormais profondément lorsque les sirènes se sont mises à beugler. Tu connais sûrement le système, papa, un son discontinu pour un début d'alerte, un son continu pour la fin. Cette fois, c'était le début, impossible de s'y tromper. J'entendais les sirènes dans mon sommeil, elles me semblaient venir de très loin et je n'avais aucune envie de me réveiller. Comme je te l'ai dit, nous avions connu plusieurs alertes peu sérieuses, alors à quoi bon se lever, s'habiller, descendre dans les abris si c'est pour remonter un quart d'heure plus tard ?

Les nombres devront être écrits en toutes lettres. Écrire au tableau : beugler.

Rédaction au choix (15 points)

Sujet 1

Thomas accepte de faire ce que son père lui demande. Dans une lettre d'environ deux pages (soit une cinquantaine de lignes), il raconte un jour de fête en famille en l'absence de son père.

Sujet 2

À votre avis, la communication écrite est-elle le meilleur moyen de conserver des liens entre des êtres séparés ? En deux pages environ (soit une cinquantaine de lignes), vous donnerez votre réponse dans un développement organisé en vous appuyant notamment sur vos lectures ou votre expérience.

LES CLÉS DU SUJET

Questions

▶ **6.** Reportez-vous au lexique → Valeurs des temps verbaux.

▶ **7.** Consultez le lexique → Images.

▶ **8.** N'oubliez pas de justifier votre réponse en expliquant quels sentiments le passage que vous avez choisi a fait naître en vous.

Réécriture

Faites attention :

- à accorder les verbes avec le sujet *nous*.
- à transformer le déterminant possessif « mon » en *notre* et le pronom personnel « me » en *nous*.

Rédaction

Sujet 1

- Lisez les fiches 1 et 5 : « Écrire un récit » et « Écrire une lettre ».

- Respectez les normes épistolaires pour la lettre que Thomas écrit à son père, prisonnier de guerre.
- Tenez compte des informations fournies par le texte : âge de l'expéditeur, statut du destinataire, période concernée (Deuxième Guerre mondiale). Attention aux anachronismes : pas de télévision, de jeux électroniques…
- Choisissez une fête significative : anniversaire, noël, repas de famille, spectacle, sans oublier la situation due à la guerre : pas d'excès pour cause de restrictions.
- Faites le récit de manière chronologique en insistant sur les temps forts : cadeaux, repas exceptionnel pour l'époque…
- Insistez sur les sentiments éprouvés : joie, surprise, émotion, mais aussi tristesse due à l'absence du père, nostalgie d'autres fêtes en sa présence, espoir d'un retour imminent.
- Terminez la lettre par une formule affectueuse.

Sujet 2

- Lisez la fiche 8 : « Écrire un devoir de réflexion ».
- Dès l'introduction, faites le lien entre le sujet, que vous citerez, et l'extrait étudié.
- Précisez les sens que vous donnerez à « communication écrite » : courrier postal, journal intime, message Internet…
- Annoncez un plan en deux parties : l'une développant les avantages de cette communication écrite ; l'autre analysant des moyens différents : téléphone, conférence visuelle… Il convient généralement de terminer par le point que l'on souhaite défendre.
- Organisez logiquement votre devoir en développant des arguments divers illustrés d'exemples.

CORRIGÉ 15

Questions

▶ **1.** Les deux personnages principaux sont **le père et son fils**.

Le père « est **prisonnier de guerre** en Allemagne », « en 1942 » (paratexte) ; il se trouve dans un « stalag » (ligne 9) où il est confronté au « courage des uns » et à « la veulerie des autres » (ligne 21).

Le destinataire, « Thomas, mon fils » (ligne 1), est **scolarisé** : « Je sais que tu aimes écrire, que tu es bon en français, comme on dit (mais attention, ne néglige pas pour autant les maths !) » (lignes 11-13). Il semble en âge de comprendre ce que demande le père et de répondre à ses attentes.

▶ **2.** À la ligne 4, le père dit **attendre le jour de sa libération** « un jour, je reviendrai, un jour nous nous retrouverons » (lignes 2-3) « Avec bonheur, avec angoisse ». Il sait que cet événement sera un « instant magique » qu'il « imagine », qu'il « savoure chaque soir avant de [s]'endormir » (lignes 3-4), après « tant de jours, de mois, d'années passées loin de vous » (lignes 6-7). Il envisage la **joie** qu'il éprouvera, **mais**, en même temps, il **craint les retrouvailles** : « vous les enfants, aurez grandi, nous les adultes aurons vieilli. » (lignes 7-8). Ils ignoreront comment chacun a évolué : « Ne vais-je pas me trouver devant une sorte de trou immense, que je ne saurai comment combler ? » (lignes 5-6) ; « Tout ce temps que vous aurez vécu et dont je ne saurai rien » (lignes 8-9). Il avoue donc : « Cela m'effraie » (ligne 9) même si sa peur est atténuée par la certitude de leurs liens : « je sais que notre affection viendra à bout de ce vide » (lignes 9-10).

▶ **3.** Pour lutter contre cette « angoisse » (ligne 4), le père propose à son fils qu'ils **s'écrivent régulièrement** afin de maintenir le lien entre eux, de leur permettre de suivre l'évolution de chacun en imaginant leur quotidien, pour « combler » cette « sorte de trou immense » (lignes 5-6) : « prends ta plume et lorsque tu en as envie, raconte-moi, raconte-moi tout » (lignes 13-14) et « De mon côté, j'en ferai autant » (lignes 19-20).

▶ **4.** Dans le groupe : « une sorte de trou immense, que je ne saurai comment combler » (lignes 5-6), le verbe « combler » signifie **remplir**.

▶ **5.** Dans le deuxième paragraphe, le père montre son insistance par une **répétition** : « raconte-moi » (ligne 14), « raconte-moi tout » (ligne 14) ; « raconte-moi votre quotidien » (ligne 16).

▶ **6.** À la fin du texte, le temps dominant est le **futur simple** de l'indicatif : « ferai », « raconterai » (lignes 19-20), « retrouverons », « tendras » (ligne 22). Ce temps indique que le **narrateur est sûr de leur avenir** ; il marque donc à la fois une certitude et un espoir qu'il voudrait voir se réaliser, il essaie ainsi de se réconforter et de réconforter son fils, en imaginant un avenir évident.

▶ **7. a)** Dans la phrase : « Je ne te demande pas d'emboucher une trompette, mais de me jouer doucement la petite musique de vos journées » (lignes 18-19), la figure de style utilisée est une **métaphore** dans laquelle l'auteur compare les récits qu'il attend dans le courrier de son fils à un élément musical : « trompette », « petite musique ».
b) Cette phrase signifie que le prisonnier n'attend pas de son fils qu'il se contente de lui narrer les moments exceptionnels qu'il pourrait éventuellement vivre : « emboucher une trompette », mais le **quotidien banal et répétitif** : « la petite musique de vos journées ». Il **souhaite qu'il lui raconte tout** :

« tes disputes avec ta sœur, tes discussions avec tes copains. [...] ce que vous mangez, comment vous supportez vos difficultés, [...] votre quotidien » (lignes 14 à 16).

▶ **8.** Le moment sans doute le plus émouvant du texte est la fin lorsque le père **oppose sa vie au stalag** « notre existence d'enfermés, le courage des uns, la veulerie des autres » (lignes 20-21) **à son espoir de revoir les siens** : « nous nous retrouverons, tu me tendras la main à travers ton journal. Et je te tendrai la main avec le mien » (lignes 22-23). L'auteur montre d'une part son désir intense de ne pas couper le lien entre son fils et lui et, d'autre part, sa certitude des retrouvailles pour qu'ils gardent tous les deux espoir.

ROMANS, NOUVELLES

Réécriture

Les modifications sont mises en couleur.

Nous ne te **demandons** pas d'emboucher une trompette, mais de **nous** jouer doucement la petite musique de vos journées. De **notre** côté, **nous** en **ferons** autant.

Dictée

POINT MÉTHODE

1 Les participes passés précédés de l'auxiliaire *être* s'accordent avec le sujet. Ceux employés avec l'auxiliaire *avoir* ne s'accordent pas si le COD est placé après le verbe.

2 Il ne faut pas confondre *ai*, verbe *avoir*, *est*, verbe *être* ; *a*, verbe *avoir*, et *à*, préposition que l'on ne peut pas remplacer par *avait*.

3 Regardez bien les mots suivants : *dix heures et demie, s'y, abris* et retenez leur orthographe.

Il devait être **dix heures et demie**, onze heures peut-être. Je dormais profondément lorsque les sirènes **se sont mises à** beugler. Tu connais sûrement le système, papa, un son discontinu pour un début d'alerte, un son continu pour la fin. Cette fois, c'était le début, impossible de **s'y** tromper. J'entendais les sirènes dans mon sommeil, elles me semblaient venir de très loin **et** je n'avais aucune envie de me réveiller. Comme je te l'**ai déjà dit**, **nous avions connu** plusieurs alertes peu sérieuses, alors **à** quoi bon se lever, s'habiller, descendre dans les **abris** si c'**est** pour remonter un quart d'heure plus tard ?

Rédaction au choix

Sujet 1 : pistes possibles

Présentation de la lettre

– Lieu au choix ;

– Date (entre 1942 et 1945) ;

– Formule affectueuse.

Premier paragraphe

– Thomas peut s'inquiéter du retard dans le courrier, pas de nouvelles depuis des semaines, ou au contraire remercier son père de la dernière lettre reçue, plutôt rassurante.

– Il l'informe de la santé ou des études de chacun, résume, de manière générale, la vie de la famille depuis son dernier courrier.

Deuxième paragraphe

– Il raconte une fête en famille : anniversaire, noël, mariage… en précisant d'abord les circonstances de l'événement (lieu, jour, personnes en présence). Il peut aussi rendre compte des préparatifs : recherche de décoration pour la maison, fleurs, nourriture.

– Il rapporte les faits dans l'ordre chronologique : l'arrivée des invités éventuels, les vêtements qu'ils portent, les cadeaux qu'ils offrent. Ceux-ci doivent correspondre à l'époque imposée. Il s'agira, le plus souvent d'objets utiles, et pas forcément très onéreux.

– Le menu sera détaillé, en tenant compte des restrictions : un poulet sera, peut-être, un plat exceptionnel ; la présence de beurre était assez rare, par exemple.

– Il donnera des détails sur les différents membres de la famille, en particulier ceux qu'il n'a pas vus depuis longtemps. Il précisera que certaines personnes ont demandé des nouvelles du père et se sont inquiétées de sa santé.

Troisième paragraphe

– Il fera le rapport entre cette fête et d'autres similaires où son père était présent, ce qui l'attriste.

– Il tentera de faire rire ou sourire son père par des anecdotes amusantes pour lui faire partager l'ambiance.

– Il terminera en disant combien son père lui manque et qu'il espère son retour.

Fin de la lettre

– Formule d'affection comme : Je t'embrasse.

– Signature par le prénom, suivi de *Ton fils qui t'aime*.

Sujet 2 : devoir entièrement rédigé

POINT MÉTHODE

Rédiger des introductions

1 L'introduction générale amène le sujet par une phrase qui fait référence au texte étudié. Il faut citer la question et éventuellement définir les termes utilisés.

2 L'introduction générale annonce clairement un plan en deux parties.

3 Les introductions partielles commencent chacune des parties du devoir et présentent les idées principales des deux sous-parties qui vont être développées.

Introduction générale

Dans l'extrait de *Mon journal de guerre* de Mauffret, le père, prisonnier de guerre dans un stalag, demande à son fils de lui écrire en lui racontant tous les détails de sa vie quotidienne. En effet, il souhaite, par ce moyen, garder un lien fort entre eux afin qu'ils soient moins désorientés quand ils se retrouveront.

La communication écrite est-elle le meilleur moyen de maintenir le contact entre des êtres séparés ? En 1942, il est évident que le courrier était un des seuls modes de communication, mais qu'en est-il aujourd'hui ? Les avancées technologiques ont-elles supplanté l'écrit au profit de l'oral ou des vidéos ?

Nous envisagerons d'abord les intérêts de l'écrit puis les possibilités qu'offrent les autres moyens de communication.

Première partie

La communication écrite a été longtemps largement utilisée et elle l'est encore grâce à Internet. Elle permet de développer largement des récits ou des sentiments, grâce au style et à la réflexion qu'elle demande. Elle est une trace qui reste et témoigne d'un passé.

Ainsi, la publication des lettres envoyées ou reçues par des écrivains célèbres renseigne sur les liens qu'ils entretenaient avec leur entourage, parfois avec d'autres personnages historiques. Voltaire a échangé une importante correspondance avec le roi de Prusse et Diderot avec Catherine de Russie. Les lettres ont permis aux deux écrivains de tisser des liens avec les souverains et de leur expliquer leurs idéaux politiques, sociaux et philosophiques. Les lettres de poilus, envoyées pendant la Première Guerre mondiale, étaient les seuls moyens pour les soldats de rester en contact avec leurs proches. Les lettres avaient d'ailleurs une telle importance que des marraines de guerre, qui ne connaissaient pas leurs destinataires, écrivaient aussi aux soldats pour leur remonter le moral. Tout cela prouve à quel point la communication écrite peut être importante.

C'est aussi un moyen d'exprimer ses sentiments et émotions. Cyrano de Bergerac écrit à Roxane des lettres si émouvantes qu'elle tombe amoureuse de celui qu'elle croit être l'auteur de ces courriers. La communication écrite permet aussi de s'exprimer avec moins de contraintes que lorsqu'on est en présence de la personne. Elle reste personnelle, avec le style de chacun, un vocabulaire révélateur. Elle est la preuve que la personne à qui on s'adresse compte pour celui ou celle qui écrit. Il peut s'agir d'une longue missive narrative ou explicative, comme d'une carte postale de vacances ou d'un petit mot pour le jour de l'an. Elle montre à l'autre qu'il n'est pas oublié, qu'il occupe une place dans la mémoire de l'expéditeur.

De nos jours, d'autres modes d'écrit sont apparus. Des millions de mails, de SMS s'échangent quotidiennement. Ils établissent des liens entre deux ou plusieurs personnes, offrant la possibilité de se raconter ou de s'inquiéter de l'autre en temps réel. Les textes sont souvent plus courts que les lettres, écrits parfois dans une langue inventive. Ils montrent que chacun pense à l'autre en permanence, même lors d'une séparation très brève. C'est un moyen de prouver et de se prouver qu'on est constamment en relation. Le lien entretenu reste réel, mais ces textes n'ont pas souvent la profondeur de certaines lettres. Ils sont toutefois très utiles lors de voyages lointains pour rassurer ou rendre compte d'une difficulté. Des parents se sentent moins angoissés si leur enfant communique avec eux durant un voyage scolaire par exemple.

La communication écrite, traditionnelle ou plus technologique, est donc un moyen de conserver des liens entre des êtres séparés. Elle est révélatrice des sentiments et de l'intérêt portés à l'autre. Elle reste aussi essentielle pour garder des témoignages du passé.

Deuxième partie

Toutefois, aujourd'hui, d'autres moyens de communication viennent concurrencer la production écrite. Le téléphone, les photos, les vidéos permettent aussi de maintenir le contact avec des personnes absentes.

L'utilisation du téléphone est devenue essentielle de nos jours. Que ce soit pour la célèbre question : « T'es où ? » ou pour des entretiens professionnels ou personnels, le téléphone, désormais portable, est un moyen rapide et instantané de garder des relations avec ses proches. Il offre l'avantage de restituer le ton de la voix ajoutant ainsi une information sur l'état d'esprit de la personne : fatigue, colère, joie… Il est essentiel pour assurer le contact avec des membres de la famille ou des amis à l'étranger, seul lien parfois entre des personnes qui ont émigré et ceux qui sont restés dans le pays d'origine. Les échanges sont rapides et instantanés, sans avoir à attendre la réponse, comme par courrier.

La photo ou la vidéo rend aussi compte de la vie de la personne éloignée. Elle montre comment chacun a évolué physiquement, comment chacun se porte. Elle inscrit l'autre dans un environnement que la lettre restitue plus difficilement. Le film cumule l'image et le son : la personne absente participe un peu à des événements qu'elle ne peut partager. Les photographies ou les films constituent de plus des témoignages, des souvenirs de faits que l'on aurait pu oublier. Une fête d'anniversaire, un mariage seront ainsi partagés entre différentes personnes et chacun pourra les voir et revoir à son gré. Ce sont donc des moyens de garder des liens entre des personnes, mais aussi avec le passé.

Enfin, certains moyens technologiques associent le film au téléphone. On communique avec une personne absente, tout en la voyant sur écran. Cette technique constitue sans doute le meilleur moyen de garder des liens entre des personnes puisque la relation se fait en temps réel, en voyant l'autre. Elle permet donc de restreindre la distance due à la séparation et de rendre compte de ce qu'éprouve l'absent.

Au fil du temps, des moyens plus modernes sont venus s'ajouter au traditionnel courrier postal pour conserver le lien entre des personnes séparées. Leur utilisation ajoute des avantages certains à ceux que pouvait offrir la lettre.

Conclusion générale

Bien des techniques sont disponibles. Toutefois, elles ne sont activées que si chacun pense à l'autre. Tous les moyens de communication sont bons, mais la seule façon de garder des liens reste encore de ne pas oublier l'autre et de vouloir le lui faire savoir.

Angoisse nocturne

Elsa Triolet
À Tahiti
Les Éditions du Sonneur, 2011

En 1919, Elsa Triolet, écrivaine d'origine russe, vient passer plusieurs mois à Tahiti. Elle est accompagnée par son mari André. Elle consigne ses impressions dans un ouvrage intitulé, À Tahiti.

Tout d'abord, quand l'univers s'organisait, la nuit était prévue pour le repos et la reconstitution des forces. Toujours et partout, il est d'usage de dormir dans le noir de la nuit, et la lune et les étoiles n'ont pas été créées pour la peur.

J'ai vécu dans une petite stanitza[1] de la steppe trans-causasienne[2], dans une solitude presque totale. Combien était paisible la nuit du jardin où embaumait le tabac. J'ai vécu dans un ranch solitaire du désert fertile de la Californie et, marchant la nuit sur le macadam de la route, je réfléchissais tranquillement à ce que je devais acheter le lendemain dans la petite ville voisine.

Mais là-bas, sur cette île entre ciel et terre, j'ai appris à connaître l'angoisse nocturne. Notre vaste chambre, avec ces cinq portes et une fenêtre, avait, la nuit, quelque chose d'effrayant. Il arrivait qu'André se levât la nuit trois ou quatre fois pour chercher par la maison, une torche électrique à la main, la raison des bruits. Je le suivais au petit trot, apeurée. Nous ne trouvions jamais rien et les bruits continuaient à nous déranger.

Il est bon de savoir au juste ce que l'on craint, il existe des serrures, des revolvers, mais comment savoir ce qui bruit, cogne, soupire dans l'obscurité et l'éclat d'une nuit tropicale ? Un coup sourd, un craquement, les vitres des fenêtres qui tintent en frémissant, la porte qui craque, une lumière qui passe ! Qu'est-ce que c'est ? Rien, le silence. Un ciel noir, étranger, les dessins jamais vus, compliqués, des constellations piquées avec une épingle sur le noir, et que l'on voit par transparence. Le silence résonne dans les oreilles. Une mer d'acier luit sous la lune, l'air de dire je n'y suis pour rien. Une allée lunaire court dessus, frémissante. Les palmiers immobiles s'élancent dans les airs.

Le sommeil nous fuit. Nous descendons dans le jardin. Le clair de lune est si violent qu'il devrait, semble-t-il être bruyant. Mais tout est silencieux. […]

Une fraîcheur commence à venir des montagnes. Nous retournons dans la calme maison, dans la vaste chambre aux cinq portes et une fenêtre grandes ouvertes et, à nouveau, il se met à en couler, à suinter par toutes les fentes, à nous assaillir, quelque chose d'incompréhensible, d'inconnu, d'anonyme. Mais si, cela a un nom, les indigènes[3] appellent ce quelque chose qui vit dans la nuit, et que nous ne pouvons comprendre : *toupapaou.*[4]

1. Stanitza : petit village isolé.
2. Steppe trans-caucasienne : région peu habitée de Russie.
3. Indigène : qui est originaire du pays, sans aucune connotation péjorative.
4. Toupapaou : fantôme, esprit qui hante la nuit.

Questions (15 points)

▶ **1.** Selon l'auteure, à quoi doit servir la nuit ? *(1 point)*

▶ **2.** « il est d'usage de dormir » (lignes 2-3).
a) Donnez la valeur de ce présent de l'indicatif. *(0,5 point)*
b) Relevez deux adverbes qui renforcent la valeur de ce présent. *(0,5 point)*

▶ **3.** Lignes 5 à 10.
a) À quels pays l'auteure fait-elle allusion ? Relevez des mots qui justifient votre réponse. *(0,5 point)*
b) Relevez dans ce passage le champ lexical de l'isolement. *(1 point)*
c) À quel sentiment ou impression est pourtant associé ce champ lexical ? *(0,5 point)*

▶ **4.** Par quel mot le troisième paragraphe commence-t-il ? À quelle classe grammaticale appartient-il ? Quelle est sa valeur ? *(1 point)*

▶ **5.** Ligne 11 : « là-bas ».
a) De quel endroit s'agit-il précisément ? *(0,5 point)*
b) Relevez dans le même paragraphe un groupe nominal désignant le même endroit. *(0,5 point)*

▶ **6.** Quel nouveau sentiment accompagne la nuit dans cet endroit ? Relevez trois mots pour justifier votre réponse. *(1 point)*

▶ **7.** Lignes 17 à 21.
a) Quels types de phrases identifiez-vous dans ce passage ? *(0,5 point)*
b) Quel effet produisent-ils ? *(1 point)*

▶ **8.** Lignes 21 : « Rien le silence. »
À quel type de phrase appartient cette proposition ? *(0,5 point)*

▶ **9.** Ligne 24 : « Une mer d'acier luit sous la lune. »
a) Identifiez la figure de style. *(1 point)*
b) Dans les lignes 17 à 19, relevez et commentez une autre figure de style. *(1 point)*

▶ **10.** À qui le pronom « nous » renvoie-t-il dans la fin du texte ? *(0,5 point)*

▶ **11.** Ligne 30 : « Une fraîcheur ».
Donnez la classe grammaticale de « une ». *(0,5 point)*

▶ **12.** Quelle est l'étrange et inquiétante particularité de la chambre à coucher ?
Expliquez. *(1 point)*

▶ **13.** Comment est formé le mot « incompréhensible » (ligne 33) ?
Trouvez un autre mot formé avec le même préfixe. *(1 point)*

▶ **14.** En utilisant vos réponses précédentes, expliquez en quoi l'ambiance nocturne fait naître l'inquiétude chez la narratrice. *(1 point)*

Réécriture (5 points)

Réécrivez le passage suivant en remplaçant la première personne du singulier « je » par la première personne du pluriel « nous » et en remplaçant « la nuit » par « les nuits ». Vous effectuerez toutes les modifications nécessaires.
« Combien était paisible la nuit du jardin où embaumait le tabac. J'ai vécu dans un ranch solitaire du désert fertile de la Californie et, marchant sur le macadam de la route, je réfléchissais tranquillement à ce que je devais acheter le lendemain dans la petite ville voisine. » (lignes 6 à 10)

Dictée (5 points)

Elsa Triolet
À Tahiti
Les Éditions du Sonneur, 2011

Le soir, nous allions en dehors de la ville, à vélo, loin.

Ensuite, nous regardions le soleil se coucher en face de nous, derrière l'île de Moorea.

Par temps clair, on pouvait nettement voir dans l'île verte des vallées et des montagnes à bords déchiquetés, comme si quelqu'un avait mordu dedans et enlevé des morceaux avec une mâchoire à dents cassées.

Quand il pleut, Moorea se transforme en sa propre ombre grise, fantomatique. […]

Pour nous, ce coucher de soleil était bientôt devenu quelque chose de familier et de cher. C'était notre coucher de soleil à nous.

Écrire au tableau : Moorea.

Rédaction au choix (15 points)

Sujet 1

Vous aussi avez vécu une expérience nocturne et effrayante.
Racontez en une trentaine de lignes.

Sujet 2

Pourquoi peut-on être tenté par les voyages ?
Vous répondrez et donnerez votre point de vue argumenté et illustré par des exemples en une trentaine de lignes.

LES CLÉS DU SUJET

Questions

▶ **2.** Reportez-vous au lexique → Valeurs des temps, plus particulièrement du présent.

▶ **4.** Reportez-vous au lexique → Rapport logique.

▶ **14.** Retrouvez tous les motifs d'inquiétude en relisant les réponses que vous avez trouvées aux questions précédentes.

Réécriture

Faites attention à :

• accorder les verbes à l'imparfait avec le sujet *nous* et le verbe *être* avec le sujet inversé *les nuits.*

• accorder l'adjectif qualificatif qui suit le verbe *être* avec le GN qu'il qualifie.

• ne pas accorder le participe passé employé avec l'auxiliaire *avoir* lorsque le COD suit le verbe, ni le participe présent en *–ant* qui reste invariable.

Rédaction

Sujet 1

• Lisez la fiche 1 : « Écrire un récit ».

• Votre texte sera rédigé à la première personne du singulier, aux temps du passé qui conviennent.

• Dites dans quelles circonstances s'est produite cette expérience nocturne : lieu, époque, personnes en présence…

• Précisez les raisons de l'angoisse : solitude, bruits, mouvements, apparition d'une personne inconnue, sensation d'abandon ou d'être perdu(e), crainte d'un danger…

• Racontez les faits de manière chronologique en insistant sur les sensations et les sentiments éprouvés.

• Pensez à détailler comment s'est terminée l'aventure et concluez en précisant ce que vous en avez tiré.

Sujet 2

• Lisez la fiche 8 : « Écrire un devoir de réflexion ».

• Dans la première phrase de l'introduction, mettez en relation le sujet, que vous citerez, avec le thème de l'extrait étudié.

• Annoncez les deux parties que vous allez développer en pensant qu'un voyage dépend du lieu et des personnes que l'on quitte, mais aussi de ce que l'on compte découvrir.

• Dans la première partie, vous pouvez envisager les raisons pour lesquelles on souhaite partir : fuir la monotonie, s'éloigner de personnes proches pour tester ses capacités d'autonomie et de responsabilité personnelle, vérifier ses qualités d'adaptation à un autre lieu ou milieu.

• Dans la deuxième partie, vous pouvez expliquer pourquoi on peut avoir envie de voyager : découverte d'un pays, d'une ville, d'une culture, d'une langue, désir de connaître et de se connaître.

CORRIGÉ 16

Questions

▶ **1.** Selon l'auteure, la nuit doit servir à **dormir pour reprendre des forces** : « Tout d'abord, quand l'univers s'organisait, la nuit était prévue pour le repos et la reconstitution des forces. » (lignes 1-2), « Toujours et partout, il est d'usage de dormir dans le noir de la nuit » (lignes 2-3).

▶ **2. a)** Dans le groupe, « il est d'usage de dormir » (lignes 2-3), le présent de l'indicatif a valeur de **présent de vérité générale** que l'on utilise pour rapporter des faits intemporels qui se réalisent toujours.

b) Deux adverbes renforcent la valeur de ce présent : « **Toujours** », « **partout** » (ligne 2).

▶ **3. a)** Dans les lignes 5 à 10, l'auteure fait allusion à la **Russie** : « J'ai vécu dans une petite stanitza de la steppe trans-caucasienne » (ligne 5), petit village isolé d'une région peu habitée de Russie ; puis aux **États-Unis** : « J'ai vécu dans un ranch solitaire du désert fertile de la Californie » (lignes 7-8).

b) Dans ce passage, le champ lexical de l'isolement est formé par les mots : « **stanitza** » (ligne 5), « **steppe** » (ligne 5), « **solitude** » (ligne 6) et « **solitaire** » (ligne 7), « **désert** » (ligne 7).

c) Malgré cet isolement, une impression de **calme, de paix et de sécurité** est associée à cette idée : « dans une solitude presque totale. Combien était paisible la nuit du jardin » (ligne 7) ; « marchant la nuit sur le macadam de la route, je réfléchissais tranquillement » (lignes 8-9).

▶ **4.** Le troisième paragraphe commence par le mot « **Mais** » (ligne 11), **conjonction de coordination** qui marque une **opposition**.

▶ **5. a)** Quand l'auteure écrit : « là-bas » (ligne 11), elle fait référence à **Tahiti**. Il s'agit du titre de l'ouvrage d'où est tiré cet extrait et le paratexte le rappelle.

b) Dans le même paragraphe, un groupe nominal désigne le même endroit : « **cette île entre ciel et terre** » (ligne 11).

▶ **6.** Dans cet endroit, l'auteure éprouve un autre sentiment, nouveau pour elle, est éprouvé par l'auteure, **la peur** : « angoisse » (lignes 11-12), « effrayant » (ligne 13) ; « apeurée » (ligne 15).

▶ **7. a)** Dans les lignes 17 à 21, on remarque deux types de phrases :

– les **interrogatives** : « comment savoir ce qui bruit, cogne, soupire dans l'obscurité et l'éclat d'une nuit tropicale ? » (lignes 18-19) ; « Qu'est-ce que c'est ? » (ligne 21) ;

ROMANS, NOUVELLES

– une **exclamative** : « Un coup sourd, un craquement, les vitres des fenêtres qui tintent en frémissant, la porte qui craque, une lumière qui passe ! » (lignes 19-21).

b) Ces phrases insistent sur le fait que **la narratrice ignore la cause des bruits**. Elle le met en valeur aussi par l'accumulation des verbes : « bruit, cogne, soupire » (ligne 18) et des groupes nominaux : « Un coup sourd, un craquement » (ligne 19). Les phrases traduisent **l'angoisse éprouvée par Elsa Triolet** qui n'arrive pas à percer le mystère de ce qu'elle entend et des lueurs qu'elle perçoit.

▶ **8.** La proposition : « Rien, le silence. » (ligne 21) est une **phrase nominale** ou non verbale.

▶ **9. a)** Dans le groupe : « une mer d'acier luit sous la lune » (ligne 24), la figure de style utilisée est une **métaphore** qui assimile, sans terme comparant, la mer éclairée par la lune à une pièce métallique.

b) Dans les lignes 17 à 29, on peut relever une autre figure de style : la **personnification** : « soupire » (ligne 18), « en frémissant » (ligne 20), « l'air de dire je n'y suis pour rien » (lignes 24-25), « frémissante » (ligne 25), « s'élancent » (ligne 26), « violent » (ligne 28).

▶ **10.** À la fin du texte, le pronom personnel « nous » renvoie à **l'auteure, Elsa Triolet, et son mari** : « Nous retournons dans la calme maison » (lignes 30-31) mais aussi à **tous ceux qui ne sont pas originaires de l'île** : « les indigènes appellent ce quelque chose qui vit dans la nuit, et que nous ne pouvons comprendre » (lignes 34-36).

▶ **11.** Dans le groupe : « Une fraîcheur » (ligne 30), le mot « une » est **un article indéfini**.

▶ **12.** La chambre à coucher présente une étrange et inquiétante particularité : « Notre vaste chambre avec **ses cinq portes et une fenêtre** » (ligne 12), ce qui impressionne tant l'auteure qu'elle le répète : « dans la vaste chambre aux cinq portes et une fenêtre grandes ouvertes » (lignes 31-32). Toutes ces ouvertures permettent de **mieux percevoir les bruits extérieurs ou intérieurs** et en créent de nouveaux : « les vitres des fenêtres qui tintent en frémissant, la porte qui craque » (ligne 20). Elles **laissent aussi pénétrer des lueurs étranges** : « une lumière qui passe » (ligne 21), si bien qu' « il se met [...] à suinter par toutes les fentes, à nous assaillir, quelque chose d'incompréhensible, d'inconnu, d'anonyme » (lignes 32-34), « ce quelque chose qui vit dans la nuit » (ligne 35) et qui effraie.

▶ **13.** Le mot « incompréhensible » (ligne 33) est composé du **préfixe privatif** *in–*, du **radical** *compréhens*, de la famille du verbe *comprendre*, et du **suffixe**

–*ible* qui signifie susceptible de. La situation semble donc difficile à comprendre, inexplicable, mystérieuse et inquiétante.

Un autre mot est formé avec le même préfixe : « **inconnu** » (ligne 34).

▶ **14.** L'ambiance nocturne, faite de **bruits et de lueurs incompréhensibles** : « Nous ne trouvions jamais rien et les bruits continuaient de nous déranger. » (ligne 16), dans une **chambre déjà inquiétante en elle-même**, fait naître la peur chez la narratrice. Elle ne comprend pas la « raison des bruits » (ligne 15), alors qu'elle pense qu' « il est bon de savoir ce que l'on craint » (ligne 17).

Elle ne peut dormir : « Le sommeil nous fuit. » (ligne 27), la lumière « Le clair de lune est si violent qu'il devrait, semble-t-il être bruyant. » (lignes 27-28) ou l'obscurité : « Un ciel noir, étranger » (lignes 21-22) la perturbent car elle n'a jamais vu ni entendu tout cela ; **l'ignorance dans laquelle elle se trouve augmente son angoisse**. La végétation elle-même : « Les palmiers immobiles s'élancent dans les airs. » (lignes 25-26) ou la mer : « Une mer d'acier luit sous la lune […] Une allée lunaire court dessus, frémissante » (lignes 24-25), tout concourt à l'effrayer.

Les croyances locales ne peuvent la rassurer : « les indigènes appellent ce quelque chose qui vit dans la nuit, et que nous ne pouvons comprendre : *toupapaou* » (lignes 34-36), un esprit qui hante la nuit.

ROMANS, NOUVELLES

Réécriture

Les modifications sont mises en couleur.

Combien **étaient paisibles les nuits** du jardin où embaumait le tabac. **Nous avons** vécu dans un ranch solitaire du désert fertile de Californie et, marchant la nuit sur le macadam de la route, **nous réfléchissions** tranquillement à ce que **nous devions** acheter le lendemain dans la petite ville voisine.

Dictée

POINT MÉTHODE

1 Ne confondez pas *ce*, déterminant démonstratif devant un nom et *se*, pronom réfléchi qui précède un verbe.

2 Attention aux homonymes : *dans* (préposition) et *dents* (nom commun).

3 Regardez bien les mots suivants : *déchiquetés, fantomatique, de cher* et retenez leur orthographe.

Le soir, nous allions en dehors de la ville, à vélo, loin.

Ensuite, nous regardions le soleil se coucher en face de nous, derrière l'île de Moorea.

Par temps clair, on pouvait nettement voir dans l'île verte des vallées et des montagnes à bords déchiquetés, comme si quelqu'un avait mordu dedans et enlevé des morceaux avec une mâchoire à dents cassées.

Quand il pleut, Moorea se transforme en sa propre ombre grise, fantomatique. […]

Pour nous, ce coucher de soleil était bientôt devenu quelque chose de familier et de cher. C'était notre coucher de soleil à nous.

Rédaction au choix

POINT MÉTHODE

Inclure des indices de temps dans un récit

1 On peut utiliser des adverbes comme marqueurs de temps : *maintenant, alors, puis, parfois, soudain, depuis...* ; des GN : *le jour précédent, dès son départ, à la nuit tombée...* ; des gérondifs : *en arrivant...* ou des participes : *arrivé, arrivant...*

2 Employez des subordonnées conjonctives de temps introduites par : *avant que, quand, lorsque, chaque fois que, dès que, depuis que...*

3 Certains termes marquent une chronologie : *hier, aujourd'hui, demain* (dans un récit au présent d'actualité), *la veille, ce jour-là, le lendemain* (dans un récit au passé) ; *d'abord, ensuite, enfin...* D'autres signalent un moment, une époque : *autrefois, jadis, à l'avenir, le matin, la nuit, à midi...*

Sujet 1 : devoir entièrement rédigé

En mars dernier, mon petit frère, ma mère et moi sommes allés passer une fin de semaine en Normandie. Nous devions repartir vers Paris le mardi, mais la veille, les services météorologiques annoncèrent des chutes de neige importantes sur la région. Ma mère décida d'abord de les ignorer car des intempéries comme celles dont parlait la radio n'avaient jamais eu lieu, à sa connaissance, à cette période et dans ce département. Toutefois, vers quinze heures, elle décréta qu'il valait mieux partir, quitte à s'arrêter, le soir, en chemin. Nous avons donc commencé le voyage qui restera pour moi le plus long et le plus effrayant qui soit.

Dès le départ, nous avons senti que rien n'était comme d'habitude. **Quand nous avons abordé les routes principales**, nous avons constaté que beaucoup de personnes avaient eu la même idée que nous. Nous avancions très lentement, à cause de la circulation et de nombreux camions nous ralentissaient.

Puis, il se mit à tomber une petite neige fine, qui, **en premier lieu**, nous divertit. Voir de la neige **à cette époque de l'année** était, pour nous, un pur divertissement. Mais elle se mit rapidement à fondre sur nous plus serré ; nous ne voyions plus à cinq mètres, le sol devenait, **à chaque instant**, plus glissant et, **lorsque la file de voitures s'arrêta**, nous comprîmes que notre retour ne serait pas aussi facile que nous l'avions imaginé. **Chaque fois que nous progressions un peu**, le décor se faisait plus inquiétant : des tas de neige encombraient la voie, des congères se formaient sur les bas côtés. Un ciel gris se devinait par moments, mais la nuit vint **plus tôt** que nous ne le pensions.

Nous étions en rase campagne **quand nous restâmes définitivement bloqués. Soudain**, la neige enveloppa notre véhicule et nous distinguions à peine celui qui nous précédait. Je commençais à avoir véritablement peur : combien de temps allions-nous attendre ? Des secours viendraient-ils **bientôt** nous délivrer ? Allions-nous périr de froid au milieu de nulle part ? **Tandis que je paniquais ainsi**, ma mère sortit du véhicule pour tenter de comprendre où se situait le problème. Son absence, **un court instant**, me terrifia encore plus. Resterions nous seuls **jusqu'à l'arrivée des pompiers** ? Elle revint **quelques instants plus tard,** mais les nouvelles étaient catastrophiques : plus personne ne pouvait avancer, des camions qui avaient dérapé barraient la route ; on ne savait même plus où finissait la départementale et où commençaient les champs.

Je tremblais de froid et de peur, des ombres se croisaient à l'extérieur, **à chaque instant**, je croyais que nous allions être attaqués. **Depuis que nous étions partis**, presque personne ne parlait. Ma mère avait bien tenté de nous rassurer mais le ton de sa voix démentait ses propos si bien qu'elle préféra se taire.

Nous sommes restés ainsi coincés **pendant plusieurs heures avant que des pompiers ne réussissent à nous extraire de cet enfer blanc. Vers quatre heures du matin,** nous avons rejoint un gymnase où des bénévoles nous ont pris en charge. La peur ne disparut pas pour autant. Quand repartirions-nous ? Retrouverions-nous notre voiture ?

Le lendemain, on nous apprit que certains axes avaient été déblayés et que nous pouvions rentrer en car. Il faudrait revenir chercher notre véhicule **dans les jours à venir**. C'est ce que nous avons fait. Je ne crois pas avoir été

ROMANS, NOUVELLES

aussi heureux qu'**à la minute** où nous avons ouvert la porte de notre appartement.

À l'avenir, nous tiendrons compte des alertes météorologiques car la frayeur éprouvée **pendant cette nuit épique** restera **longtemps** dans ma mémoire !

Sujet 2 : plan détaillé

Introduction

• La notion de voyage est à distinguer d'une installation plus longue, volontaire ou non, dans un pays étranger, comme c'est le cas dans le texte d'Elsa Triolet.

• Voyager signifie s'éloigner temporairement, seul ou en groupe, de son lieu de vie habituel.

• Être tenté par le voyage suppose donc un désir de partir de chez soi et une envie d'aller ailleurs.

Développement

Première partie

Partir, c'est vouloir quitter ce que l'on connaît, pour vivre une expérience, tester ses capacités d'adaptation.

• Premier paragraphe

– On peut avoir envie de fuir la monotonie de sa vie et tenter de se distraire loin de ses repères habituels.

– La volonté de s'éloigner de personnes proches intervient parfois : quitter ses parents pour la première fois, lors d'un voyage scolaire, d'un séjour linguistique.

• Deuxième paragraphe

– Tester ses capacités d'autonomie, de responsabilité personnelle, ses possibilités d'adaptation : aller en camping avec des amis, voyager dans un pays étranger en dormant dans des auberges de jeunesse, avoir à gérer son argent…

– Prouver à son entourage que l'on est capable de se prendre en charge et qu'il peut avoir confiance sont des motivations possibles.

On peut donc voyager pour des raisons qui dépendent de son point de départ.

Deuxième partie

On peut aussi être tenté par les voyages en raison de la destination.

• Premier paragraphe

– Souhaiter connaître un pays, une ville, une civilisation autre que la sienne fait partie des curiosités louables qui président à un départ.

– Découvrir des coutumes différentes, expérimenter ses qualités linguistiques lors d'un voyage à l'étranger est profitable.

• Deuxième paragraphe

– Partir momentanément dans un lieu ou un milieu qui dépayse développe la tolérance envers d'autres façons de vivre.

– Cela permet aussi de se connaître : est-on capable de supporter un climat pénible, de la nourriture à laquelle on n'est pas habitué ? Sait-on respecter d'autres coutumes, ne pas provoquer par des tenues vestimentaires inappropriées ou des comportements qui choqueraient dans le pays visité ?

On peut donc désirer partir en voyage pour élargir sa propre culture et se remettre en question.

Conclusion

L'envie de voyager relève de diverses motivations. Une certitude : voyager sera d'autant plus positif qu'on analysera les causes véritables de ce désir.

SUJET

17

Polynésie française • Septembre 2013

Série générale

L'homme que Loana devait épouser

Célestine Hitiura Vaite

L'Arbre à pain

Au vent des îles, 2002

Dans ce chapitre, Loana, la mère de l'héroïne, se souvient de sa demande en mariage à Tahiti. Voici l'histoire de la demande en mariage de Loana.

Après la mort de sa mère, Loana est allée vivre chez une tatie éloignée et son mari, un Irlandais. La tatie et son mari étaient des catholiques très pratiquants. […]

Ils allaient à la messe à Sainte-Thérèse, et Tatie a inscrit Loana à la chorale de la paroisse parce qu'à son avis, Loana avait une voix magnifique et puis une fille qui chante pour le Bon Dieu a toutes les chances de se pêcher un bon mari – à l'église. Tatie, elle, n'avait pas rencontré son mari à l'église mais c'était une bonne prise quand même. Elle avait eu de la chance.

Alors Loana chantait dans la chorale à l'église tous les dimanches matin.

Un beau jour, Auguste et sa famille ont commencé à venir régulièrement à la messe à Sainte-Thérèse – avant, ils allaient à la cathédrale.

Pour Auguste, ça a été le coup de foudre. Tous les dimanches il était là, assis au premier rang, et il admirait Loana : il ne faisait que ça. Elle ne le remarquait même pas, elle était trop occupée avec les cantiques[1].

Un jour, juste après la messe, la mère d'Auguste a engagé la conversation avec la tatie de Loana. Elle voulait en savoir un peu plus sur la jeune fille, et Tatie a dit : « Ah ma nièce, c'est une très bonne fille. Elle va à la messe tous les dimanches – c'est pas le genre à traîner sur la route. » Les deux femmes ont causé un bon moment et se sont quittées en s'embrassant comme si elles se connaissaient depuis toujours.

Le dimanche suivant, on a fait des présentations dans les règles et après ça, cinq dimanches de suite, Auguste et Loana ont fait la causette devant l'église après la messe.

Un jour, en rentrant de l'église, Tatie, avec un clin d'œil, a dit en riant à Loana : « Tu as pêché une sacrée pièce, ma fille. »

Il y a eu une demande en mariage et la tatie comptait bien sûr que Loana dirait oui, parce qu'Auguste venait d'une famille très respectable, et qu'il avait un bel avenir devant lui comme instituteur. C'était aussi un catholique très pratiquant et, en plus, il avait un visage agréable et des manières irréprochables.

Tatie a dit à Loana : « Pense à cette demande en mariage, ma fille. Il faut y penser sérieusement. »

En attendant, on a décidé que le jeune homme viendrait en visite. C'est Tatie qui avait fixé la date et l'heure.

Auguste est arrivé à six heures précises comme l'avait demandé Tatie – il est arrivé avec une plante en pot pour Tatie, qui ne s'y attendait pas du tout.

Ils se sont assis à la table de la cuisine : Auguste et Tatie d'un côté et Loana de l'autre.

---

1. Cantique : chant religieux.

Questions (15 points)

▶ **1.** « des catholiques très pratiquants » (lignes 2 et 3).
a) Expliquez le mot « pratiquants ». *(0,5 point)*
b) Donnez deux mots de la même famille. *(1 point)*

▶ **2.** « Alors Loana chantait [...] » (ligne 10).
a) À quel temps est conjugué le verbe ? *(0,5 point)*
b) Quelle est la valeur de ce temps ? *(0,5 point)*
c) Relevez un indice temporel qui justifie cette valeur. *(0,5 point)*

▶ **3.** « coup de foudre » (ligne 14).
Expliquez cette expression. Dans quel sens est-elle employée ? *(1 point)*

▶ **4.** « il admirait Loana : il ne faisait que ça » (ligne 15).
Remplacez les deux points par un mot coordonnant dont vous donnerez la classe. *(1 point)*

▶ **5.** Pourquoi la mère d'Auguste rencontre-t-elle la tatie de Loana ? Relevez des éléments du texte. *(1 point)*

▶ **6.** « Tatie a dit : "Ah ma nièce, c'est une très bonne fille, elle va à la messe tous les dimanches" [...] » (lignes 19 et 20).
Quelle forme de discours reconnaissez-vous ? Justifiez. *(1 point)*

▶ **7.** Transformez ce passage en discours indirect. Vous commencerez votre phrase par : Tatie a dit que... *(2 points)*

▶ **8.** « Tu as pêché une sacrée pièce » (ligne 27). De qui parle la tatie ? Quel trait de caractère de la tatie cette remarque révèle-t-elle ? *(1 point)*

▶ **9.** Pourquoi est-il important qu'Auguste vienne « d'une famille très respectable » (ligne 29) ? Justifiez à l'aide du texte. *(1 point)*

▶ **10.** « des manières irréprochables » (lignes 31 et 32), décomposez le mot « irréprochables » et donnez son sens. *(1 point)*

▶ **11.** « Pense à cette demande en mariage [...] » (ligne 33).
a) Quel est le mode utilisé dans cette phrase ? *(0,5 point)*
b) Quelle est sa valeur ? *(0,5 point)*

▶ **12.** « qui avait fixé la date et l'heure » (ligne 36). Donnez la classe et la fonction de cette proposition. *(1 point)*

▶ **13.** Sur quels critères se marie-t-on selon la tatie ? Rédigez votre réponse en tenant compte de vos réponses précédentes. *(1 point)*

Réécriture (5 points)

Réécrivez le texte à partir de la ligne 35 en remplaçant « le jeune homme » (ligne 35), « Auguste » (ligne 37) et « Ils » (ligne 40), par le pronom personnel « elles ». Vous effectuerez tous les changements nécessaires.

Dictée (5 points)

Célestine Hitiura Vaite
L'Arbre à pain
Au vent des îles, 2002

Auguste est tombé à genoux et il a dit à Loana : « Je te jure que je ferai de toi une femme heureuse. »

Mais un soir que Loana était assise sous la véranda, en train de réfléchir, elle s'est rendu compte qu'elle n'avait pas envie d'être la femme d'Auguste. Elle n'éprouvait rien pour lui et elle savait que normalement on éprouve quelque chose pour l'homme qu'on va épouser. Elle savait, par exemple, que lorsque Tatie avait rencontré Gordon pour la première fois, elle s'était dit : « Cet homme-là, il est pour moi. Cet homme-là, je veux de lui ! »

Écrire au tableau : véranda, Auguste, Loana, Tatie, Gordon *et les références du texte.*

Rédaction au choix (15 points)

Sujet 1

Racontez la suite, en tenant compte du cadre spatio-temporel, vous respecterez les personnages, leur caractère, le temps des verbes.

Vous inclurez un dialogue argumenté où Loana donne son avis, sa réponse et ses sentiments sur son éventuelle union avec Auguste.
Vous donnerez au moins trois arguments en accord ou non avec la proposition d'Auguste.
Votre texte sera structuré en paragraphes.

Sujet 2

Pensez-vous que la société moderne pose un regard positif et bienveillant sur le mariage arrangé ?

LES CLÉS DU SUJET

■ Questions

▶ **2.** Reportez-vous au lexique → Valeurs des temps verbaux et Indicateurs de temps.
▶ **3.** Une expression peut avoir un sens propre et un sens figuré.
▶ **11.** Reportez-vous aux tableaux de grammaire → Les propositions subordonnées.

■ Réécriture

Faites attention :
• à remplacer « le jeune homme », « Auguste », « il », « ils » par *elles* et à accorder les verbes en conséquence.
• à accorder les participes passés précédés de l'auxiliaire *être* en genre et en nombre avec le sujet *elles*.

■ Rédaction

Sujet 1

• Lisez les fiches 2, 3 et 7 : « Écrire une suite de texte », « Écrire un dialogue » et « Écrire un passage argumentatif ».
• Tenez compte de la situation : Auguste vient demander Loana en mariage et des intentions de chacun : la tante de la jeune fille et la mère du jeune homme encouragent cette union, Auguste est passionnément amoureux de Loana depuis le premier instant où il l'a vue.
• Déterminez quelle réponse Loana va donner à cette proposition afin de trouver les arguments qu'elle va développer en accord avec son choix.
• Elle peut accepter pour des raisons sentimentales, pour ne pas froisser cette Tatie qui l'a recueillie après la disparition de ses parents, parce que le prétendant offre des avantages de moralité et de statut social…

• Elle peut refuser car elle n'éprouve pas de sentiments particuliers à l'égard du jeune homme, elle le trouve trop sérieux et strict, elle ne veut pas que les autres, même un membre de sa famille à qui elle doit beaucoup, décident pour elle…

Sujet 2

• Lisez la fiche 8 : « Écrire un devoir de réflexion ».

• Dès l'introduction, après avoir mis en relation l'extrait étudié et le sujet proposé, définissez les termes : mariage arrangé. Il s'agit d'unions dans lesquelles l'une ou les deux personnes concernées ne donnent pas leur avis sur leur avenir, décidé par des membres de leur famille.

• Annoncez deux parties : l'une développant les cas où certaines sociétés, anciennes ou modernes, ont pratiqué ou imposent encore ce type de mariage ; l'autre explicitant pourquoi, dans la plupart des pays, aujourd'hui, la société ne porte pas de regard positif et bienveillant sur ces unions.

• Les mariages arrangés peuvent répondre à des avantages financiers escomptés lors de l'union, à un agrandissement du patrimoine, à la transmission d'un nom ou d'un titre, au respect d'une caste, d'une religion, d'une culture, de liens sociaux et familiaux par exemple.

• Désormais, la loi s'oppose souvent à ce type d'union afin de laisser la liberté à chaque individu de choisir son partenaire dans le mariage. Ces lois empêchent que des jeunes gens, mais plus fréquemment des jeunes filles, ne soient mariés sans leur consentement, parfois même à des personnes qu'ils n'ont jamais vues.

• Concluez sur le regard que porte la société, selon les cas, sur ces mariages arrangés.

CORRIGÉ 17

Questions

▶ **1. a)** Dans l'expression « des catholiques très pratiquants » (lignes 2-3), le mot « pratiquants » signifie que **l'on suit les rites religieux**, que l'on observe fidèlement les pratiques religieuses.

b) Les mots « **pratique** », « **pratiquement** » appartiennent à la même famille.

▶ **2. a)** À la ligne 10, le verbe « chantait » est à **l'imparfait** de l'indicatif.

b) L'imparfait est employé pour une action passée dont on ne précise ni le début ni la fin. Il indique qu'une action est répétitive. Ici, il signale **l'habitude** de la jeune fille de chanter « dans la chorale à l'église » (ligne 10).

c) Un indice temporel renforce cette notion de répétitivité : « **tous les dimanches matin** » (lignes 10-11).

▶ **3.** Le « coup de foudre » fait référence à la déflagration produite par temps d'orage, avec l'éventualité d'un incendie provoqué par la foudre. Dans le texte, à la ligne 14, l'expression est employée dans un **sens figuré** et signale une manifestation subite du sentiment amoureux au premier regard, avec la violence et la soudaineté de la foudre.

▶ **4.** À la ligne 15, on peut remplacer les deux points par le coordonnant **et même**.

▶ **5.** La mère d'Auguste rencontre la tatie de Loana car son fils a eu « le coup de foudre » (ligne 14) le jour où, venant « à la messe à Sainte Thérèse » (ligne 13), dans la paroisse où la jeune fille chantait, il l'a vue pour la première fois. Elle a donc souhaité **se renseigner** sur cette personne qui obsédait son fils afin d'envisager, éventuellement, une union.

▶ **6.** La phrase : « Ah ! ma nièce, c'est une très bonne fille. Elle va à la messe tous les dimanches. » (lignes 19-20) relève du **discours direct**.

On reconnaît cette forme de discours aux guillemets et à l'interjection « Ah ! ».

▶ **7.** Transformation en **discours indirect** : Tatie a dit que sa nièce, c'était une très bonne fille, qu'elle allait à la messe tous les dimanches.

▶ **8.** Dans l'expression « Tu as pêché une sacrée pièce » (ligne 27), Tatie s'adresse à sa nièce et fait référence à **Auguste**, le jeune homme qui a eu un coup de foudre en voyant Loana ; elle le compare à un gros poisson que la jeune fille aurait ferré. Cette remarque révèle que Tatie utilise un **langage familier**, avec la métaphore de la pêche et du poisson pour parler des sentiments amoureux éprouvés par Auguste ; elle a aussi le sens de **l'humour** puisqu'elle le dit « en riant » « avec un clin d'œil » (lignes 26-27). On note enfin qu'elle semble être très **intéressée par le statut social** du prétendant : « une sacrée pièce » et qu'elle est **satisfaite** de la demande en mariage.

▶ **9.** Il est important pour la tatie qu'Auguste vienne « d'une famille très respectable » (ligne 29) car « la tatie et son mari étaient des **catholiques très pratiquants** » (lignes 2-3) et elle n'accepterait jamais une demande en mariage pour sa nièce venant d'un homme qui ne partagerait pas les convictions religieuses de la famille, son sens moral et ses coutumes. Or la famille du prétendant partage les mêmes valeurs, elle en est donc d'autant plus respectée.

▶ **10.** Le mot « irréprochables » (ligne 32) est composé du **radical** « reproche », du **préfixe** *–ir* et du **suffixe** *–able*. Il signifie : **à qui on ne peut faire aucun reproche**, devant qui on ne trouve rien à redire, qui est parfait sur ce plan.

▶ **11. a)** Dans la phrase : « Pense à cette demande en mariage, ma fille » (ligne 33), le verbe « pense » est à **l'impératif**.
b) L'impératif indique un **conseil**.

▶ **12.** Le groupe : « qui avait fixé la date et l'heure » (ligne 36) est une proposition **relative complément de son antécédent** « Tatie ».

▶ **13.** Selon la tatie, on se marie d'abord **selon des critères religieux** : elle et son mari « étaient des catholiques pratiquants » (lignes 2-3) et elle tient à ce que le jeune homme partage ses idées ; or, il vient « régulièrement à la messe à Sainte Thérèse » (lignes 12-13) et « c'était aussi un catholique très pratiquant » (ligne 31). Elle veille à ce que la famille du prétendant soit vertueuse et elle est « très respectable » (ligne 29), Auguste a des « manières irréprochables » (lignes 31-32) ; il a donc reçu une **excellente éducation** et s'y tient. Elle est aussi **sensible au statut social** : « il avait un bel avenir devant lui comme instituteur » (ligne 30). Un dernier point peut éventuellement être pris en compte, le **physique avantageux** : « il avait un visage agréable » (ligne 31).

Réécriture

Les modifications sont mises en couleur.

En attendant, on a décidé qu'**elles viendraient** en visite. C'est Tatie qui avait fixé la date et l'heure.

Elles sont arrivées à six heures précises comme l'avait demandé Tatie – **elles sont arrivées** avec une plante en pot pour Tatie, qui ne s'y attendait pas du tout.

Elles se sont assises à la table de la cuisine : **elles** et Tatie d'un côté et Loana de l'autre.

Dictée

POINT MÉTHODE

❶ Ne confondez pas *la*, article défini ou pronom personnel, et *là* qui constitue la 2e partie du déterminant démonstratif.

❷ Attention à la 1re personne du singulier du futur qui se termine en *-ai* et du présent de l'indicatif du verbe *vouloir* qui se finit par un *x*.

❸ Regardez bien les mots suivants : *à genoux*, *rendu compte*, *s'était dit* et retenez leur orthographe.

Auguste est tombé à genoux et il a dit à Loana : « Je te jure que je ferai de toi une femme heureuse. »

Mais un soir que Loana était assise sous la véranda, en train de réfléchir, elle s'est rendu compte qu'elle n'avait pas envie d'être la femme d'Auguste. Elle n'éprouvait rien pour lui et elle savait que normalement on éprouve quelque chose pour l'homme qu'on va épouser. Elle savait, par exemple, que lorsque Tatie avait rencontré Gordon pour la première fois, elle s'était dit : « Cet homme-là, il est pour moi. Cet homme-là, je veux de lui ! »

Rédaction au choix

Sujet 1 : devoir entièrement rédigé

POINT MÉTHODE

Introduire et conclure un dialogue

❶ L'introduction d'un dialogue répond aux questions : qui ? quand ? où ? dans quelles circonstances ?

❷ L'introduction du dialogue tient compte des éléments fournis par le récit qui précède : statut des personnages, âge, caractère, situation précise...

❸ La conclusion du dialogue reprend de façon résumée les éléments du dialogue et finit le devoir dans la logique de ce qui a été dit précédemment.

Ils se sont assis à la table de la cuisine : Auguste et Tatie d'un côté et Loana de l'autre. Le jeune homme portait son costume du dimanche et semblait assez embarrassé. Tatie rayonnait, la plante en pot lui ayant fait plus plaisir qu'elle ne voulait bien l'avouer ; il avait décidément de bien bonnes manières ce prétendant, sa nièce ne pouvait pas trouver meilleur parti. Elle souriait. Loana, quant à elle, gardait les yeux baissés, sans doute par pudeur. Tatie poussa discrètement du coude Auguste qui ne se décidait pas à faire sa demande. Il s'éclaircit la gorge et déclara rapidement, en bredouillant, qu'il était venu demander à Tatie la permission d'épouser Loana. Tatie répondit en riant que ce n'était pas à elle qu'il fallait s'adresser mais que, pour elle, la réponse ne faisait aucun doute. Elle regarda la jeune fille qui ne releva pas la tête. Le silence devenait pesant. Auguste ajouta qu'il était sûr de faire d'elle une femme heureuse, il l'aimait tant, depuis la première minute où il l'avait vue à l'église Sainte-Thérèse alors qu'elle chantait dans la chorale. Loana ne répondit pas.

« Alors, lui dit Tatie, l'émotion te rend-elle muette ? On acceptera un petit oui de ta part, ensuite, nous trinquerons à votre bonheur.

– C'est que, commença Leona timidement, je ne suis pas certaine…

– Certaine de quoi, reprit sa tante, qui commençait à s'énerver, du fait qu'Auguste ne vit que pour toi ? Allons, regarde-le, il te dévore des yeux.

– Justement, je ne suis pas sûre d'avoir envie de me marier…

– Que dis-tu ? Tu n'as pas envie de te marier ? Avec lui précisément ou pas te marier du tout ? Excusez-la, dit-elle en se retournant vers Auguste qui retenait ses larmes, elle ne sait pas ce qu'elle dit : les jeunes filles de son âge sont parfois un peu effrayées par l'idée du mariage. Ne craignez rien, elle va se reprendre. Allons, parle, ma fille, nous t'écoutons.

– C'est vrai que je n'ai pas envie de me marier, je me trouve bien jeune. Je ne comprends pas pourquoi nous devons précipiter les choses.

– Comment cela précipiter les choses ? Vous vous êtes déjà parlé cinq dimanches de suite à la sortie de la messe. Que vont dire les gens si nous continuons ainsi ?

– Et puis aussi, j'ai l'impression que je n'éprouve pas les mêmes sentiments que lui. Il dit qu'il m'a aimée dès le premier regard, mais, moi, je ne l'avais même pas remarqué.

– Et lorsque vous vous êtes parlé, tu n'as pas ressenti un petit tressaillement ?

– Au début, j'ai cru. J'étais assez flattée d'avoir un prétendant. Les autres filles me regardaient avec un brin d'envie. Et puis, ajouta-t-elle en s'adressant directement à Auguste, je n'ai rien à te reprocher. Tu as de très bonnes manières, ta famille est respectable. Je sais que ton avenir est assuré. Mais je serais bien peu honnête si j'acceptais ta demande. Je pense que tu mérites de connaître la vérité. Je regrette que tu aies cru que tu pouvais faire ta demande. Si j'avais compris cela plus tôt, j'aurais refusé cette entrevue. Mais Tatie est tellement contente de te recevoir, je lui dois tout. Toutefois, je ne peux pas accepter juste pour la remercier, ce serait horrible. Je regrette tant de lui faire de la peine ! Mais je ne veux pas te mentir. Je ne ferais pas ton bonheur. Tu mérites de rencontrer quelqu'un qui t'aime. On ne peut se marier juste pour ne pas blesser un membre de sa famille. Peut-être vais-je, un jour, regretter la décision que je prends aujourd'hui et me repentir de la peine que je vous cause à tous les deux mais, pour l'instant, je crois que je ne peux rien ajouter d'autre. »

Elle se leva, le visage rouge de honte, les larmes aux yeux, pour se réfugier dans sa chambre. Tatie reniflait aussi dans son mouchoir, consciente du déshonneur qui venait de s'abattre sur sa famille : refuser ainsi une proposition aussi parfaite, sûr, elle ne s'en remettrait jamais ! Qu'avait-elle donc manqué dans l'éducation de cette ingrate ? Elle était pourtant persuadée qu'elle lui obéirait sans réticence. Et si l'amour n'est pas présent avant le mariage, il ne tarde pas à venir par la suite ! Auguste bredouilla quelques excuses et sortit rapidement. Comment allait-il pouvoir expliquer la situation à sa mère ? La journée qui s'annonçait si prometteuse se terminait lamentablement.

Sujet 2 : pistes possibles

Introduction

– Mettre en relation le sujet proposé et l'extrait étudié : Tatie a-t-elle raison d'inciter sa nièce au mariage sans avoir vérifié la profondeur de ses sentiments ?

– Citer le sujet et définir les termes : « mariage arrangé », donc sans le consentement d'une ou des deux personnes concernées.

– Annoncer deux parties : l'une qui envisagera les raisons pour lesquelles ce type de mariage s'est pratiqué ou se pratique encore ; l'autre qui montrera que ces unions ne prennent pas en compte la liberté des individus concernés.

Première partie : un regard bienveillant sur les mariages arrangés

– Rappeler que, pendant longtemps, des mariages ont été ainsi prévus pour des raisons de titres de noblesse par exemple ; de pure politique, pour sceller la paix entre deux royaumes ; d'agrandissement du patrimoine terrien…

– Encore aujourd'hui, se pratiquent des unions de ce type pour éviter des mésalliances, par respect d'une parole donnée, pour obtenir une dot plus importante…

– Les familles qui se satisfont de ces pratiques comprennent très mal que des jeunes cherchent à s'y soustraire vu qu'elles n'ont rien connu d'autres et qu'elles estiment que le bonheur dépend rarement des sentiments mais plutôt d'une situation qui convienne aux deux partis.

– Certaines violences peuvent parfois être pratiquées, surtout à l'encontre des jeunes filles, lorsqu'elles cherchent à épouser un homme d'une autre origine, ou qu'elles refusent de retourner dans le pays natal épouser une personne qu'elles ne connaissent pas.

On pourra conclure que même à l'heure actuelle certains portent un regard positif sur les mariages arrangés.

Deuxième partie : le refus de certaines sociétés modernes d'accepter les mariages arrangés

– Dans de nombreux pays, la France, par exemple, la loi protège les jeunes filles qui refusent d'obéir à leur famille dans le cadre d'un mariage arrangé et qui sont menacées. Lorsqu'elles sont mariées contre leur gré à l'étranger, pendant des vacances le plus souvent, elles peuvent bénéficier d'une aide consulaire.

– Il est aujourd'hui accepté, d'une manière générale, que le mariage doit être librement consenti. Il s'agit d'une question de liberté de choix de vie. On prend sans doute plus en compte l'importance des sentiments qu'on a pu le faire par le passé.

– On peut penser aussi que l'accès des femmes à une certaine autonomie financière par le biais du travail a pu influencer l'évolution des mentalités.

Beaucoup de pays ne portent plus un regard positif sur les mariages arrangés.

Conclusion

– Chacun a le droit d'envisager son avenir à sa convenance sans pression sociale, familiale ou religieuse.

– Il ne faut pas mépriser ceux qui pourraient avoir une idée autre, mais les amener à comprendre que le mariage doit être un choix librement consenti pour mener au bonheur.

Pondichéry • Avril 2013
Série générale

Arbres

Jacques Prévert
« En Argot… » dans *Arbres* © Éditions Gallimard, 1968

En Argot[1]
les hommes appellent les oreilles
des feuilles
c'est dire comme ils sentent que
les arbres connaissent la musique
Mais la langue verte des arbres
est un argot bien plus ancien
Qui peut savoir ce qu'ils disent
lorsqu'ils parlent des humains

Les arbres parlent arbre
comme les enfants parlent enfant

Quand un enfant
de femme et d'homme
adresse la parole à un arbre
l'arbre répond
l'enfant entend
Plus tard
l'enfant parle arboriculture
avec ses maîtres et ses parents
Il n'entend plus la voix des arbres
il n'entend plus
leur chanson dans le vent
Pourtant
parfois une petite fille
pousse un cri de détresse
dans un square
de ciment armé
d'herbe morne
et de terre souillée

Est-ce… oh… est-ce
la tristesse d'être abandonnée
qui me fait crier au secours
ou la crainte que vous m'oubliiez
arbres de ma jeunesse
ma jeunesse pour de vrai

Dans l'oasis[2] du souvenir
une source vient de jaillir
Est-ce pour me faire pleurer
J'étais si heureuse dans la foule
la foule verte de la forêt
avec la peur de me perdre
et la crainte de me retrouver

N'oubliez pas votre petite amie
arbres de ma forêt.

1. Argot : vocabulaire particulier à un groupe social, à une profession ; ou langue familière.
2. Oasis : endroit d'un désert qui présente de la végétation due à la présence d'un point d'eau ; sens figuré : lieu ou moment reposant, chose agréable qui fait figure d'exception dans un milieu hostile ou une situation pénible.

Questions (15 points)

▶ **1.** En quoi ce texte est-il poétique ? Relevez au moins trois indices pour justifier votre réponse. *(1 point)*

▶ **2.** Dans les vers 6 à 9, relevez le champ lexical de la parole. À qui la parole est-elle attribuée ? *(1,5 point)*

▶ **3.** « Arboriculture » (vers 18) :
a) Décomposez ce mot pour expliquer son sens. *(0,5 point)*
b) Dans quel contexte utilise-t-on habituellement ce mot ? *(0,5 point)*

▶ **4.** « Il n'entend plus la voix des arbres » (vers 20) :
a) Quelle est la figure de style ici utilisée ? Relevez un autre passage reprenant la même figure de style. *(1 point)*
b) Qu'est-ce qui caractérise cette « voix » ? Développez votre réponse en vous appuyant sur les vers 1 à 22. *(1 point)*

▶ **5.** Vers 23 à 29, où se trouve la petite fille ? Comment ce lieu est-il caractérisé ? Relevez au moins deux indices du texte pour justifier votre réponse. *(1 point)*

▶ **6.** À partir du vers 30, qui parle ? À qui ? Relevez deux indices pour justifier votre réponse. *(1 point)*

▶ **7.** Quels sont les deux lieux qui s'opposent dans cette strophe (vers 23 à 42) ? À quelle époque chacun de ces lieux est-il associé ? *(1,5 point)*

▶ **8.** « Une petite fille // pousse un cri de détresse » (vers 24-25). Quelles sont les causes de la détresse de la petite fille ? *(2 points)*

▶ **9.** « Est-ce… oh… est-ce » Expliquez le jeu de sonorités du vers 30 et relevez une autre expression qui confirme votre interprétation. *(1 point)*

▶ **10.** Vers 43 et 44, quel est le mode du verbe conjugué ? Justifiez son emploi. *(1 point)*

▶ **11.** Quels liens apparaissent dans ce poème entre les arbres et les enfants ? Vous développerez votre réponse en vous appuyant sur l'ensemble du texte. *(2 points)*

Réécriture (4 points)

Réécrivez le passage suivant en mettant les verbes à l'imparfait et en remplaçant « un enfant » par « des enfants ». Vous effectuerez toutes les modifications nécessaires.

« Quand un enfant
de femme et d'homme
adresse la parole à un arbre
l'arbre répond
l'enfant entend
Plus tard
l'enfant parle arboriculture
avec ses maîtres et ses parents » (vers 12 à 19)

Dictée (6 points)

D'après Jacques Prévert
Contes pour enfants pas sages, © Éditions Gallimard, 1963

L'autruche

Lorsque le petit Poucet abandonné dans la forêt sema des cailloux pour retrouver son chemin, il ne se doutait pas qu'une autruche le suivait et dévorait les cailloux un à un.
C'est la vraie histoire, celle-là, c'est comme ça que c'est arrivé…
Le petit Poucet se retourne : plus de cailloux !
Il est définitivement perdu : plus de cailloux, plus de retour ; plus de retour, plus de maison ; plus de maison, plus de papa-maman.
C'est désolant, se dit-il entre ses dents.
Soudain il entend rire et puis le bruit des cloches et le bruit d'un torrent, des trompettes, un véritable orchestre, un orage de bruits, une musique

POÉSIE

brutale, étrange, mais pas du tout désagréable et tout à fait nouvelle pour lui. Il passe alors la tête à travers le feuillage et voit l'autruche qui danse.

Rédaction au choix (15 points)

Sujet 1

Comme la petite fille du poème, vous gardez un souvenir d'enfance situé dans un cadre naturel : décrivez ce lieu et racontez cet épisode.
Votre texte fera au moins deux pages.

Sujet 2

Qu'est-ce qui pousse aujourd'hui les êtres humains à vouloir retrouver la nature ? Vous donnerez votre réponse selon un développement argumenté et organisé. Votre texte fera au moins deux pages.

LES CLÉS DU SUJET

Questions

▶ **2.** Reportez-vous au lexique → Champ lexical.

▶ **4.** Le poète entend la voix des arbres. Il les considère donc comme des personnes capables de s'exprimer.

▶ **10.** Reportez-vous au lexique → Modes et temps verbaux.

Réécriture

Faites attention :
- à accorder les verbes à l'imparfait avec les sujets au pluriel, sauf pour ce qui concerne l'arbre.
- à transformer les adjectifs possessifs « ses » en « leurs ».

Rédaction

Sujet 1

- Lisez les fiches 1 et 4 : « Écrire un récit », « Écrire une description / un portrait ».
- Votre récit sera rédigé à la première personne du singulier et aux temps du passé. Le présent de narration peut aussi être utilisé.
- Votre devoir comporte deux parties distinctes : la description et le récit.
- Le souvenir raconté sera en lien direct avec le cadre naturel choisi : campagne, forêt, plage, montagne…
- Rapportez les faits de manière chronologique en tenant compte des bruits, odeurs, couleurs.

• Indiquez les sentiments éprouvés lors de cet épisode et au moment de l'écriture.

Sujet 2

• Lisez la fiche 8 : « Écrire un devoir de réflexion ».
• Organisez votre devoir en deux parties, par exemple, le refus de la vie citadine, le désir de vivre plus près de la nature.
• Vous pouvez envisager un séjour temporaire : week-end, vacances… ou une vie définitive.
• Faites varier les arguments en tenant compte du bruit, de la foule, de la pollution… ou du calme, de la solitude…
• Pensez aux éventuelles activités liées à ce cadre : promenades, sports, relations avec des animaux.
• Donnez des exemples précis tirés de votre expérience personnelle ou de vos lectures.
• Concluez sur les bienfaits et les inconvénients possibles de cette aspiration.

CORRIGÉ 18

Questions

▶ **1.** Ce texte est poétique, on le vérifie en constatant :
– la présence de **vers**, dits libres puisqu'ils ne commencent pas tous par une majuscule et ne se terminent pas par une rime ;
– la disposition en **strophes** ;
– une recherche de **sonorités** (allitération en « s » aux vers 4 et 5 : « ils sentent que les arbres connaissent la musique » ;
– **l'absence de ponctuation**.

▶ **2.** Dans les vers 6 à 9, les mots : « **langue** », « **argot** », « **disent** », « **parlent** » forment le champ lexical de la parole.
Celle-ci est attribuée aux **arbres** : « la langue verte des arbres », vers 6.

▶ **3. a)** Le mot « arboriculture » est composé de deux mots : ***arbori-***, de la famille d'arbre, et ***culture*** ; il signifie donc : relatif à la culture des arbres.
b) Habituellement, on utilise ce mot dans les domaines scientifiques, de la **botanique**, de l'horticulture ou de l'agriculture.

▶ **4. a)** Dans le groupe : « Il n'entend plus la voix des arbres » (vers 20), la figure de style utilisée est une **personnification**.

On retrouve cette même figure de style aux vers 8 : « ce qu'ils disent », 15 : « l'arbre répond » ou 21-22 : « il n'entend plus // leur chanson ».

b) Les arbres ont une **voix particulière** :

– ils « parlent arbre » (vers 10) ;

– ils utilisent une « langue verte » et « un argot bien plus ancien » (vers 6-7) ;

– ils « connaissent la musique » (vers 5), qui leur permet de faire entendre « leur chanson » (vers 22).

▶ **5.** Des vers 23 à 29, la petite fille se trouve « **dans un square** » (vers 26).

Ce lieu est caractérisé par la **laideur**, la froideur : « un square // de ciment armé // d'herbe morne // et de terre souillée » (vers 26-29). Cet endroit n'a rien de naturel et même les éléments proches de la nature sont tristes et sales.

▶ **6.** À partir du vers 30, une **petite fille** parle : « abandonnée » (vers 31), « heureuse » (vers 39), « votre petite amie » (vers 43).

Elle s'adresse aux « **arbres de ma jeunesse** » (vers 34), « arbres de ma forêt » (vers 44).

▶ **7.** Dans les vers 23 à 42, deux lieux s'opposent, correspondant à des périodes différentes :

– le « **square** // de ciment armé » (vers 26-27), **d'aujourd'hui** ;

– les « **arbres de ma jeunesse** // ma jeunesse pour de vrai » (vers 34-35), « la forêt » (vers 40).

▶ **8.** Aux vers 24-25, « une petite fille // pousse un cri de détresse ». Les causes de ce sentiment sont :

– « la **tristesse** d'être abandonnée » (vers 31) ;

– « la **crainte** que vous m'oubliiez // arbres de ma jeunesse » (vers 33-34).

La petite fille garde le « souvenir » (vers 36), d'avoir été « si heureuse dans la foule // la foule verte de la forêt » (vers 39-40), qu'elle éprouve une certaine **peur** : « la peur de me perdre // et la crainte de me retrouver » (vers 41-42).

▶ **9.** Prévert utilise un jeu de mots au vers 30 : « Est-ce… oh… est-ce » qui se transcrit SOS et indique que la situation est désespérée.

On retrouve une autre expression de ce style dans les répétitions « est-ce pour me faire pleurer » (vers 38), ou bien : « arbres de ma jeunesse // ma jeunesse pour de vrai » (vers 34-35).

▶ **10.** Dans le vers 43, le verbe « oubliez » est à **l'impératif**, mode qui indique une **prière**.

▶ **11.** Dans ce poème, des liens apparaissent entre les arbres et les enfants, liens de **complicité et d'intimité** puisqu'ils sont capables d'un dialogue que seule l'enfance permet : « Quand un enfant [...] adresse la parole à un arbre // l'arbre répond // l'enfant entend » (vers 12 à 16). « Plus tard l'enfant [...] n'entend plus la voix des arbres » (vers 17 à 20).

Cette proximité procure du **bonheur** : « J'étais si heureuse dans la foule // la foule verte de la forêt » (vers 39-40). L'enfant se trouve alors en terrain connu et son éloignement crée de la peur : « la peur de me perdre » (vers 41).

Réécriture

Les modifications sont mises en couleur.

Quand **des enfants**

de femme**(s)** et d'homme**(s)**

adressaient la parole à un arbre

l'arbre **répondait**

les enfants **entendaient**

Plus tard

les enfants **parlaient** arboriculture

avec **leurs** maîtres et **leurs** parents

Dictée

POINT MÉTHODE

❶ Les noms qui se terminent en *-ou* prennent un *-s* au pluriel sauf *hibou, caillou, chou, genou, bijou, joujou* et *pou* qui prennent un *–x*.

❷ Ne confondez pas *c'est* (pronom démonstratif + verbe *être*) et s'est qui s'emploie devant un participe passé (*il s'est endormi*).

❸ Regardez bien les mots suivants : *orchestre, tout à fait, feuillage* et retenez leur orthographe.

Lorsque le petit Poucet abandonné dans la forêt sema des **cailloux** pour retrouver son chemin, il ne se doutait pas qu'une autruche le suivait et dévorait les **cailloux** un à un.

C'est la vraie histoire, celle-là, **c'est** comme ça que **c'est** arrivé...

Le petit Poucet se retourne : plus de **cailloux** !

Il est définitivement perdu : plus de cailloux, plus de retour ; plus de retour, plus de maison ; plus de maison, plus de papa-maman.

– C'est désolant, se dit-il entre ses dents.

Soudain il entend rire et puis le bruit des cloches et le bruit d'un torrent, des trompettes, un véritable orchestre, un orage de bruits, une musique brutale, étrange, mais pas du tout désagréable et tout à fait nouvelle pour lui. Il passe alors la tête à travers le feuillage et voit l'autruche qui danse.

Rédaction au choix

Sujet 1 : plan détaillé

Introduction

– Précisez d'abord l'époque à laquelle se situe le souvenir que vous souhaitez raconter : petite enfance, récemment… ; durant les vacances, en week-end, lors d'un voyage…

– Indiquez le lieu où se sont passés les faits : à la campagne, à la ferme, au bord de la mer, à la montagne, dans un désert…

Développement

Première partie : description du lieu

– Le cadre : éléments naturels (forêt, plans d'eau, relief, espaces…).

– La lumière : le soir, la nuit, sous le soleil ou la pluie, au crépuscule…

– Les bruits : silence, chants d'oiseaux, cris d'animaux, bruits d'eau…

– Les formes : collines, horizon à l'infini, dunes, sommets enneigés, forêt, pâturages…

– Les odeurs : fleurs, herbe sèche, air marin…

– Les couleurs : vert, ocre, brun…

– Insistez sur la beauté du lieu, ou sa médiocrité éventuelle, sans importance selon vous, et sur les sentiments éprouvés : étonnement, ravissement, bonheur…

Deuxième partie : le souvenir d'enfance

– La situation : seul(e) ou accompagné(e), en promenade, immobile en contemplation…

– L'événement : un jeu, une surprise visuelle spectaculaire, des gestes répétitifs chaque semaine ou à chaque période de vacances…

– Des activités : un sport, des rencontres, des travaux des champs, des conversations avec des personnes originaires de ce milieu, des silences…

– Des sensations : auditives, tactiles, visuelles…

– Indiquez les sentiments éprouvés : paix, joie, émotions et ce que ce souvenir a laissé en vous.

Conclusion

– Envie de retrouver ces mêmes sensations ou jardin secret et unique.

– Joie d'avoir vécu ces instants ou tristesse d'en être à jamais privé(e).

Sujet 2 : plan détaillé

Introduction

– Définissez d'abord ce que vous entendez par nature : endroit isolé en montagne, sur une île, dans la campagne ou dans un petit village.

– Envisagez le départ définitif loin des villes ou le séjour temporaire lors de week-end ou de vacances.

– Présentez vos deux parties : le refus de la vie citadine, l'envie de se retrouver dans la nature.

Première partie : le cauchemar de la vie citadine

– Certaines personnes ne supportent plus de vivre constamment en ville : le bruit, la foule, l'anonymat, la pollution…

– Peuvent se poser aussi des problèmes liés aux transports : longs trajets en voiture, trains, métros bondés…

– Les logements sont souvent plus petits et plus chers dans les villes, les grands immeubles sont parfois laids…

– Les parcs et jardins publics, sans doute pas assez nombreux, ne permettent pas de marcher sur l'herbe, de découvrir des paysages.

– La nature, en ville, est souvent très « encadrée » : entre des bâtiments, pas isolée du bruit, les fleurs des parterres ou des jardins restent inaccessibles, les rives des fleuves sont aménagées. Visiter des jardins botaniques ou des serres ne suffit pas.

– La nourriture, dans les centres commerciaux, perd son aspect originel et, souvent, son goût.

– Les enfants en arrivent à ignorer ce qu'est un animal de ferme ou un poisson véritable.

– Concluez sur le rejet possible de la vie citadine par certains.

Deuxième partie : le désir de retrouver la nature

– Partir dans un lieu proche de la nature, ne serait-ce que pour un bref séjour, s'avère parfois salutaire.

– D'abord, le dépaysement est évident : nuit totalement noire à la campagne ou à la montagne, loin des éclairages des villes ; bruits différents : cris d'animaux, chants d'oiseaux, bruissement de l'eau ou du vent, balancement des vagues, silence, craquement des planchers…

– L'espace peut procurer un sentiment de liberté, que ne permettent pas les horizons restreints par des bâtiments.

– La découverte est importante : vie plus calme, moins fébrile ; activités différentes, sports liés à la mer (voile, surf, volley sur le sable, pêche…), à la montagne (ski, promenade en raquettes…), à la campagne (équitation, cueillette de champignons…).

– La connaissance du milieu naturel attire : animaux de la ferme, crustacés, espèces végétales, possibilité de cueillir des fleurs ou de ramasser des légumes, de participer à des travaux des champs…

– La nature peut s'avérer exotique s'il s'agit d'un pays lointain qui présente des paysages saisissants (déserts…) ou des plantes inconnues.

– Il est alors possible de goûter à des produits régionaux, à des fruits peu communs…

– Certaines personnes ont l'impression que la vie dans un milieu naturel resserre les liens, les membres d'une même famille perdant moins de temps à des activités sans grand intérêt comme les trajets par exemple.

– Tout cela concourt à offrir un cadre de vie moins artificiel et sans doute bénéfique pour la santé.

Conclusion

– Retrouver la nature, que ce soit de manière temporaire ou définitive, reste certainement un sentiment et un désir très partagés pour de multiples raisons.

– Il faut néanmoins se garder de trop idéaliser un milieu qu'en tant que citadins, on connaît mal, et qui peut s'avérer, sur le long terme, moins idyllique qu'il le paraissait.

Sujet zéro
Série générale

Le voyage difficile

Jules Supervielle
« Le Voyage difficile » dans *Mes légendes*
1930

À Christian Sénéchal.

Sur la route une charrette,
Dans la charrette un enfant
Qui ne veut baisser la tête
Sous des cahots surprenants.

La violence de la route
Chasse l'attelage au loin
D'où la terre n'est que boule
Dans le grand ciel incertain.

Ne parlez pas : c'est ici
Qu'on égorge le soleil.
Douze bouchers sont en ligne,
Douze coutelas pareils.

Ici l'on saigne la lune
Pour lui donner sa pâleur,
L'on travaille sur l'enclume[1]
Du tonnerre et de l'horreur.

« Enfant cache ton visage
Car tu cours de grands dangers.
– Ne vois-tu pas, étranger,
Que j'ai un bon attelage. »

Garçons des autres planètes
N'oubliez pas cet enfant
Dont nous sommes sans nouvelles
Depuis déjà très longtemps.

---

1. Enclume : masse de fer sur laquelle on bat le métal pour lui donner la forme souhaitée.

Questions (15 points)

▶ **1.** Dites en une phrase ou deux ce que raconte le poème. *(2 points)*

▶ **2.** Voici le résumé d'une autre histoire, racontée par Ovide dans les *Métamorphoses* au Ier siècle. Quels points communs voyez-vous entre cette histoire et celle de l'enfant du poème ? *(2 points)*
« Phaéton était le fils du Soleil et d'une nymphe de l'Océan. Un de ses compagnons le met au défi de prouver qu'il est bien le fils du Soleil. Phaéton se rend alors au palais du Soleil pour lui demander la preuve qu'il est bien son fils. Le Soleil jure de lui accorder tout ce qu'il voudra pour qu'il n'en doute plus. Phaéton réclame alors le droit de conduire le char du Soleil toute une journée. Horrifié, car aucun mortel n'était assez puissant pour dompter les chevaux qui tirent son char, le Soleil tente de dissuader son fils. Mais Phaéton ne veut pas écouter les supplications de son père. Lié par son serment, ce dernier se résigne à le conduire devant le char éblouissant, prêt à partir au lever de l'Aurore. Les chevaux fougueux s'élancent, mais comme le Soleil l'avait prévu, Phaéton perd le contrôle de l'attelage : le char commence à suivre une course désordonnée et dévaste le ciel et la terre. Jupiter foudroie alors Phaéton et arrête la course du char. »

▶ **3.** Le titre du poème est « Le Voyage difficile ». Pourquoi ? Justifiez votre réponse en vous appuyant sur le texte. *(2 points)*

▶ **4.** Si vous deviez porter un jugement sur l'enfant du poème, quels adjectifs utiliseriez-vous ? Proposez deux adjectifs qui vous paraissent convenir. *(1 point)*

▶ **5.** « C'est ici // Qu'on égorge le soleil. […] Ici l'on saigne la lune ». Dans les strophes 3 et 4, « ici » désigne *(1 point)* :

- ❑ la terre
- ❑ la charrette
- ❑ l'espace
- ❑ le ciel

▶ **6.** Dans les strophes 3 et 4, le poète emploie différentes images pour parler des astres et des constellations.
a) Relevez au moins trois de ces images. *(1,5 point)*
b) Dites quels sont leurs points communs et ce qu'elles évoquent. *(2 points)*

▶ **7. a)** Relevez les verbes à l'impératif. *(0,5 point)*
b) Dans la strophe 5, qui emploie l'impératif et pourquoi ? *(1 point)*

▶ **8.** Selon vous, pourquoi le poète écrit-il « Garçons des autres planètes // N'oubliez pas cet enfant » (vers 21-22) ? Expliquez votre réponse. *(2 points)*

Réécriture (4 points)

« Enfant cache ton visage
Car tu cours de grands dangers. » (vers 17-18)

▶ **1.** Réécrivez ces deux vers en commençant par « Enfants… ».

▶ **2.** Réécrivez le même passage au discours indirect et en prose en commençant par « L'étranger dit à l'enfant… ».

Dictée (6 points)

D'après Ovide

Métamorphoses, Livre II.

Phaéton demanda le char de son père et le droit de guider, un seul jour, ses chevaux ailés. Le Soleil regretta son serment et dit : « Ce que tu exiges est une mission importante, qui ne convient ni à tes forces, ni à un enfant de ton âge. Aucun dieu ne peut, excepté moi, s'asseoir sur le char qui répand la flamme. Même Jupiter ne saurait le conduire. Au début, la route est raide, et mes chevaux, bien reposés le matin, peuvent à peine la gravir ; au milieu du ciel, sa hauteur est immense : vues de là-haut, la mer et la terre me font souvent trembler moi-même. La dernière partie est une pente rapide ; elle demande un guide expérimenté. Et pourras-tu lutter contre le tourbillon des astres et vaincre la force qui les fait tourner ? La route est semée de pièges et remplie de monstres effrayants.

Rédaction au choix (15 points)

Sujet 1

Un groupe d'enfants s'apprête à faire une expérience risquée. L'un d'entre eux essaie de convaincre les autres de renoncer à cette expérience. Vous raconterez la scène.
Votre texte fera au moins deux pages.

LES CLÉS DU SUJET

Questions

▶ **2.** Pensez à l'âge des héros, à ce qu'ils souhaitent faire, aux mises en garde et à la fin de l'histoire.

▶ **4.** Trouvez des adjectifs qui évoquent les qualités, mais aussi les défauts de l'enfant.

▶ **6.** Regardez le lexique → Figures de style.

Réécriture

▶ **1.** Faites attention à :

- mettre les noms et le pronom personnel au pluriel.
- transformer l'impératif à la deuxième personne du pluriel.
- vérifier l'orthographe du verbe *courir* aux personnes du pluriel du présent de l'indicatif.

▶ **2.** Faites attention à :

- passer de l'impératif à une forme *de* + infinitif.
- transformer le déterminant possessif *ton*.
- changer le sujet du verbe conjugué, de *tu* à *il*, et veiller à l'accord.

Rédaction

Sujet 1

- Lisez les fiches 1, 3 et 7 : « Écrire un récit », « Écrire un dialogue » et « Écrire un passage argumentatif ».
- Précisez les circonstances de l'anecdote : lieu, époque, personnes en présence…
- Dites de quelle expérience il s'agit en insistant sur les dangers encourus.
- Montrez les avantages éventuels que cherche à tirer l'enfant intrépide.
- Introduisez un dialogue en respectant les normes de ce type d'écriture.
- Faites varier les arguments afin de convaincre l'enfant d'abandonner son projet : paroles apaisantes, projection dans l'avenir (risques corporels, punition…), menaces, réconfort…
- Insistez sur le comportement des personnes assistant à la scène : encouragements à tenter l'expérience ou à l'abandonner.
- Vous conclurez sur l'issue de l'épisode : enfant convaincu ou non, mis en danger ou ayant surmonté l'épreuve.

Sujet 2

- Lisez la fiche 8 : « Écrire un devoir de réflexion ».
- Précisez, dès l'introduction, que les dangers liés aux expériences tentées dépendent de l'âge de l'enfant concerné, mais que celles-ci ne sont pas toujours périlleuses. Vous annoncerez deux parties : l'une défendant une

éducation stricte, l'autre une éducation plus ouverte. Il convient de terminer par le point de vue que l'on souhaite défendre.
• Certaines expériences sont constructives, elles permettent de tester ses capacités, de connaître ses limites, d'acquérir la conscience du danger et une certaine autonomie.
• Toutefois, un enfant intrépide, indiscipliné ou trop curieux, peut se mettre en danger sur le plan physique, moral ou relationnel. Il convient alors de lui expliquer ce qu'il risque et de lui interdire éventuellement de tenter une expérience trop périlleuse.
• Vous pouvez conclure sur les bienfaits d'une éducation mesurée.

CORRIGÉ 19

Questions

▶ **1.** Le poème raconte l'histoire d'un **enfant qui part en voyage** « Sur la route une charrette // Dans la charrette un enfant » (vers 1-2). Le voyage s'avère **pénible** : « des cahots surprenants » (vers 4) et **dangereux** : « La violence de la route » (vers 5), « tu cours de grands dangers » (vers 18). Il semble parcourir l'espace « Chasse l'attelage au loin // D'où la terre n'est que boule // Dans le grand ciel incertain » (vers 6 à 8).

Le narrateur **tente en vain de le mettre en garde** : « – Ne vois-tu pas, étranger, // Que j'ai un bon attelage. » (vers 19-20).

On **ignore ce que l'enfant est devenu** : « N'oubliez pas cet enfant // Dont nous sommes sans nouvelles // Depuis déjà très longtemps. » (vers 22 à 24).

▶ **2.** On relève de nombreux points communs entre l'extrait des *Métamorphoses* d'Ovide, racontant les exploits malheureux de Phaéton et le poème de Supervielle :

– D'abord, les deux héros sont des **enfants**, « le fils du Soleil et d'une nymphe », **qui tentent une expérience périlleuse** : « Phaéton réclame alors de conduire le char du Soleil toute une journée. »

– Ils **refusent d'écouter les mises en garde** : « Horrifié [...] le Soleil tente de dissuader son fils » alors que l'action est dangereuse et difficile : « aucun mortel n'était assez puissant pour dompter les chevaux qui tirent son char ».

– Mais **les enfants s'obstinent** : « Phaéton ne veut pas écouter les supplications de son père ».

– **Ils disparaissent** : « Jupiter foudroie alors Phaéton », après avoir parcouru l'espace : « le char commence à suivre une course désordonnée et dévaste le ciel et la terre ».

▶ **3.** Le poème s'intitule « Le Voyage difficile ». Ce titre fait référence :

– **aux problèmes liés au périple** : « cahots surprenants » (vers 4), « La violence de la route » (vers 5) ;

– **à la destination** : « au loin // D'où la terre n'est que boule // Dans le grand ciel incertain. » (vers 6 à 8). Le champ lexical de la violence insiste encore sur cet aspect : « égorge le soleil. // Douze bouchers sont en ligne, // Douze coutelas pareils. » (vers 10 à 12), « saigne la lune » (vers 13), « Du tonnerre et de l'horreur », (vers 16). Les angoisses du narrateur soulignent les périls : « tu cours de grands dangers » (vers 18).

La disparition de l'enfant confirme cette hypothèse.

▶ **4.** La tentative de cet enfant conduit à des jugements très différents :

– on peut le considérer comme **courageux, voire téméraire** de se lancer un défi aussi dangereux et l'on admirera alors son audace ;

– mais son obstination face aux mises en garde et son inconscience du péril pourraient le faire passer pour quelqu'un **d'obstiné, têtu, indiscipliné, voire arrogant** et prétentieux.

▶ **5.** Dans les vers « c'est *ici* // Qu'on égorge le soleil » […] « *Ici* l'on saigne la lune » (vers 9, 10 et 13), l'adverbe « ici » ne désigne ni la terre ni la charrette, mais **l'espace et le ciel**.

▶ **6. a)** Dans les strophes 3 et 4, l'auteur utilise des **métaphores** : « on égorge le soleil. // Douze bouchers sont en ligne, // Douze coutelas pareils // Ici l'on saigne la lune // […] L'on travaille sur l'enclume // Du tonnerre et de l'horreur » (vers 10 à 16).
b) Elles évoquent **la violence, la mise à mort et le sang**, en référence à la couleur du soleil au coucher et à la pâleur de la lune. Les constellations deviennent autant de bouchers menaçants. L'enclume fait penser au dieu Vulcain qui a forgé la foudre de Jupiter. Ces images insistent sur la violence et le danger à cause des armes et du sang.

▶ **7. a)** On relève trois verbes à l'impératif dans le poème : « Ne parlez pas » (vers 9), « cache » (vers 17), « N'oubliez pas » (vers 22).
b) Le conseil « cache » (vers 17) est donné par **le poète-narrateur** qui se veut protecteur : « Car tu cours de grands dangers » (vers 18) face à « un enfant // Qui ne veut baisser la tête. » (vers 2-3).

Il se pose en adulte responsable qui **veut épargner des souffrances** à un jeune garçon obstiné et intrépide.

▶ **8.** Dans les vers 21 et 22, le poète écrit : « Garçons des autres planètes // N'oubliez pas cet enfant ». Il s'agit d'une **mise en garde** à l'adresse de tous les garçons avides d'expériences risquées et très dangereuses ; la disparition de l'enfant obstiné servirait alors de leçon universelle pour montrer les **comportements à éviter**.

Mais il peut s'agir aussi d'un **appel à la mémoire collective** : le poète demande à tous les garçons de se souvenir de l'acte courageux de cet enfant qui a tenu à mener à son terme une expérience très risquée.

Toutefois, on peut s'étonner de cet appel aux **seuls garçons.** Le poète suggère-t-il qu'ils se montrent plus obstinés face aux dangers ou fait-il référence aux jeunes **héros de la mythologie** grecque comme Phaéton et Icare, qui ont risqué leur vie pour atteindre leurs rêves ?

Réécriture

Les modifications sont mises en couleur.

▶ **1.** **Enfants cachez vos visages** // Car **vous courez** de grands dangers.

▶ **2.** L'étranger dit à l'enfant de **cacher son** visage // Car **il court** de grands dangers.

Dictée

POINT MÉTHODE

❶ À la troisième personne du passé simple, jamais de terminaison *-at* pour les verbes du premier groupe, ni d'accent circonflexe à ceux des deuxième et troisième groupes.

❷ Les participes passés en position d'épithètes s'accordent en genre et en nombre avec le groupe nominal qu'ils qualifient. Pour vérifier la terminaison en *-é* ou en *-er* d'un verbe du premier groupe, on peut le remplacer par un autre verbe du troisième groupe : *pris* → *-é*, *prendre* → *-er*.

❸ Regardez bien les mots suivants : *excepté moi*, *répand* et *tourbillon* et retenez leur orthographe.

Phaéton demanda le char de son père et le droit de guider, un seul jour, ses chevaux ailés. Le soleil regretta son serment et dit ; « Ce que tu exiges est une mission importante, qui ne convient ni à tes forces, ni à un enfant de ton âge. Aucun dieu ne peut, excepté moi, s'asseoir sur le char qui répand la flamme. Même Jupiter ne saurait le conduire. Au début, la route est raide, et mes chevaux, bien reposés le matin, peuvent à peine la gravir ; au milieu du ciel, sa hauteur est immense : vues de là-haut, la mer et la terre me font souvent trembler moi-même. La dernière partie est une pente rapide ; elle demande un guide expérimenté. Et pourras-tu lutter contre le tourbillon des astres et vaincre la force qui les fait tourner ? La route est semée de pièges et remplie de monstres effrayants. »

Rédaction au choix

Sujet 1 : pistes possibles

Introduction

• Précisez d'abord les circonstances dans lesquelles s'est produit l'événement que vous avez choisi de raconter :

– époque et lieu (enfance ou adolescence… au collège, en famille, dans la rue, en vacances, dans un club de sport ou établissement particulier) ;

– personnes en présence (adultes, enfants, adolescents, étrangers au groupe…).

• Dites de quelle activité il s'agit et où se situe le risque :

– danger corporel (activité périlleuse, prise de risque en lien avec la santé…) ;

– danger moral (perte de la confiance d'autrui, atteinte à l'intégrité d'autrui) ;

– danger relationnel (possibilité de voir des amis se détourner par exemple).

Développement

• Racontez comment se présente l'action : chacun en a-t-il été averti ? S'agit-il d'un pari stupide ? L'action est-elle spontanée et due à un hasard favorable ? Les personnes concernées ont-elles été influencées ou agissent-elles de leur propre chef ?

• Montrez les avantages éventuels que cherchent à tirer les enfants intrépides : se prouver leurs capacités, dépasser leurs propres limites, démontrer qu'ils ne sont pas ce que l'on pense, intégrer un groupe, obtenir de la considération voire du respect, ou participer à ce qui semble un jeu…

• D'autres enfants peuvent pousser les jeunes à passer à l'action en les encourageant, en leur faisant peut-être honte de leurs hésitations.

• Un seul décide d'intervenir pour empêcher l'action de se commettre. Dites pour quelles raisons : plus âgé que les autres, ami ayant une influence particulière, personne plus consciente, moins téméraire ou simplement refusant les phénomènes de groupe qui peuvent déraper...

• Dans le dialogue, il s'agira de faire varier les arguments propres à dissuader les enfants de commettre cette action périlleuse. Les propos pourront s'adresser directement à eux ou à l'entourage qui n'intervient pas.

• Arguments possibles :

– dangers physiques encourus (se blesser, attenter à l'intégrité d'autrui, compromettre sa santé en fumant ou en prenant de la drogue...) ;

– crainte de l'avenir (punition, risques de dépendance...) ;

– menaces ou, au contraire, paroles rassurantes sur le fait qu'une seule activité ne rend pas compte de la personnalité de quelqu'un ou de sa valeur.

• L'enfant peut tenter de persuader les autres de le respecter ou de lui faire plaisir.

• Les autres répondront soit par d'autres menaces, soit par des plaisanteries se moquant de son manque de courage, de ses craintes infondées ou de sa puérilité. Il convient de se souvenir que le langage familier et vulgaire est à bannir de toute conversation dans les rédactions.

• Vous indiquerez comment s'est achevé l'épisode : enfants convaincus et s'abstenant de participer à l'activité, ou agissant malgré les propos de leur camarade, l'expérience se terminant bien ou de manière plus problématique.

Conclusion

Vous conclurez d'une manière générale sur ce genre de défis, positifs ou pas, et sur l'événement précis, en particulier comment il a pu marquer les participants.

Sujet 2 : plan détaillé

Introduction

– Présentez le sujet en le citant fidèlement puis définissez les termes importants : mise en perspective selon l'âge des enfants, les types d'expériences, dangereuses ou non...

– Annoncez un plan en deux parties qui prennent en considération les deux aspects du sujet : permissivité absolue ou limites strictes. Il convient toujours de terminer par le point de vue que l'on souhaite défendre.

Première partie

– Il semble évident que l'on ne peut laisser les enfants tenter toutes les expériences qui leur plaisent surtout si elles risquent de mettre en danger leur intégrité physique, leur santé ou celle des autres : jouer avec le feu ou des produits inflammables, prendre des drogues, sortir seuls très tard le soir…

– Il faut leur montrer comment adapter leurs activités à leur âge, leurs possibilités… On leur fera des propositions qui relèvent peut-être du même domaine mais moins dangereuses. On veillera néanmoins à ne pas trop interdire au risque de donner encore plus envie de transgresser. Il vaut sans doute mieux expliquer les raisons objectives du refus plutôt que de l'imposer catégoriquement sans aucune motivation.

– On conclura sur la nécessité de poser des limites aux désirs d'enfants qui pourraient se croire tout permis et ne respecteraient plus les règles élémentaires de la vie en communauté.

Deuxième partie

– Toutefois, il peut parfois s'avérer utile que les enfants vivent des expériences qui les tentent. Cela prouve, tout simplement, qu'ils ont des envies particulières et qu'ils sont prêts à agir en conséquence : activités sportives, départ en stages, éloignement du domicile familial…

– La liberté qu'on leur accorde alors les met en confiance, leur permet de mesurer les risques qu'ils sont capables de prendre, les aide à marquer leurs propres limites. Ces expériences construisent leur vie et rythment leur évolution. Elles participent de l'acquisition de l'autonomie : se prendre en charge financièrement par de l'argent de poche, leur laisser la responsabilité de gérer leur chambre…

– La possibilité octroyée de vivre ces défis rend souvent les relations entre les enfants et les adultes plus harmonieuses, renforçant la confiance réciproque. Parfois même, en présence de jeunes un peu renfermés, timides ou trop prudents, il est souhaitable de proposer des expériences auxquelles ils n'auraient pas pensé ou qu'ils n'auraient pas jugées à leur portée : compétitions sportives, rencontres avec des élèves étrangers…

– On conclura sur les bienfaits de certaines expériences tentées et vécues par les enfants, même si elles sont suivies d'échecs tout aussi formateurs.

Conclusion

Il ne s'agit sans doute pas de choisir catégoriquement entre une permissivité à outrance et irresponsable et une interdiction néfaste. Une éducation mesurée reste souhaitable.

SUJET 20

Sujet zéro

Série professionnelle

Deux prétendants

Eugène Labiche
Le Voyage de Monsieur Perrichon, acte III, scène 3
1860

Scène 3
Perrichon, Madame Perrichon

Madame Perrichon. – Maintenant que nous voilà de retour, j'espère que tu vas prendre un parti... Nous ne pouvons tarder plus longtemps à rendre réponse à ces deux jeunes gens... Deux prétendus[1] dans la maison... c'est trop !...

Perrichon. – Moi, je n'ai pas changé d'avis... j'aime mieux Daniel !

Madame Perrichon. – Pourquoi ?

Perrichon. – Je ne sais pas... je le trouve plus... enfin, il me plaît, ce jeune homme !

Madame Perrichon. – Mais l'autre... l'autre, t'a sauvé !

Perrichon. – Il m'a sauvé ! Toujours le même refrain !

Madame Perrichon. – Qu'as-tu à lui reprocher ? Sa famille est honorable, sa position excellente...

Perrichon. – Mon Dieu, je ne lui reproche rien... je ne lui en veux pas, à ce garçon !

Madame Perrichon. – Il ne manquerait plus que ça !

Perrichon. – Mais je lui trouve un petit air pincé.

Madame Perrichon. – Lui ?

Perrichon. – Oui, il a un ton protecteur... des manières... Il semble toujours se prévaloir[2] du petit service qu'il m'a rendu...

Madame Perrichon. – Il ne t'en parle jamais !

Perrichon. – Je le sais bien ! mais c'est son air ! son air me dit : « Hein ! sans moi ?... » C'est agaçant à la longue tandis que l'autre...

Madame Perrichon. – L'autre te répète sans cesse : « Hein ! sans vous... hein ! sans vous ? » Cela flatte ta vanité... et voilà... et voilà pourquoi tu le préfères.

Perrichon. – Moi, de la vanité ? J'aurais peut-être le droit d'en avoir !

Madame Perrichon. Oh !

THÉÂTRE

PERRICHON. – Oui, Madame !... l'homme qui a risqué sa vie pour sauver son semblable peut être fier de lui-même... mais j'aime mieux me renfermer dans un silence modeste... signe caractéristique du vrai courage !

MADAME PERRICHON. – Mais tout cela n'empêche pas que M. Armand...

PERRICHON. – Henriette n'aime pas... ne peut pas aimer M. Armand !

MADAME PERRICHON. – Qu'en sais-tu ?

PERRICHON. – Dame[3], je suppose...

MADAME PERRICHON. – Il y a un moyen de le savoir ; c'est de l'interroger... et nous choisirons celui qu'elle préférera.

PERRICHON. – Soit !... mais ne l'influence pas !

MADAME PERRICHON. – La voici.

---

1. Prétendu : synonyme de « prétendant », c'est-à-dire « futur époux ».
2. Se prévaloir : « se vanter de ».
3. Dame : interjection qui signifie « eh bien ».

Questions (15 points)

▶ **1.** Choisissez la proposition qui convient pour résumer la scène *(1 point)* :

❑ M. et Mme Perrichon choisissent un professeur pour leur fille : il y a deux prétendants, Daniel et Armand.

❑ M. et Mme Perrichon doivent choisir un mari pour leur fille : il y a deux prétendants, Daniel et Armand.

❑ M. et Mme Perrichon ont choisi un mari pour leur fille : ils attendent deux prétendants, Daniel et Armand.

❑ M. et Mme Perrichon doivent choisir un mari pour leur fille : il y a deux prétendants, Armand et Henri.

▶ **2.** Cette scène ne se déroule pas à notre époque. Qu'est-ce qui le montre ? *(2 points)*

▶ **3.** « Il ne t'en parle jamais ! » (ligne 20) : soulignez les trois pronoms et dites ce que chacun représente. *(1,5 point)*

▶ **4.** Pourquoi Mme Perrichon préfère-t-elle Armand ? Résumez ses arguments. *(3 points)*

▶ **5.** M. Perrichon dit : « l'homme qui a risqué sa vie pour sauver son semblable peut être fier de lui-même » (lignes 28 à 29). De qui parle-t-il ? *(0,5 point)*

❑ d'Armand ❑ de Daniel ❑ de lui-même ❑ on ne sait pas

▶ **6.** À votre avis, M. Perrichon a-t-il raison de préférer Daniel par rapport à Armand ? Expliquez votre réponse. *(2 points)*

▶ **7.** Selon vous, qui s'impose dans le dialogue entre les deux époux ? Justifiez votre réponse à l'aide de deux arguments au moins. *(2 points)*

▶ **8.** Pourquoi peut-on dire que cette scène est une scène de comédie ? Pouvez-vous faire des rapprochements avec des comédies que vous connaissez ? *(3 points)*

Réécriture (4 points)

« l'homme qui a risqué sa vie pour sauver son semblable peut être fier de lui-même… » (lignes 28 à 29).
Réécrivez ce passage en mettant « l'homme » au pluriel et en faisant tous les changements nécessaires.

Dictée (6 points)

Guy de Maupassant
Une vie, 1883

Le baron, un matin, entra dans la chambre de Jeanne […] : « M. le vicomte de Lamare nous a demandé ta main. »

Elle eut envie de cacher sa figure sous ses draps.

Son père reprit : « Nous avons remis notre réponse à tantôt. » Elle haletait, étranglée par l'émotion. Au bout d'une minute le baron, qui souriait, ajouta : « Nous n'avons voulu rien faire sans t'en parler. Ta mère et moi ne sommes pas opposés à ce mariage […]. Tu es beaucoup plus riche que lui, mais, quand il s'agit du bonheur d'une vie, on ne doit pas se préoccuper de l'argent. […] Le garçon nous plaît. Te plairait-il… à toi ? »

Elle balbutia, rouge jusqu'aux cheveux : « Je veux bien, papa. »

Écrire au tableau : Jeanne, M. le vicomte de Lamare.

THÉÂTRE

Rédaction au choix (15 points)

Sujet 1

Imaginez la scène de théâtre qui suit cette scène.
Votre texte fera au moins deux pages.

Sujet 2

Quelles sont les qualités qui vous semblent importantes chez vos amis et pourquoi ? Vous donnerez votre réponse dans un développement argumenté et organisé.
Votre texte fera au moins deux pages.

LES CLÉS DU SUJET

■ Questions

▶ **2.** Songez à la façon dont le mariage se décide, ce qui importe le plus à M. et Mme Perrichon.

▶ **3.** Reportez-vous au lexique → Référent d'un pronom.

▶ **7.** Vous pouvez très bien donner une réponse qui ne tranche pas et montrer que, suivant le point de vue adopté, M. et Mme Perrichon dominent la scène.

■ Réécriture

Faites attention à :

- transformer les déterminants possessifs *sa* et *son* en *leur*, et le pronom personnel *lui-même* en son pluriel.
- accorder les verbes avec le nouveau sujet et ne pas oublier l'accord de l'adjectif qualificatif attribut.

■ Rédaction

Sujet 1

- Lisez la fiche 3 : « Écrire un dialogue ». Faites attention toutefois, vous devez écrire un dialogue de théâtre.
- Vous n'oublierez pas de signaler, en début de réplique, le nom de la personne qui intervient : Monsieur Perrichon, Madame Perrichon ou Henriette.
- La scène pourra réunir les parents et Henriette, concernée par ce mariage. Ils pourraient lui demander quel est son choix, sans bien sûr en tenir compte…
- Chaque personnage défendra un prétendant : Monsieur Perrichon préfère Daniel et son épouse, M. Armand.
- Vous tiendrez compte, dans le dialogue et les arguments avancés par chaque personnage, des éléments fournis par le texte : Daniel a été sauvé par Monsieur Perrichon tandis que M. Armand a sauvé celui-ci. Madame

Perrichon reproche à son mari sa vanité, lui se prétend modeste. Chacun évoque les qualités supposées des deux prétendants.

• Vous pourrez laisser Henriette conclure à sa convenance : choix de l'un des deux jeunes hommes ou refus catégorique des propositions de ses parents.

Sujet 2

• Lisez la fiche 8 : « Écrire un devoir de réflexion ».

• Dans l'introduction, présentez le sujet et définissez les termes : amitié, à distinguer de la camaraderie, et la notion de relation : liens créés avec un(e) ami(e) ou regard porté sur sa personnalité.

• Votre première partie pourra développer le caractère, le comportement des ami(e)s que vous appréciez : personne sérieuse ou au contraire amusante, goûts, activités, qualités ou, éventuellement, défauts qui vous fascinent…

• Votre deuxième partie envisagera la relation qui vous unit : complicité, complémentarité… en raison de vos ressemblances ou de vos différences.

• Faites varier les arguments dans chacune des parties et illustrez-les d'exemples précis : anecdotes, souvenirs…

• Concluez en vous interrogeant éventuellement sur votre propre comportement à l'égard de vos ami(e)s.

CORRIGÉ 20

Questions

▶ **1.** La proposition qui convient pour résumer la scène est : Monsieur et Madame Perrichon **doivent choisir un mari** pour leur fille ; il y a deux prétendants, **Daniel et Armand**.

▶ **2.** Certains éléments du texte prouvent que cette scène ne se déroule pas à notre époque :

– **l'année de parution** peut éventuellement donner une indication : 1860 ;

– **les parents choisissent un mari** pour leur fille ; les sentiments personnels d'Henriette n'entrent pas en ligne de compte : Madame Perrichon intime l'ordre à son époux de « prendre un parti » (ligne 2) et dit : « nous choisirons » (ligne 36) ;

– la **situation sociale des prétendants** leur importe plus que les sentiments de leur fille : « Sa famille est honorable, sa position excellente » (lignes 11-12) ;

– le **vocabulaire** est révélateur d'une époque passée : « rendre réponse », « Deux prétendus » (ligne 3).

THÉÂTRE

On peut penser qu'aujourd'hui les parents n'imposeraient pas ainsi leur choix à une jeune fille...

▶ **3.** Dans la phrase : « Il ne t'en parle jamais ! » (ligne 20) :

– le pronom « il » représente **M. Armand** ;

– « t' » renvoie à **Monsieur Perrichon** ;

– « en » fait référence au **service** que M. Armand a rendu à Monsieur Perrichon.

▶ **4.** Madame Perrichon préfère M. Armand :

– d'abord parce qu'il **a sauvé la vie à son mari** ;

– mais surtout car « **Sa famille est honorable**, sa position excellente » (lignes 11-12) ;

– de plus il reste **modeste** sur son acte courageux : il « t'a sauvé » (ligne 9) et « Il ne t'en parle jamais » (ligne 20).

▶ **5.** Lorsque Monsieur Perrichon déclare : « l'homme qui a risqué sa vie pour sauver son semblable peut être fier de lui-même » (lignes 28-29), il fait allusion **à son propre acte et donc à lui**.

▶ **6.** On peut penser que **Monsieur Perrichon a raison de préférer Daniel** car il a sauvé la vie à celui-ci qui lui en sera toujours redevable ; d'ailleurs Madame Perrichon prétend qu'il lui « répète sans cesse : "Hein ! sans vous... hein ! sans vous ?" » (lignes 23-24). Au contraire, il se sentira longtemps l'obligé de M. Armand qui lui a sauvé la vie.

Mais on peut envisager aussi que **Monsieur Perrichon a tort** car ses raisons ne sont pas objectives. Il ne fait référence qu'au « ton protecteur » et aux « manières » de M. Armand qui « semble toujours se prévaloir du petit service » qu'il a rendu à Monsieur Perrichon (lignes 18-19) alors que lui-même ne cesse de se vanter de l'acte qu'il a accompli pour sauver Daniel.

Il est donc de très mauvaise foi accusant M. Armand d'un comportement qu'il développe lui-même à outrance. Comme il est vexé d'être l'obligé de M. Armand, sa vanité l'empêche de reconnaître ses réels mérites et le rend aveugle aux flatteries appuyées de Daniel qui a compris comment se comporter pour obtenir les grâces de Monsieur Perrichon.

▶ **7.** Les deux époux s'imposent à tour de rôle, selon le point de vue que l'on envisage.

Monsieur Perrichon domine :

– sur le plan des **relations sociales**, « j'espère que tu vas prendre un parti » (ligne 2), lui dit sa femme, ce qui renvoie au rôle prépondérant du chef de famille ;

– sur le plan **dramatique et comique** puisque sa mauvaise foi si évidente et ses réponses subjectives font rire le public.

Cependant **Madame Perrichon mène le dialogue** :

– elle **oblige son époux à se justifier** : « Qu'as-tu à lui reprocher ? » (ligne 11) ;

– elle **le contredit** en permanence mettant en évidence sa mauvaise foi et son peu d'objectivité : « Cela flatte ta vanité » (ligne 24) ;

– c'est elle qui **clôt le débat** en suggérant de demander à leur fille son avis sur cette question : « Il y a un moyen de le savoir ; c'est de l'interroger… et nous choisirons celui qu'elle préférera » (lignes 35-36).

Les deux époux ont donc des rôles primordiaux selon le point de vue où on se place.

▶ **8.** Il est évident que cette scène relève de la **comédie de caractère** tant la mauvaise foi et la vanité de Monsieur Perrichon sont marquées. Il ne semble pas sensible à la symétrie de la situation : sauvetage de Daniel par Monsieur Perrichon, lui-même sauvé par M. Armand ; on rit des attitudes différentes des deux sauveteurs et des deux rescapés.

La **vanité du personnage** trompe son jugement et **le rend ridicule**.

On peut alors rapprocher cette scène de pièces de **Molière** : *L'Avare, Le Bourgeois gentilhomme, Le Malade imaginaire…*

Réécriture

Les modifications sont mises en couleur.

Les hommes qui **ont** risqué **leur** vie pour sauver leur(s) semblable(s) **peuvent** être **fiers d'eux-mêmes**.

Dictée

POINT MÉTHODE

❶ Les participes passés employés avec l'auxiliaire *avoir* s'accordent avec le COD quand il est placé avant le verbe.

❷ Les participes passés employés avec l'auxiliaire *être* s'accordent avec le sujet.

❸ Regardez bien les mots suivants : *haletait*, *préoccuper*, *balbutia* et retenez leur orthographe.

THÉÂTRE

Le baron, un matin, entra dans la chambre de Jeanne [...] : « M. le vicomte de Lamare nous a demandé ta main. »

Elle eut envie de *cacher* sa figure sous ses draps.

Son père reprit : « Nous avons remis notre réponse à tantôt. » Elle haletait, étranglée par l'émotion. Au bout d'une minute, le baron, qui souriait, ajouta : « Nous n'avons voulu rien faire sans t'en parler. Ta mère et moi ne sommes pas opposés à ce mariage [...]. Tu es beaucoup plus riche que lui, mais, quand il s'agit du bonheur d'une vie, on ne doit pas se préoccuper de l'argent [...] Le garçon nous plaît. Te plairait-il... à toi ? »

Elle balbutia, rouge jusqu'aux cheveux : « Je veux bien, papa. »

Rédaction au choix

POINT MÉTHODE

Assurer la cohérence dans une suite de texte

1 Reprendre les personnages en respectant leurs caractéristiques : identité, âge, statut, caractère, comportement, langage, relations entre eux.

2 Tenir compte de l'époque à laquelle se situent les événements pour éviter les anachronismes.

3 Respecter les informations fournies par l'extrait : situation de départ, circonstances.

Sujet d'imagination : devoir entièrement corrigé

MADAME PERRICHON. — La voici. Approche, ma fille, nous voudrions te parler d'un sujet...

PERRICHON. — Ne t'inquiète pas, nous souhaiterions juste avoir ton avis et...

MADAME PERRICHON. — Mais, prends ton temps, personne ne cherche à te brusquer...

PERRICHON. — Ni à t'influencer !

HENRIETTE. — Enfin, de quoi s'agit-il exactement, vous parlez par énigmes !

MADAME PERRICHON. — Et bien, tu sais que M. Armand...

PERRICHON. — Et Daniel !

MADAME PERRICHON. — Et Daniel, ont tous deux demandé ta main. Nous sommes d'accord...

HENRIETTE. — Vous êtes d'accord ?

Madame Perrichon. – Nous sommes d'accord sur le fait qu'il est temps que tu te maries. Nous ne pouvons tarder plus longtemps à rendre réponse à ces deux prétendants.

Perrichon. – Bien sûr, nous te laisserons libre, toutefois, il faut prendre en considération…

Madame Perrichon. – Le fait que **la famille de M. Armand est honorable, et sa position excellente…**

Perrichon. – Celle de Daniel ne l'est pas moins, mais ce sont surtout tes sentiments qui nous importent, et les leurs, bien sûr. Et je crois que Daniel, sur ce point, est plus… comment dire… je le trouve plus…

Madame Perrichon. – Tu le trouves plus à ton goût, mais n'oublie pas que ce n'est pas toi qui te maries ! M. Armand est charmant et…

Perrichon. – Et il a souvent **un air pincé**. Je ne suis pas certain qu'il soit toujours d'un commerce agréable. Il **affiche parfois un air… un air… qui agace à la fin**.

Madame Perrichon. – Qui t'agace surtout ! Ma fille, n'oublie pas que, sans M. Armand, tu n'aurais plus ton père. Je signale simplement le courage de **ce jeune homme capable de mettre sa vie en danger pour sauver autrui.**

Perrichon. – Certes, **l'homme qui a sauvé son semblable peut être fier de lui-même, mais son ton protecteur, ses manières… Il semble toujours se prévaloir de ce petit service ! Il ferait mieux de se renfermer dans un silence modeste…** Je gage qu'il se vantera du moindre petit geste qu'il fera en ta faveur !

Madame Perrichon. – Et Daniel, ma fille, que penses-tu de lui ?

Henriette. – Eh bien…

Madame Perrichon. – Crois-tu que tu seras heureuse avec quelqu'un qui ne cesse de flatter ?

Perrichon. – Daniel est une personne sensible qui sait reconnaître les vraies qualités et qui ne craint pas de témoigner une reconnaissance bien compréhensible, preuve de sa modestie et de son…

Madame Perrichon. – Hypocrisie ! Qui te dit qu'il ne se moque pas de toi et qu'il ne joue pas ce jeu uniquement pour que tu lui accordes la main d'Henriette ?

Perrichon. – Moi, favoriser quelqu'un et chercher à influencer Henriette ? Mais c'est elle seule qui doit choisir celui qu'elle aime, et je suis bien certain qu'elle ne peut pas aimer M. Armand…

Madame Perrichon. – Puisque toi tu ne l'aimes pas ! Tu acceptes la reconnaissance mais tu ne veux surtout pas être obligé d'exprimer la tienne ! Et c'est sur de telles considérations que tu entends construire le bonheur de ta fille ? Je ne te savais pas si égoïste ! Tiens, je préfère me retirer ! Ma pauvre petite fille !

THÉÂTRE

HENRIETTE. — Mais, maman, vous ne voulez pas savoir qui je souhaiterais épouser ?

Sujet 2 : plan détaillé

Introduction

Présentation du sujet et définition des termes :

– amitié, à distinguer de la camaraderie ;

– relations qui tiennent compte à la fois de la personne concernée et des liens noués au fil du temps et des expériences communes.

Première partie

Les qualités propres de l'individu peuvent entrer en ligne de compte dans la qualité de la relation.

- Les traits de caractère sont importants : taciturne, grave, drôle, enjoué…
- Le comportement est important :

– envers soi (prévenance, aide, soutien, affection…) ;

– envers les autres (dominant, respectueux, serviable, ouvert…).

- Les goûts influent : identiques aux siens ou complètement différents.
- Des actions précises jouent un rôle : fait particulier, courage, altruisme…
- Concluez sur l'importance accordée à l'individu lui-même.

Deuxième partie

- La relation privilégiée tient compte des qualités propres mais aussi des liens noués.
- Ressemblances entre les personnes concernées : même caractère, mêmes goûts…
- Complémentarité éventuelle : ami aussi extraverti que l'on est timide, aussi audacieux que l'on se montre prudent par exemple.
- Preuves d'une amitié sincère : attitude désintéressée, action louable, intérêt exclusif porté à soi…
- Durée de la relation qui a surmonté les difficultés : bienveillance de l'autre, admiration de la personne, souvenirs communs…
- Actions et émotions partagées.

Conclusion

- Importance de l'amitié.
- Interrogation sur son propre comportement à l'égard des autres.

Antilles, Guyane • Septembre 2013
Série générale

L'appel de la mer

Marcel Pagnol
Marius
1928

Marius et Fanny vivent à Marseille. Ils sont amoureux mais Marius refuse d'épouser Fanny.

FANNY. – Alors, dis-moi que je ne suis pas assez jolie, ou pas assez riche... Enfin, donne-moi une raison, et je ne t'en parlerai plus.
MARIUS. – Si je te le disais, tu ne comprendrais pas, et peut-être tu le répéterais, parce que tu croirais que c'est pour mon bien.
FANNY. – Dis-moi ton secret, je te jure devant Dieu que personne ne le saura jamais !...
MARIUS. – Fanny, je ne veux pas rester derrière ce comptoir toute ma vie à rattraper la dernière goutte ou à calculer le quatrième tiers pendant que les bateaux m'appellent sur la mer.
FANNY. *(Elle pousse un soupir. Elle est presque rassurée.)* – Ah bon ! C'est Piquoiseau[1] qui t'a monté la tête ?
MARIUS. – Non... il y a longtemps que cette envie m'a pris... Bien avant qu'il vienne... J'avais peut-être dix-sept ans... et un matin, là, devant le bar, un grand voilier s'est amarré... C'était un trois-mâts franc qui apportait du bois des Antilles, du bois noir dehors et doré dedans, qui sentait le camphre et le poivre. Il arrivait d'un archipel qui s'appelait les Îles Sous le Vent... J'ai bavardé avec les hommes de l'équipage quand ils venaient s'asseoir ici ; ils m'ont parlé de leur pays, ils m'ont fait boire du rhum de là-bas, du rhum qui était très doux et très poivré. Et puis, un soir, ils sont partis. Je suis allé sur la jetée, j'ai regardé le beau trois-mâts qui s'en allait... Il est parti contre le soleil, il est allé aux Îles Sous le Vent... Et c'est ce jour-là que ça m'a pris.
FANNY. – Marius, dis-moi la vérité : il y avait une femme sur ce bateau et c'est elle que tu veux revoir ?
MARIUS. – Mais non ! Tu vois, tu ne peux pas comprendre.
FANNY. – Alors ce sont ces îles que tu veux connaître ?

MARIUS. – Les Îles Sous le Vent ? J'aimerais mieux ne jamais y aller pour qu'elles restent comme je les ai faites. Mais j'ai envie d'ailleurs, voilà ce qu'il faut dire. C'est une chose bête, une idée qui ne s'explique pas. J'ai envie d'ailleurs.

FANNY. – Et c'est pour cette envie que tu veux me quitter ?

MARIUS. – Ne dis pas que « je veux », parce que ce n'est pas moi qui commande… Lorsque je vais sur la jetée, et que je regarde le bout du ciel, je suis déjà de l'autre côté. Si je vois un bateau sur la mer, je le sens qui me tire comme une corde. Ça me serre les côtes, je ne sais plus où je suis… Toi, quand nous sommes montés sur le Pont Transbordeur, tu n'osais pas regarder en bas… Tu avais le vertige, il te semblait que tu allais tomber. Eh bien moi, quand je vois un bateau qui s'en va, je tombe vers lui…

FANNY. – Ça, ce n'est pas bien grave, tu sais… C'est des enfantillages… Ça te passera tout d'un coup…

MARIUS. – Ne le crois pas ! C'est une espèce de folie… Oui, une vraie maladie… Peut-être que c'est le rhum des Îles Sous le Vent que ces matelots m'ont fait boire… Peut-être qu'il y a de l'autre côté un matelot qui m'a jeté un sort… Ça paraît bête ces choses-là, mais ça existe… Souvent, je me défends : je pense à toi, je pense à mon père… Et puis, ça siffle sur la mer, et me voilà parti ! Fanny c'est sûr qu'un jour ou l'autre, je partirai, je quitterai tout comme un imbécile… Alors, je ne peux pas me charger de ton bonheur… Si je te la gâche, ta vie ?

FANNY. – Si tu ne me veux pas, c'est déjà fait.

MARIUS. – Mais non, mais non. Tu es jeune, tu m'oublieras…

1. Piquoiseau est un marin.

Questions (15 points)

▶ **1.** À quel genre littéraire appartient cet extrait ? Justifiez votre réponse par un indice tiré du texte. *(2 points)*

▶ **2.** D'après Fanny, quelles sont les trois raisons qui empêchent Marius de l'épouser ? Quelle est la vraie raison ? *(2 points)*

▶ **3.** De la ligne 1 à la ligne 31, quels sont les deux types de phrase qui dominent dans les répliques de Fanny ? Que cherche-t-elle à faire dans ce passage ? *(2 points)*

▶ **4.** « c'est ce jour-là que ça m'a pris » (ligne 22). Dans cette phrase, quelle est la classe (nature) grammaticale de « m' » ? Qui représente-t-il et quelle est sa fonction ? *(2 points)*

▶ **5.** Quel métier exerce Marius ? Justifiez votre réponse, en citant précisément le texte. *(1 point)*

▶ **6.** Dans le passage de la ligne 42 à 49, relevez le verbe qui montre que Marius essaie de lutter contre son désir. Qu'est-ce qui le retient à Marseille ? *(1 point)*

▶ **7.** Marius a-t-il pris sa décision ? Répondez en relevant, lignes 46 à 48, un modalisateur, puis en indiquant le mode et le temps des verbes conjugués. *(1 point)*

▶ **8.** « pendant que les bateaux m'appellent sur la mer » (lignes 8 et 9). Quelle figure de style reconnaissez-vous ici ? Quel effet produit-elle ? *(1 point)*

▶ **9.** Dans ses deux dernières répliques, par quels arguments Fanny essaie-t-elle d'influencer Marius ? *(1 point)*

▶ **10.** À quoi rêve Marius ? Relevez un champ lexical pour justifier votre réponse. *(2 points)*

Réécriture (5 points)

Réécrivez les deux premières répliques du texte (lignes 1 à 4), en remplaçant « Fanny » par « Fanny et sa sœur », et faites toutes les modifications nécessaires.

Dictée (5 points)

Bernardin de Saint-Pierre
Paul et Virginie, 1788

Dans les balancements du vaisseau, ce qu'on craignait arriva. Les câbles de son avant rompirent ; et comme il n'était plus retenu que par une seule aussière, il fut jeté sur les rochers à une demi-encablure du rivage… Paul alors s'avança vers le *Saint-Géran*, tantôt nageant, tantôt marchant sur les récifs. Quelquefois il avait l'espoir de l'aborder, car la mer, dans ses mouvements irréguliers, laissait le vaisseau presque à sec, de manière qu'on en eût pu faire le tour à pied ; mais bientôt après, revenant sur ses pas avec une nouvelle furie, elle le couvrait d'énormes voûtes d'eau qui soulevaient tout l'avant de sa carène, et rejetaient bien loin sur le rivage le malheureux Paul, les jambes en sang, la poitrine meurtrie, et à demi noyé.

Écrire au tableau : aussière, demi-encablure, Saint-Géran, carène.

Rédaction au choix (15 points)

Sujet 1

Dans la scène suivante, César, le père de Marius, apprend que son fils veut s'embarquer sur un bateau et partir loin de Marseille, il essaie de le convaincre de rester. Rédigez un dialogue théâtral de deux pages.

Sujet 2

Après une expédition de quelques mois en mer, Marius revient et raconte à Fanny ses déceptions, ses déboires et ses regrets. Votre narration fera deux pages.

LES CLÉS DU SUJET

Questions

▶ **1.** Reportez-vous au lexique → Genre.

▶ **2.** Les trois raisons évoquées par Fanny ne sont pas dans la même réplique.

▶ **4.** Reportez-vous aux tableaux de grammaire → Classes grammaticales et fonctions grammaticales.

Réécriture

Faites attention :

- à remplacer « moi », « je » par *nous* et « te », « tu » par *vous*. Accordez les verbes en conséquence en prêtant une attention particulière à ceux qui sont au conditionnel.
- à accorder les adjectifs qualificatifs précédés de l'auxiliaire *être* avec les sujets désormais au féminin pluriel.

Rédaction

Sujet 1

- Lisez les fiches 2 et 7 : « Écrire une suite de texte » et « Écrire un passage argumentatif ».
- Respectez les impératifs de l'écriture d'un texte théâtral : dialogues et didascalies.
- Les personnages en présence sont Marius, son père César et, éventuellement, Fanny.

- Tenez compte des éléments fournis par le texte : désir irrépressible de Marius de s'embarquer, opposition de Fanny, caractère des personnages.
- César invoquera des raisons affectives : son grand âge, sa solitude, le départ d'un fils unique, sa difficulté à tenir le bar seul, sa peine et celle de Fanny qui risque d'épouser un autre homme.
- Il argumentera en insistant sur la méconnaissance de Marius du monde des marins, sur ses rêves de voyage fabuleux qui ne tiennent pas compte de la rude réalité de la vie sur un bateau, sur l'aspect sordide des ports où accostent les navires, sur les sentiments éprouvés à cause de la séparation…
- Marius contestera en répétant son désir impérieux de partir, ses regrets à venir s'il ne tente pas l'expérience, sa mélancolie qui rendra malheureux son entourage…
- Fanny répétera sa crainte d'être oubliée ou d'oublier elle-même.
- Vous conclurez sur le refus de Marius de se laisser influencer malgré la peine qu'il inflige aux siens.

Sujet 2

- Lisez les fiches 1 et 2 : « Écrire un récit » et « Écrire une suite de texte ».
- Le récit est rédigé à la première personne, au discours direct, aux temps du passé : Marius raconte à Fanny son voyage.
- Tenez compte des éléments fournis par le texte, relatifs aux rêves de Marius avant son départ : l'appel de la mer, les voiliers, le bois rare, le rhum, les îles pour les opposer aux désillusions.
- La déception commencera sur le bateau : vie rude et contraignante, discipline, violence des éléments, tempêtes, rivalités entre les marins…
- Il évoquera la tristesse d'avoir quitté les siens, la douleur de la séparation, l'angoisse de ne plus retrouver Fanny à son retour, la colère éventuelle du père, tout ce qui amoindrit son plaisir.
- Le rêve peut se briser aussi dans les ports sordides où accostent les bateaux : misère, bars miteux, bagarres entre marins…
- Marius exprime ses regrets d'avoir fait souffrir les siens sans avoir tiré les joies qu'il escomptait du voyage, mais conclut en insistant sur le fait qu'il vaut mieux un rêve brisé mais vécu qu'un rêve inabouti qui empoisonne l'existence entière.
- Fanny pardonnera ou pas.

CORRIGÉ 21

Questions

▶ **1.** Ce texte appartient au **genre théâtral** :

– le texte est constitué de **dialogues** ;

– les **noms** des personnages intervenant dans le dialogue, Marius et Fanny, sont écrits en lettres majuscules au début de chaque réplique ;

– on relève une **didascalie** : « (*Elle pousse un soupir. Elle est presque rassurée.*) » (ligne 10).

▶ **2.** Fanny envisage trois raisons qui pourraient empêcher Marius de l'épouser :

– d'abord son aspect **physique** : « je ne suis pas assez jolie » (ligne 1) ;

– puis son **statut** modeste : « pas assez riche » (lignes 1-2) ;

– enfin elle suggère que Marius peut **en aimer une autre** : « il y avait une femme sur ce bateau et c'est elle que tu veux revoir ? » (lignes 23-24).

Mais elle fait erreur car Marius veut, en fait, **quitter sa vie, qu'il juge monotone, pour s'embarquer** : « je ne veux pas rester derrière ce comptoir à rattraper la dernière goutte [...] pendant que les bateaux m'appellent sur la mer » (lignes 7 à 9).

▶ **3.** Des lignes 1 à 31, Fanny utilise essentiellement des phrases **injonctives** : « dis-moi » (lignes 1-5-23), « donne-moi » (ligne 2) et **interrogatives** : « C'est Piquoiseau qui t'a monté la tête ? » (lignes 10-11) ; « c'est elle que tu veux revoir ? » (ligne 24) ; « Alors ce sont ces îles que tu veux connaître ? » (ligne 26) ; « Et c'est pour cette envie que tu veux me quitter ? » (ligne 31).

Par ces ordres et ces questions, elle cherche à **comprendre les motivations de Marius** et à se rassurer sur les raisons de son désir de départ, car elle est angoissée. Elle pense sans doute que s'il ne s'agit pas d'un motif lié à sa personne ou à une conquête, elle pourra l'influencer et **le faire changer d'avis**.

▶ **4.** Dans la phrase : « Et c'est ce jour-là que ça m'a pris. » (ligne 22), le pronom personnel « m' » reprend **Marius** et est **COD** du verbe « a pris ».

▶ **5.** Marius est **serveur** dans le bar que possède son père : « je ne veux pas rester derrière ce comptoir toute ma vie à rattraper la dernière goutte ou à calculer le quatrième tiers » (lignes 7-8).

▶ **6.** À la ligne 46, le verbe « **je me défends** » prouve que Marius essaie de lutter contre son désir. En effet, il est retenu par son **amour pour Fanny**, son **affection pour son père** « je pense à toi, je pense à mon père » (ligne 46) et par sa crainte de les blesser, de les faire souffrir.

▶ **7.** Malgré ses réticences, il est clair que **Marius a pris sa décision** : « je partirai, je quitterai » (lignes 47-48) :

– l'utilisation du **futur** ne laisse aucun doute sur son intention ;

– le **modalisateur** « c'est sûr » (ligne 47) renforce cette certitude.

▶ **8.** Dans le groupe « pendant que les bateaux m'appellent » (lignes 8-9), la figure de style utilisée est une **personnification** qui rend vivants les navires capables d'une parole, d'un chant auquel Marius ne peut résister.

▶ **9.** Dans ses deux dernières répliques, Fanny tente d'influencer Marius :

– d'abord **en minimisant son désir**, qu'elle juge puéril et éphémère : « ça ce n'est pas bien grave, tu sais... C'est des enfantillages... ça te passera tout d'un coup... » (lignes 40-41).

– puis elle cherche à le faire **culpabiliser** en le prétendant responsable de son malheur : « Si je te la gâche la vie ? – Si tu ne me veux pas, c'est déjà fait. » (lignes 49- 50).

▶ **10.** Marius **rêve de voyage en mer, d'exotisme, de départ**.

On le constate dans l'utilisation du champ lexical de la **mer** : « pendant que les bateaux m'appellent sur la mer » (lignes 8-9), « un grand voilier » (ligne 14), « trois-mâts franc » (ligne 14), « les hommes de l'équipage » (ligne 17). Pagnol utilise aussi le champ lexical de l'ailleurs : « du bois des Antilles, du bois noir dehors et doré dedans, qui sentait le camphre et le poivre » (lignes 15-16), « du rhum qui était très doux et très poivré » (ligne 19), « Îles Sous le Vent » (lignes 21-22), « envie d'ailleurs » (lignes 28 à 30).

Réécriture

Les modifications sont mises en couleur.

FANNY et SA SŒUR. — Alors, dis-**nous** que **nous** ne **sommes** pas assez **jolies**, ou pas assez **riches**... Enfin, donne-**nous** une raison et **nous** ne t'en **parlerons** plus.

MARIUS. — Si je **vous** le disais, **vous** ne **comprendriez** pas, et peut-être **vous** le **répéteriez**, parce que **vous croiriez** que c'est pour mon bien.

THÉÂTRE

Dictée

POINT MÉTHODE

❶ Attention aux accords avec *on* = 3e personne du singulier et avec *qui* (il faut chercher l'antécédent).

❷ Les participes présents sont invariables, à la différence des adjectifs verbaux (*Parlant fort, elle s'éloigna ≠ l'horloge parlante*).

❸ Regardez bien les mots suivants : *récifs, quelquefois, eût pu* et retenez leur orthographe.

Dans les balancements du vaisseau, ce qu'on craignait arriva. Les câbles de son avant rompirent, et comme il n'était plus retenu que par une seule aussière il fut jeté sur les rochers à une demi-encablure du rivage… Paul alors s'avança vers le *Saint-Géran*, tantôt nageant, tantôt marchant sur les récifs. Quelquefois il avait l'espoir de l'aborder, car la mer, dans ses mouvements irréguliers, laissait le vaisseau presque à sec, de manière qu'on en eût pu faire le tour à pied ; mais bientôt après, revenant sur ses pas avec une nouvelle furie, elle le couvrait d'énormes voûtes d'eau qui soulevaient tout l'avant de sa carène, et rejetaient bien loin sur le rivage le malheureux Paul, les jambes en sang, la poitrine meurtrie, et à demi noyé.

Rédaction au choix

Sujet 1 : devoir entièrement rédigé

POINT MÉTHODE

Écrire un texte théâtral

❶ Respectez les normes du texte théâtral : nom des intervenants en majuscules, à gauche, avant chaque nouvelle prise de parole, pas d'interruption par un récit ou une description.

❷ Les didascalies, mises entre parenthèses, indiquent les mouvements des acteurs, les gestes, les intonations, les silences, les sentiments à exprimer.

❸ Les temps verbaux sont ceux de la communication orale : présent, passé composé, imparfait, futur.

César. (avec un petit sourire malicieux) — Dis-moi, mon fils, une vilaine rumeur **court** sur le port à ton sujet.

Marius. — Sur moi seulement ou sur Fanny et moi ? Tu ne devrais pas écouter tes clients du bar, tu sais bien qu'ils disent n'importe quoi.

César. — On dit ici ou là qu'on t'**a vu** avec des marins. On dit aussi que tu **as bu** un rhum avec eux. On dit encore que tu aurais songé à embarquer. Mensonges, **j'ai répondu**, je connais mon fils mieux que personne.

Marius. — C'est vrai, j'y pense.

César. — Tu y **as pensé** ou tu y **penses** ?

Marius. — J'y **pense**.

César. — Donc, tu serais prêt à quitter la petite Fanny, à la laisser seule ? Et combien de temps ? Crois-tu que, belle comme elle est, elle va rester ici à t'attendre, guettant, derrière la vitre, les bateaux qui rentrent au port ?

Marius. — Ce sont mes affaires. **J'ai parlé** avec elle. Si je reste, je vais lui gâcher la vie.

César. (criant) — Et si tu pars ? Tu vas la combler de joie ? Et à moi, tu y **as pensé**, à moi ? Je me fais vieux, je ne **pourrai** pas tenir le bar éternellement. Je **comptais** sur toi pour reprendre l'affaire. Tu veux me laisser seul, sans soutien ?

Marius. — N'exagère pas ! Tu **es** en pleine forme ! Et tu **as** tes amis et tes parties de cartes.

César. — Tu **peux** m'expliquer ce qui **t'attire** dans cette vie qui **t'éloigne** de ceux qui **t'aiment** ?

Marius. — Je ne **suis** pas sûr que tu comprendrais. Tu vas te mettre en colère.

César. — C'est ça, dis que je **suis** trop bête. Mais essaie toujours, je **serai** encore plus en colère si tu nous abandonnes.

Marius. (haussant les épaules) — Mais l'appel du large, la vie sur un bateau, le bois noir et doré, le rhum qui sent le camphre…

César. (serrant les poings) — Je vais t'en procurer, moi, du rhum. Et si tu persistes dans ton idée, je **t'enferme** dans la cave avec du bois noir et doré pour t'en faire passer l'envie.

Marius. — Je t'avais dit que tu te mettrais en colère. Je **veux** vivre la vie de marin, passer des semaines en mer. Je **veux** accoster aux Îles Sous le Vent, voir d'autres horizons, tenter une aventure.

CÉSAR. — **As**-tu seulement idée de ce qu'est le quotidien à bord ? Des semaines en mer, entre hommes. Un travail harassant, toujours à obéir aux ordres. Des nuits sur une couchette minuscule. Le vent, la houle, la tempête.

MARIUS. — J'**ai réfléchi** à tout cela. Je **suis** prêt à supporter toutes les difficultés pour vivre ma passion. Si je ne le fais pas, je vais le regretter toute mon existence, et je vous **rendrai** la vie insupportable.

CÉSAR. — Tu nous la **rends** encore plus pénible si tu pars. Et tes îles, tu les **vois** comment ? Des plages de sable fin ? Des cocotiers et des hamacs ? Allons, tu **rêves** ! Tu vas accoster dans des ports sordides qui sentent l'huile et le poisson fumé. Tu les **as vus** les marins qui **débarquent** ici, ils ne **pensent** qu'à se saouler dans les bars. C'est ce que tu **recherches** ?

MARIUS. — Je ne suis pas obligé de les imiter.

CÉSAR. — C'est ce que tu crois. Et ta peine, tu y **as songé** à ta peine ? La vie avec les autres, jamais seul, et pourtant toujours seul. Quand tu **verras** ta Fanny dans les bras d'un autre, quand tu me **verras** malade, que **feras**-tu ?

MARIUS. — Mon rêve **a** un prix à payer, je le **sais** et je **l'assume**.

CÉSAR. (émi) — Moi aussi, **j'avais** des rêves. On a toujours des rêves quand on est jeune, c'est normal. Mais quand **j'ai connu** ta pauvre mère, **j'ai compris** que mon rêve **c'était** elle, et toi, quand tu **es né**. Et je **n'ai** jamais **regretté**.

MARIUS. — Je ne **suis** pas comme toi. Je suis persuadé qu'il vaut mieux un rêve vécu et raté qu'un rêve que l'on ne vit pas. J'en resterais meurtri à jamais.

CÉSAR. — Tu ne **connais** rien à la vie, tu ne **sais** pas ce qu'elle **t'offre**. Tu **as** un métier, un bar que je vais te laisser, une belle fille qui attend que tu fasses ta demande en mariage. Et tu **veux** quitter tout cela pour un rêve ?

MARIUS. — Je n'y **peux** rien. **J'ai tenté** de me raisonner. Je me **suis répété** tout ce que tu viens de dire. Mais je veux partir. Quand je **vois** un bateau qui quitte le port, j'ai les jambes qui **tremblent**.

CÉSAR. (hurlant) — J'en **mourrai** si tu pars !

MARIUS. — Papa !

CÉSAR. — Allez, laisse-moi. Va chercher des bouteilles à la cave. Rends-toi utile avant de nous laisser dans le malheur.

(Marius sort)

Sujet 2 : pistes possibles

Introduction

Situation de la conversation : le soir sur le port, à la terrasse d'un bar, dans les collines… Marius et Fanny, seuls.

Première partie

• Marius rappelle les jours qui ont précédé son départ : sa rencontre avec les marins, le rhum, le bois, sa fébrilité quand il voyait un bateau quitter le port, ses rêves d'îles lointaines…

• Il reconnaît qu'il est parti lâchement, sans prévenir personne et il évoque son départ : les cris des marins, l'ancre qu'on relève, la sortie du port et sa joie intense.

• Il raconte sa vie à bord : le plaisir des premiers jours, l'horizon…

Deuxième partie

• Il confie ensuite ses déceptions : la répétition des activités à bord, les ordres hurlés, son inexpérience et les moqueries des autres, les douleurs dans les mains à cause des cordages, les nuits écourtées par les tours de garde…

• Il parle ensuite :

– de la violence des éléments : le vent, la houle, les tempêtes, le froid, la peur parfois ;

– des difficultés de la vie en communauté : le manque d'intimité, les querelles stupides, la nourriture mauvaise ;

– les escales dans les ports : la laideur des quais, les bars miteux où se retrouvent les marins, les nuits d'ivresse pour oublier…

Conclusion

• Il reconnaît les regrets qu'il a éprouvés : l'envie de serrer Fanny dans ses bras, d'essuyer les colères de son père. Il parle de ses nuits sans sommeil à les imaginer, désespérés, déçus, inquiets… Il regrette d'avoir écouté les marins, d'avoir voulu vivre un rêve aussi cher payé.

• Il demande pardon à Fanny pour la douleur qu'il lui a infligée à cause de son égoïsme. Soit Fanny lui avoue qu'elle est mariée et qu'elle a un fils (cf. Marcel Pagnol), soit elle accepte ses excuses.

SUJET 22

D'après Amérique du Nord • Juin 2012
Série générale

Hollywood, ville mirage

Joseph Kessel
Hollywood ville mirage
1937

Hollywood est une ville américaine entièrement consacrée à la réalisation et à la production de films. Après un séjour aux États-Unis, Joseph Kessel livre son point de vue sur cette ville.

Hollywood est une cité ouvrière.

Sous ses apparences de calme, de loisir, sous sa carapace de luxe, elle est pareille aux villes minières[1], aux agglomérations de hauts-fourneaux[2] qui se vident de l'aube au crépuscule pour envoyer leur population aux galeries ou à la chaîne. Hollywood fabrique des images parlantes comme Ford sort des automobiles.

Ce qu'il y a de vivant, de réel, de vrai à Hollywood, ce n'est ni la rue, ni la demeure, ni le marché. Ce sont les studios ou mieux les usines à films qu'on persiste à désigner d'un nom qui ne convient plus à leurs dimensions ni à leur rôle.

Car elles représentent une source de richesse colossale, un mouvement d'argent qui se chiffre par milliards. Elles emploient un peuple de travailleurs et font vivre tout un pays.

J'avoue ne pas savoir le nombre exact de studios à Hollywood. Chaque compagnie, même la plus petite, a le sien. Il en est qui sont spécialisés dans les films de cow-boys, d'autres dans les films policiers, d'autres dans les histoires pour enfants, d'autres « font » dans la grossièreté et d'autres dans le sentiment. Cette différenciation porte à elle seule la marque d'une grande cité industrielle.

Mais si l'on veut avoir une idée d'ensemble, une vision surprenante de ce que signifie, à l'heure actuelle, le cinéma en Amérique, c'est, naturellement, dans les studios de l'une des quatre ou cinq principales sociétés qu'il faut se rendre. Qu'on visite la Fox Twentieth Century, la Metro-Goldwyn-Mayer, la Paramount, l'Universal[3], l'impression ne varie guère : on sort de là écrasé, ébloui et doutant presque de sa propre existence.

Chacun de ces studios forme une ville dans la ville. Leur accès est défendu par des murs infranchissables, par des gardiens qui ne se laissent fléchir qu'à la vue d'un laissez-passer minutieusement signé, timbré, estampillé. [...]

Tous les écrivains, tous les compositeurs, même s'ils sont illustres, même s'ils sont payés de 20 à 50 000 francs par semaine, *doivent* produire dans leurs bureaux numérotés. Leur présence est exigée depuis neuf heures du matin aussi strictement que par un pointage. Leurs outils les attendent là : machine à écrire, bibliothèque, piano, orgue ou violon. Ils sont assimilés aux opérateurs, aux stars, aux figurants, aux monteurs, aux ingénieurs du son, aux docteurs, aux infirmiers et infirmières (car ces villes ont leurs propres hôpitaux), aux secrétaires, aux balayeurs, bref à l'humanité en réduction qui s'agite au bénéfice et à la gloire de l'espèce de temple dressé au milieu du studio.

Il est splendeur et silence. Mais de lui dépend la fantastique usine. C'est là que se réunissent les dieux de l'Olympe : les *executives*[4] et les vrais maîtres du lieu : les *producers*[5].

---

1. Villes minières : villes dans lesquelles l'industrie principale est l'exploitation de mines.
2. Hauts-fourneaux : ce sont des fours surmontés de cheminées gigantesques, destinés à l'industrie.
3. Twentieth Century, Metro-Goldwyn-Mayer, Paramount et Universal sont d'importantes sociétés américaines qui financent la réalisation de films et organisent leur production.
4. *Executives* (terme américain) : administrateurs, ils remplissent le rôle de gestionnaires, ils gèrent le budget d'un film.
5. *Producers* (terme américain) : producteurs, ils choisissent les projets de film et accordent, ou non, l'argent nécessaire à la réalisation d'un film.

Questions (15 points)

▶ **1.** Relevez le champ lexical du monde industriel dans les lignes 1 à 10. *(1 point)*

▶ **2.** « Hollywood fabrique des images parlantes comme Ford sort des automobiles. » (lignes 5-6)

a) Que désigne l'expression « images parlantes » ? *(0,5 point)*

b) Quelle figure de style est employée dans cette phrase ? Expliquez-la. *(1 point)*

▶ **3.** Dans les lignes 30 à 39, quels sont les différents éléments qui permettent de comparer les employés des studios de cinéma à des ouvriers d'usine ? *(1 point)*

AUTRES GENRES

▶ **4.** « J'avoue ne pas savoir le nombre exact de studios à Hollywood. » (ligne 14).
a) Donnez le temps et la valeur du verbe conjugué. *(0,5 point)*
b) Donnez la nature et la fonction de « J' ». *(0,5 point)*
c) Pourquoi l'auteur intervient-il ici ? (*0,5 point*)

▶ **5.** De « Ils sont assimilés… » à « … au milieu du studio » (lignes 34 à 39).
a) Quelle figure de style est utilisée dans cette phrase ? *(0,5 point)*
b) Expliquez l'expression « l'humanité en réduction » (ligne 38). *(1 point)*

▶ **6.** En vous aidant des réponses aux questions précédentes, montrez en quoi cette vision d'Hollywood est surprenante pour l'auteur.
Développez une réponse argumentée. *(1,5 point)*

▶ **7.** « Elles emploient un peuple de travailleurs et font vivre tout un pays. » (lignes 12-13)
a) Comment sont reliées les deux propositions de cette phrase ? *(0,5 point)*
b) Réécrivez cette phrase en mettant en évidence par la subordination le rapport logique qui unit les deux propositions. Vous préciserez quel est ce rapport logique *(1 point)*
❑ cause ❑ conséquence ❑ opposition.

▶ **8.** « Car elles représentent une source de richesse colossale, un mouvement d'argent qui se chiffre par milliards ». (lignes 11-12)
a) Que reprend le mot « elles » ? *(0,5 point)*
b) Quelles sont la classe grammaticale (ou la nature) et la fonction des trois expressions soulignées ? *(1,5 point)*
c) Dans cette phrase, sur quel aspect d'Hollywood l'auteur insiste-t-il ? *(1 point)*

▶ **9.** « l'espèce de temple » (lignes 38-39), « dieux de l'Olympe » (ligne 41).
a) À quel champ lexical appartiennent ces expressions ? *(0,5 point)*
b) Pourquoi l'auteur les emploie-t-il ici ? *(0,5 point)*

▶ **10.** En tenant compte de l'ensemble de vos réponses, comment comprenez-vous le titre que Joseph Kessel a donné à son ouvrage : *Hollywood ville mirage* ?
Rédigez une réponse argumentée. *(1,5 point)*

Réécriture (4 points)

Réécrivez ce passage du texte (lignes 1 à 5) en remplaçant « Hollywood » par « Hollywood et Cinecittà »[1].
« Hollywood est une cité ouvrière. Sous ses apparences de calme, de loisir, sous sa carapace de luxe, elle est pareille aux villes minières, aux agglomérations de hauts-fourneaux qui se vident de l'aube au crépuscule pour envoyer leur population aux galeries ou à la chaîne. »

1. Cinecittà : ensemble de studios de cinéma italiens formant une ville à l'intérieur de Rome.

Dictée (6 points)

Louis-Ferdinand Céline
Voyage au bout de la nuit, © Éditions Gallimard, 1932

Pour une surprise, c'en fut une. À travers la brume, c'était tellement étonnant ce qu'on découvrait soudain que nous nous refusâmes d'abord à y croire et puis tout de même quand nous fûmes en plein devant les choses, tout galérien qu'on était on s'est mis à bien rigoler, en voyant ça, droit devant nous…

Figurez-vous qu'elle était debout leur ville, absolument droite. New York c'est une ville debout. On en avait déjà vu nous des villes bien sûr, et des belles encore, et des ports et des fameux même. Mais chez nous, n'est-ce pas, elles sont couchées les villes, au bord de la mer ou sur les fleuves, elles s'allongent sur le paysage, elles attendent le voyageur, tandis que celle-là, l'Américaine, elle ne se pâmait pas, non, elle se tenait bien raide, là, raide à faire peur.

Écrire au tableau : New York.

Rédaction au choix (15 points)

Sujet 1

Vous avez rêvé de découvrir un lieu qui, dans la réalité, ne s'est pas révélé tel que vous l'aviez imaginé. Racontez cette expérience. Vous décrirez le lieu imaginé et le lieu réel en exprimant ce que vous avez ressenti.
Votre devoir fera au moins deux pages.

Sujet 2

Joseph Kessel semble déçu par la découverte de Hollywood, une « ville mirage » selon lui.
Lors de la visite d'un lieu, l'enthousiasme ou la déception éprouvés ne dépendent-ils que du décor ?
Vous développerez divers arguments et les organiserez de manière rigoureuse en vous appuyant sur des exemples tirés de votre expérience personnelle ou de vos lectures.
Votre devoir fera au moins deux pages.

LES CLÉS DU SUJET

■ Questions

▶ **7.** Consultez les tableaux de grammaire → Organisation de la phrase complexe.

▶ **8.** Regardez les tableaux de grammaire → Les classes et les fonctions grammaticales.

■ Réécriture

Faites attention à :

• accorder au pluriel les verbes avec les sujets.

• transformer les adjectifs possessifs « ses » et « sa » en « leurs ».

• mettre les GN concernés au pluriel et accorder les attributs en nombre avec les sujets.

■ Rédaction

Sujet 1

• Lisez les fiches 1 et 4 : « Écrire un récit » et « Écrire une description/un portrait ».

• Le lieu peut être un endroit connu : ville, pays, site, ou plus personnel : maison familiale, colonie de vacances. Vous préciserez pourquoi vous idéalisez cet endroit : récits, valeur sentimentale, lieu symbolique ou très célèbre.

• Vous inclurez deux descriptions dans votre récit. La première sera idéalisée par vos rêves : beauté du lieu, influence de documentaires ou de récits de voyages, désir très fort de vous y rendre, envie personnelle liée à des circonstances particulières (raisons sentimentales ou familiales, lieu symbolique ou chargé d'Histoire). La seconde description sera en rapport avec la réalité et tiendra compte d'éléments extérieurs : environnement, bruits, odeurs, accompagnateurs, conditions météorologiques, humeur.

• Lorsque la réalité n'est pas conforme aux rêves, elle peut engendrer de la déception, mais aussi une surprise positive.

Sujet 2

• Lisez la fiche 8 : « Écrire un devoir de réflexion ».

• Dès l'introduction, vous définirez précisément les termes « enthousiasme » (joie, surprise agréable, adhésion) et « déception », liée à une image positive préalable, par exemple. Vous annoncerez un plan en deux parties qui tiendra compte du décor : éléments physiques (situation du lieu, bâtiments, atmosphères) qui peuvent, à eux seuls, motiver enthousiasme ou déception et environnement humain (conditions particulières, humeur, rêves qui engendrent parfois ces sentiments).

• La première partie développera donc les liens entre décor et sentiments éprouvés. La seconde partie tiendra compte des éléments qui peuvent altérer ces réactions.

CORRIGÉ 22

Questions

▶ **1.** Des lignes 1 à 10, Joseph Kessel utilise le **champ lexical du monde industriel** : « cité ouvrière » (ligne 1), « hauts-fourneaux » (ligne 3), « à la chaîne » (ligne 5), « Ford sort des automobiles » (ligne 6), « usines » (ligne 8).

▶ **2. a)** L'expression « images parlantes » (ligne 5) fait référence au **cinéma** puisque cette « ville américaine » est « entièrement consacrée à la réalisation et à la production de films » (paratexte).

b) La figure de style employée dans cette phrase est une **comparaison**, puisque l'auteur établit une relation entre « fabrique des images » et « Ford sort des automobiles » par l'intermédiaire de « comme ». L'auteur assimile donc la production de films à une usine où les voitures sont fabriquées à la chaîne. Il insiste ainsi sur la quantité de films sortant des studios d'Hollywood, sur la régularité du travail et sur le manque d'originalité de la création.

▶ **3.** Dans les lignes 30 à 39, plusieurs éléments permettent de comparer les employés des studios de cinéma à des ouvriers d'usine : « produire » (lignes 31-32), « Leur présence est exigée depuis neuf heures du matin aussi strictement que par un pointage. » (lignes 32-33), « outils » (ligne 33).

▶ **4. a)** Le verbe « avoue » (ligne 14) est au présent de l'indicatif. Il s'agit d'un **présent d'énonciation** qui montre que l'auteur s'implique personnellement dans sa description.

b) « J' » est un **pronom personnel, sujet** du verbe « avoue ».

c) L'auteur intervient directement ici pour montrer que sa description est un témoignage fait à partir d'impressions ressenties lors de sa visite. Sa présence directe dans le récit insiste sur sa **surprise** et sa **déception** face au nombre de studios dans ce lieu qu'il assimile à une « cité ouvrière » (ligne 1).

▶ **5. a)** La figure de style utilisée est une **énumération**.

b) L'expression « l'humanité en réduction » (ligne 38) fait référence au personnel des studios qui est si nombreux, si varié, si représentatif de la société par la diversité des professions exercées dans ces lieux, qu'il semble être une sorte de **microcosme à l'image de l'humanité tout entière**.

▶ **6.** Joseph Kessel semble très surpris par ce qu'il voit. En arrivant à Hollywood, il pensait « loisir », « luxe », (ligne 2) mais surtout films, donc rêves, culture, plaisir. Il découvre en fait un monde de travail, qu'il compare à celui des usines par les horaires et la pointeuse imposés, par la foule de personnes qui s'y pressent, par la production nombreuse et quasi stéréotypée des films qui en sortent. Il parle d'« usines à films » (lignes 8-9), de « peuple de travailleurs » (lignes 12-13), de « grande cité industrielle » (ligne 19).

▶ **7. a)** Les deux propositions sont **coordonnées** par la conjonction de coordination « et ».

b) Le rapport logique qui unit ces deux propositions est un rapport de **conséquence**.

Transformation : Elles emploient tout un peuple de travailleurs **si bien qu'elles** font vivre tout un pays.

▶ **8. a)** Le pronom personnel « elles » reprend « **les usines à films** » (lignes 8-9).

b) Classes et fonctions :

– « colossale » est un **adjectif qualificatif épithète** du nom « richesse » ;

– le groupe nominal « d'argent » est **complément du nom** « mouvement » ;

– la **proposition subordonnée relative** « qui se chiffre par milliards » est **complément de son antécédent** « un mouvement d'argent ».

c) Dans cette phrase, l'auteur insiste sur **l'argent qui circule à Hollywood**. Il parle de sommes « colossale[s] », de « milliards » (lignes 10-11).

▶ **9. a)** Ces groupes appartiennent au **champ lexical du sacré** : « temple », « dieux », plus précisément de la mythologie grecque : « Olympe ».
b) L'auteur emploie ces termes pour montrer à quel point l'argent compte dans la production cinématographique d'Hollywood. Ce « temple » est celui où se « réunissent » « les *executives* et les vrais maîtres du lieu : les *producers* » (lignes 41-42) que Kessel compare aux « dieux de l'Olympe » tant ils règnent sur la destinée des films et de tous les personnels qui contribuent à leur élaboration.

▶ **10.** Joseph Kessel a donné comme titre à son ouvrage : *Hollywood ville mirage*, c'est-à-dire **ville de l'illusion**, du mensonge. L'auteur veut montrer que les images de rêve, de loisir, de luxe, de culture liées au renom de la ville ne correspondent pas à la réalité. Selon lui, cet immense espace est en fait aussi sordide que les « villes minières » (ligne 3). Il ne parle pas de créateurs, réalisateurs ou scénaristes mais d'ouvriers régis par une pointeuse. Il insiste surtout sur **le pouvoir**, quasi divin, **de l'argent**. Kessel pense donc qu'**Hollywood n'est pas la ville du rêve, mais une ville mensongère** qui dissimule derrière sa « carapace de luxe » (ligne 2) une réalité bien moins idyllique.

Réécriture

Les modifications sont mises en couleur.

Hollywood **et Cinecittà sont des cités ouvrières**.

Sous **leurs** apparences de calme, de loisir, sous **leurs carapaces** de luxe, **elles sont pareilles** aux villes minières, aux agglomérations de hauts-fourneaux qui se vident de l'aube au crépuscule pour envoyer leur population aux galeries ou à la chaîne.

Dictée

POINT MÉTHODE

1 Au passé simple, il faut un accent circonflexe à la 1re personne du pluriel.

2 Après *on*, le verbe s'accorde à la 3e personne du singulier.

3 Regardez bien les mots suivants : *c'en fut, tout galérien, se pâmait* et retenez leur orthographe.

AUTRES GENRES

Pour une surprise, **c'en fut** une. À travers la brume, c'était tellement étonnant ce qu'on **découvrait** soudain que nous nous **refusâmes** d'abord à y croire et puis tout de même quand nous **fûmes** en plein devant les choses, **tout galérien** qu'on **était** on **s'est mis** à bien rigoler, en voyant ça devant nous…

Figurez-vous qu'elle était debout leur ville, absolument droite. New York c'est une ville debout. On en **avait** déjà **vu** nous des villes bien sûr, et des belles encore, et des ports et des fameux même. Mais chez nous, n'est-ce pas, elles sont couchées les villes, au bord de la mer ou sur les fleuves, elles s'allongent sur le paysage, elles attendent le voyageur, tandis que celle-là, l'Américaine, elle ne **se pâmait** pas, non, elle se tenait bien raide, là, raide à faire peur. […]

Rédaction au choix

POINT MÉTHODE

Inclure une description dans un récit

1 **La description doit s'inclure logiquement dans un récit. Elle est appelée par ce qui précède et influence ce qui suit. Elle pose un décor, explicite une situation, ancre l'intrigue dans une certaine réalité.**

2 **Pour décrire un lieu, on suit généralement un ordre précis : du plus large au plus précis, de bas en haut, de gauche à droite, par exemple.**

3 **On tient compte des formes, des matières, des couleurs, des odeurs, des bruits, des sensations, en évitant les formules et les verbes *il y a, être, avoir…***

Sujet 1 : devoir entièrement rédigé

Je suis passionné de mythologie grecque depuis l'école primaire. La lecture de l'*Odyssée* d'Homère ou des *Métamorphoses* d'Ovide m'ont ravi. Une histoire, particulièrement, m'a toujours fasciné, celle du roi Minos, du Minotaure, de Thésée et de l'infortunée Ariane. Voilà pourquoi, quand notre professeur nous a proposé un voyage scolaire en Crète, j'étais très content.

J'imaginais **le port** dans lequel Thésée avait accosté et d'où il était reparti. Je voyais, dans mes rêves, **les champs d'oliviers**, **je sentais l'odeur des orangers en fleurs,** mais surtout, j'étais impatient d'entrer dans **le palais** de Knossos, et d'entrevoir le fameux labyrinthe. Je pensais aux fresques couvrant les murs, les couleurs encore vives des peintures, les colonnes, certes un peu endommagées mais tellement chargées d'Histoire. Je comptais m'approcher du trône royal.

Quand nous arrivâmes sur l'île, les dieux semblaient nous avoir abandonnés. Il tombait une pluie diluvienne, les collines descendaient en fleuves boueux dans le centre de la ville. Du port, nous ne vîmes que la brume qui l'enveloppait. La mer, grise, s'affalait en vagues terribles contre les falaises. Le vent sifflait.

Nous décidâmes néanmoins de nous diriger vers les ruines du palais de Knossos. Sur la route, les champs d'oliviers devenaient une vague tache noire. Il était parfois difficile de voir à plus de dix mètres tant le brouillard devenait dense. Mais je restais néanmoins enthousiaste, j'allais mettre mes pas dans ceux de Thésée !

Hélas ! Un monsieur, bien intentionné sans doute, avait cru bon de reproduire, dans un vague béton de couleur, ce que devaient être les bâtiments principaux. Une splendide colonnade digne d'un parc d'attraction surplombait un socle à demi détruit. Le trône se voyait uniquement derrière une vitre. Et… il continuait à pleuvoir.

Étais-je déçu ? Oui et non. Nous prîmes surtout le parti d'en rire. Les éléments se liguaient contre nous, les horribles travaux de réfection gâchaient l'ensemble mais j'y étais ! Que m'importaient le climat, le manque d'esthétique et de respect du site. L'audacieuse Ariane s'était tenue là, attendant fébrilement le retour de Thésée, et, moi aussi, j'étais là…

Sujet 2 : plan détaillé

Introduction

– Reprenez la première phrase du sujet qui établit un lien entre le devoir de réflexion et le texte de Kessel. Vous pourrez envisager des lieux célèbres et d'autres, plus personnels.

– Précisez ce que vous entendez par enthousiasme : plaisir, joie, adhésion, et par déception : tristesse, rejet.

– Présentez votre plan en deux parties : la première associera ces sentiments au charme du lieu ou à son manque d'esthétique ; la seconde montrera que ce que l'on ressent dépend parfois d'éléments extérieurs.

Première partie

– La beauté d'un lieu (paysages somptueux, bâtiments intéressants d'un point de vue architectural ou historique, maisons familiales agréables) suscite souvent l'enthousiasme. On peut être surpris et ému par un tel spectacle. Le décor est parfois mis en valeur par une lumière particulière, le silence ou, au contraire, de la musique qui augmente le plaisir.

– Mais le décor peut aussi être détérioré momentanément : échafaudages lors de travaux de réfection, dépôts d'ordures malencontreux, manque de luminosité…

– Concluez sur l'importance de l'esthétique d'un lieu.

Deuxième partie

– Les sentiments éprouvés ne dépendent pas exclusivement du lieu en lui-même. On est parfois déçu par rapport à une attente trop forte, des rêves insensés. Dans ce cas, on ne retrouve pas dans la réalité ce que l'on avait imaginé.

– L'environnement humain influence aussi les sentiments éprouvés : visiter un endroit peu intéressant en compagnie d'amis peut rendre la sortie très agréable par la bonne humeur affichée ou, au contraire, une visite contrainte, avec des personnes ennuyeuses, influencera négativement les impressions, même devant le plus beau des spectacles. Il ne faut pas non plus minimiser l'importance des conditions climatiques qui embellissent un lieu, le rendent un peu fantastique dans la brume ou enlèvent tout plaisir.

– Enfin, la part d'investissement personnel intervient parfois. Des ruines peuvent émerveiller par ce qu'elles représentent dans l'esprit du visiteur qui recrée un monde disparu et se sent ému par l'Histoire que véhiculent ces pierres. La valeur sentimentale entre en ligne de compte : une maison familiale renvoie à un passé heureux ou douloureux, quelle que soit la beauté ou la banalité du lieu.

– Vous conclurez sur l'importance de ces éléments dans l'appréhension d'un endroit.

Conclusion

Il est évident que les sentiments éprouvés, enthousiasme ou déception, dépendent directement du lieu, mais il ne faut pas négliger les éléments extérieurs, humeur, climat, ambiance… qui augmentent ou restreignent l'impression première.

D'après France métropolitaine • Juin 2012
Série générale

La compétition des cuisiniers

Michel Tournier
« Les Deux Banquets ou la Commémoration » dans *Le Médianoche amoureux*

Il était une fois un calife d'Ispahan qui avait perdu son cuisinier. Il ordonna donc à son intendant de se mettre en quête d'un nouveau chef digne de remplir les fonctions de chef des cuisines du palais.

Les jours passèrent. Le calife s'impatienta et convoqua son intendant.

– Alors ? As-tu trouvé l'homme qu'il nous faut ?

– Seigneur, je suis bien embarrassé, répondit l'intendant. Car je n'ai pas trouvé un cuisinier, mais deux tout à fait dignes de remplir ces hautes fonctions, et je ne sais comment les départager.

– Qu'à cela ne tienne, dit le calife, je m'en charge. Dimanche prochain, l'un de ces deux hommes désigné par le sort nous fera festoyer, la cour et moi-même. Le dimanche suivant, ce sera au tour de l'autre. À la fin de ce second repas, je désignerai le vainqueur de cette plaisante compétition.

Ainsi fut fait. Le premier dimanche, le cuisinier désigné par le sort se chargea du déjeuner de la cour. Tout le monde attendait avec la plus gourmande curiosité ce qui allait être servi. Or la finesse, l'originalité, la richesse et la succulence des plats qui se succédèrent sur la table dépassèrent toute attente. L'enthousiasme des convives était tel qu'ils pressaient le calife de nommer sans plus attendre chef des cuisines du palais l'auteur de ce festin incomparable. Quel besoin avait-on d'une autre expérience ? Mais le calife demeura inébranlable. « Attendons dimanche, dit-il, et laissons sa chance à l'autre concurrent. »

Une semaine passa, et toute la cour se retrouva autour de la même table pour goûter le chef-d'œuvre du second cuisinier. L'impatience était vive, mais le souvenir délectable du festin précédent créait une prévention[1] contre lui.

Grande fut la surprise générale quand le premier plat arriva sur la table : c'était le même que le premier plat du premier banquet. Aussi fin, original, riche et succulent, mais identique. Il y eut des rires et des

AUTRES GENRES

murmures quand le deuxième plat s'avéra à son tour reproduire fidèlement le deuxième plat du premier banquet. Mais ensuite un silence consterné pesa sur les convives, lorsqu'il apparut que les plats suivants étaient eux aussi les mêmes que ceux du dimanche précédent. Il fallait se rendre à l'évidence : le second cuisinier imitait point par point son concurrent.

Or chacun savait que le calife était un tyran ombrageux[2], et ne tolérait pas que quiconque se moquât de lui, un cuisinier moins qu'aucun autre, et la cour tout entière attendait épouvantée, en jetant vers lui des regards furtifs, la colère dont il allait foudroyer d'un instant à l'autre le fauteur[3] de cette misérable farce. Mais le calife mangeait imperturbablement.

1. Prévention : idée négative.
2. Ombrageux : qui se vexe facilement.
3. Fauteur : responsable.

Questions (15 points)

▶ **1.** À quel genre appartient ce récit ? Justifiez votre réponse en donnant au moins trois indices. *(2 points)*

▶ **2. a)** Pourquoi le calife décide-t-il d'organiser une compétition ? *(1 point)*
b) En quoi consiste-t-elle ? *(1 point)*

▶ **3.** Citez trois traits de caractère du calife évoqués dans le texte. Justifiez chacune de vos réponses à l'aide d'indices précis. *(2 points)*

▶ **4.** « Quel besoin avait-on d'une autre expérience ? » (lignes 20-21)
a) Qui parle et dans quel but ? *(1 point)*
b) Comment ces paroles sont-elles rapportées ? *(0,5 point)*

▶ **5. a)** « la finesse, l'originalité, la richesse et la succulence des plats » (lignes 16-17) : quelle figure de style est ici employée et dans quelle intention ?
❑ Une comparaison ❑ une énumération
❑ une personnification *(1 point)*
b) Relevez une série d'adjectifs qualifiant un plat du deuxième repas. Que constatez-vous ? *(1 point)*

▶ **6.** Le second banquet joue-t-il le rôle attendu ? Justifiez votre réponse. *(1 point)*

▶ **7.** Quelles sont les trois réactions successives des convives durant le second repas ? Justifiez vos réponses. *(1,5 point)*

▶ **8.** Comment le texte présente-t-il le châtiment du second cuisinier comme inévitable ? *(0,5 point)*

▶ **9.** En quoi l'attitude du calife est-elle étonnante à la fin du texte ? *(1 point)*

▶ **10.** Cette « compétition » se révèle-t-elle si « plaisante » qu'elle promettait de l'être (lignes 12-13) ? Expliquez votre réponse. *(1,5 point)*

Réécriture (4 points)

« Grande fut la surprise générale quand le premier plat arriva sur la table, aussi fin, original, riche et succulent. » (lignes 27 à 29)
Réécrivez cette phrase en la tranposant au passé composé et en mettant « plat » au pluriel.

Dictée (6 points)

Émile Zola
L'Assommoir, 1877

Elles entourèrent la rôtissoire, elles regardèrent avec un intérêt profond Gervaise et maman Coupeau qui tiraient sur la bête. Puis, une clameur s'éleva, où l'on distinguait les voix aiguës et les sauts de joie des enfants. Et il y eut une rentrée triomphale : Gervaise portait l'oie, les bras raidis, la face suante, épanouie dans un large rire silencieux ; les femmes marchaient derrière elle, riaient comme elle ; tandis que Nana, tout au bout, les yeux démesurément ouverts, se haussait pour la voir. Quand l'oie fut sur la table, énorme, dorée, ruisselante de jus, on ne l'attaqua pas tout de suite. C'était un étonnement, une surprise respectueuse, qui avait coupé la voix à la société. On se la montrait avec des clignements d'yeux et des hochements de menton.

Écrire au tableau : Gervaise, Coupeau, Nana.

Rédaction au choix (15 points)

Sujet 1

À la fin du repas, le calife fait venir les deux cuisiniers devant la cour et demande au second cuisinier de s'expliquer. Après l'avoir écouté, le calife annonce sa décision et la justifie. Racontez cette scène en introduisant dans le récit les paroles échangées et en décrivant les réactions des différents personnages présents.
Votre texte fera au moins deux pages.

Sujet 2

Dans le conte de Michel Tournier, deux cuisiniers s'affrontent pour obtenir une fonction au palais du calife. Quels sont, selon vous, les avantages et les inconvénients du système de compétitions, qu'elles soient sportives, scolaires, artistiques ou autres ? Dans un devoir organisé de manière rigoureuse, vous développerez différents arguments que vous illustrerez d'exemples tirés de votre expérience personnelle ou de vos lectures.
Votre texte fera au moins deux pages.

LES CLÉS DU SUJET

Questions

▶ **1.** Pour trouver la réponse à cette question, relisez les premiers mots de l'extrait et pensez à des œuvres que vous avez lues en 6e.

▶ **5. a)** Reportez-vous au lexique → Figures de style.

Réécriture

Faites attention :

- à bien utiliser le passé composé pour les verbes en les accordant correctement avec leurs sujets.
- à faire l'accord du participe passé précédé de l'auxiliaire *être*.
- à mettre les adjectifs qualificatifs au pluriel.

Rédaction

Sujet 1

- Lisez les fiches 1, 2 et 3 : « Écrire un récit », « Écrire une suite de texte » et « Écrire un dialogue ».

• Le dialogue tiendra compte du rapport entre les deux personnages : attitude respectueuse, voire effrayée, de la part du cuisinier ; impérieuse pour le calife.
• La raison invoquée par le cuisinier doit être plausible : relations privilégiées entre les deux concurrents, même formation, désir identique de se trouver au service du calife, proposition de travailler ensemble, envie de prouver qu'une compétition ne résout pas toujours le problème...
• La fin respectera les normes du conte : punition du cuisinier qui a osé refaire ce que le précédent avait présenté ou récompense pour les deux. Les réactions des convives dépendront de l'orientation choisie : angoisse, stupéfaction, soulagement.

Sujet 2

• Lisez la fiche 8 : « Écrire un devoir de réflexion ».
• Dès l'introduction, vous définirez ce que vous entendez par le terme « compétition » : concurrence, rivalité entre plusieurs candidats s'affrontant dans un même domaine.
• Une partie développera les avantages : désir de se surpasser, envie de se confronter aux autres et d'évaluer son niveau, plaisir de participer...
• Une autre envisagera les inconvénients : mise à l'écart du perdant, éventuelles conséquences néfastes pour cette personne, obsession de la hiérarchie, mise en danger sur le plan physique, psychologique voire médical...
• Vous illustrerez votre devoir d'exemples pris dans la vie courante : concours scolaires, émissions télévisées, championnats sportifs...

CORRIGÉ 23

Questions

▶ **1.** Ce récit est un **conte** qui commence par la formule attendue : « **Il était une fois** » (ligne 1). Il comporte une **situation initiale** précisant le lieu : « Ispahan » (ligne 1), les personnages en présence : « un calife » (ligne 1) et « son intendant » (ligne 2), et les circonstances : « en quête d'un nouveau chef digne de remplir les fonctions de chef des cuisines du palais » (lignes 2-3). L'**élément perturbateur** indique que l'intendant n'a « pas trouvé un cuisinier, mais deux tout à fait dignes de remplir ces hautes fonctions » (lignes 7-8). De plus, les verbes sont aux **temps du passé**.

▶ **2. a)** Le calife décide d'organiser une compétition afin de pouvoir **départager les deux concurrents** que lui a trouvés son intendant.
b) Les deux cuisiniers devront **préparer, à tour de rôle, un festin**. Le calife se chargera lui-même de désigner « le vainqueur de cette plaisante compétition » (lignes 12-13).

▶ **3.** D'une part, le calife « s'impatienta » (ligne 4) et il est décrit comme « un tyran ombrageux » (ligne 36) qui se vexe : « ne tolérait pas que quiconque se moquât de lui » (lignes 36-37), **prompt à « la colère »** (ligne 39). D'autre part, il est **impartial** : « le calife demeura inébranlable. “Attendons dimanche, dit-il, et laissons sa chance à l'autre concurrent” » (lignes 21-22), et **très calme** : « imperturbablement » (ligne 40).

▶ **4. a)** Ces paroles sont prononcées par les « **convives** » qui « pressaient le calife de **nommer** sans plus attendre chef des cuisines » (lignes 18-19) le **premier candidat**, tant le festin préparé était somptueux. Ils étaient persuadés que personne ne pourrait surpasser les exploits de ce cuisinier.
b) Ces paroles sont rapportées dans un **discours indirect libre**, comme en témoignent l'absence de guillemets, de subordination et de verbe introducteur et la présence du point d'interrogation.

▶ **5. a)** La figure de style employée est une **énumération** qui insiste sur les **qualités incomparables**, à plusieurs titres, de ce premier festin.
b) Le premier plat du second banquet est qualifié de « fin, original, riche et succulent » (ligne 29). L'auteur a repris les **adjectifs qualificatifs qui correspondent aux noms** utilisés pour décrire les plats présentés par l'autre cuisinier. Il veut montrer que non seulement les plats sont les mêmes pour les deux concurrents mais qu'ils se valent en tout point.

▶ **6.** Le second repas avait pour objectif de départager les deux candidats : « Attendons dimanche, dit-il, et laissons sa chance à l'autre concurrent. » (lignes 21-22) alors que l'assistance était déjà persuadée que le premier était inégalable. Mais le second cuisinier présente des plats qui « étaient eux aussi les mêmes que ceux du dimanche précédent » (ligne 33) et de qualités égales. Il semble donc désormais **impossible de décider qui est le meilleur des deux**.

▶ **7.** Lorsque « le premier plat arriva sur la table » (lignes 27-28), comme « c'était le même que le premier plat du premier banquet » (ligne 28), « [g]rande fut la **surprise** générale » (ligne 27).

Au second plat, « Il y eut des **rires** et des **murmures** » (lignes 29-30). Chacun s'étonne et s'amuse donc en premier lieu de ce festin absolument identique au premier.

Mais la suite effraie l'assistance : « un **silence consterné** pesa sur les convives » (lignes 31-32), « la cour tout entière attendait épouvantée » (ligne 38).

▶ **8.** Le châtiment du second cuisinier semble inévitable pour tous les convives qui connaissent le caractère du calife, « **un tyran ombrageux** [qui] ne tolérait pas que quiconque se moquât de lui, un cuisinier moins qu'aucun autre » (lignes 36-37). Ainsi, « la cour tout entière attendait épouvantée [...] la **colère** dont il allait foudroyer d'un instant à l'autre le fauteur de cette misérable farce » (lignes 38 à 40).

▶ **9.** Le calife « **mangeait imperturbablement** » (ligne 40). Cette attitude ne correspond pas à ce que chacun connaît du **caractère emporté du calife**.

▶ **10.** Au début, le calife, qui propose que les deux candidats se mesurent lors de festins, présente cela comme une « plaisante compétition » (lignes 12-13). Le premier repas entraîne l'« enthousiasme des convives » (ligne 18). Le second banquet suscite d'abord surprise et amusement, puis consternation tant les deux banquets sont identiques. Craignant une réaction violente du calife, l'assistance se montre finalement « épouvantée » (ligne 38). Ce qui s'annonçait comme **une agréable activité finit donc en angoisse**.

Réécriture

Les modifications sont mises en couleur.

Grande **a été** la surprise générale quand **les premiers plats sont arrivés** sur la table, aussi **fins**, **originaux**, **riches** et **succulents**.

Dictée

POINT MÉTHODE

❶ Ne confondez pas les adverbes en *-ment* qui sont invariables et les noms qui se terminent en *-ment*.

❷ L'adjectif épithète s'accorde en genre et en nombre avec le nom qu'il qualifie.

❸ Regardez bien les mots suivants : *aiguës, se haussait, ruisselante* et retenez leur orthographe.

Elles entourèrent la rôtissoire, elles regardèrent avec un intérêt profond Gervaise et maman Coupeau qui tiraient sur la bête. Puis, une clameur s'éleva, où l'on distinguait les voix aiguës et les sauts de joie des enfants. Et il y eut une rentrée triomphale : Gervaise portait l'oie, les bras raidis, la face suante, épanouie dans un large sourire silencieux ; les femmes marchaient derrière elle, riaient comme elle ; tandis que Nana, tout au bout, les yeux démesurément ouverts, se haussait pour la voir. Quand l'oie fut sur la table, énorme, dorée, ruisselante de jus, on ne l'attaqua pas tout de suite. C'était un étonnement, une surprise respectueuse, qui avait coupé la voix à la société. On se la montrait avec des clignements d'yeux et des hochements de menton.

Rédaction au choix

Sujet 1 : plan détaillé

– Racontez d'abord la fin du repas : toujours la même excellence de mets identiques à ceux du festin précédent, et indiquez comment chacun se comporte : malaise croissant des convives, chuchotements et appétit du calife qui ne manifeste aucune émotion.

– Le repas achevé, le calife fait venir les deux cuisiniers. Faites leurs portraits : vêtements, physique, attitude respectueuse, terrifiée ou calme.

– Le calife interroge le second cuisinier pour connaître les raisons de son choix de repas. Il sera soit brutal, vexant, menaçant ou, au contraire, extrêmement calme. Selon l'option choisie, l'assistance et le cuisinier seront terrorisés ou mis en confiance.

– Après s'être excusé d'avoir provoqué une situation inédite, le cuisinier devra proposer une explication plausible : amitié avec l'autre concurrent, envie de travailler ensemble, intérêt d'avoir à son service deux personnes aux compétences équivalentes qui peuvent se remplacer l'une l'autre en cas de nécessité. Le calife apprécie la franchise et comprend la situation.

– Le second cuisinier peut aussi dire qu'il est supérieur au premier puisqu'il a subi une épreuve plus difficile : reproduire un festin déterminé par un autre. Selon les cas, le calife se montrera surpris, exaspéré ou captivé.

– La décision finale revient au calife : soit il accepte de prendre à son service les deux cuisiniers en alternance ; soit il choisit le second, convaincu de sa supériorité, ou le premier qui a élaboré le festin.

– Vous conclurez sur les réactions de chacun : satisfaction ou exaspération du calife, surprise ou appréhension des convives, bonheur ou angoisse des cuisiniers.

Sujet 2 : plan détaillé

Introduction

– Reprenez la première phrase du sujet qui établit un lien entre le conte de Michel Tournier et le sujet proposé.

– Définissez le terme « compétition » : concurrence, rivalité de plusieurs candidats s'affrontant dans un même domaine et indiquez quels secteurs peuvent être concernés : scolaire, sportif, artistique…

– Proposez un plan qui annonce une partie positive et une autre négative, étant entendu qu'il faut terminer le devoir par le point de vue que l'on tient à privilégier.

Première partie : intérêts des compétitions

– Participer à une compétition aide à se situer par rapport à un niveau attendu, par exemple sur le plan scolaire ou sportif.

– Cela permet parfois de se rassurer ou d'accepter de se remettre en cause, de connaître ses faiblesses pour mieux tenter de les surmonter.

– Certains envisagent aussi ces épreuves comme un moyen de se dépasser, de gagner en confiance. On envisagera les cas où les compétitions ne concernent pas une seule personne mais un groupe qui y trouve des conséquences positives sur la cohésion.

Deuxième partie : inconvénients des compétitions

– Si la personne prend la notion de concurrence trop à cœur, il en découle une angoisse perturbante à l'approche des épreuves, un découragement au moment des résultats, une perte de confiance en soi…

– Parfois, la hantise de l'échec ou la trop grande envie de réussir entraîne des conséquences graves sur le plan de la santé : fatigue chronique, anxiété, insomnies. Les concours liés à l'apparence physique ne sont pas sans danger : anorexie éventuelle, perte de poids, chirurgie esthétique.

– La notion de compétition entraîne l'idée de hiérarchie qui envahit sans doute un peu trop les esprits de nos jours : concours de la meilleure danse, du meilleur repas, de la plus belle maison… Il faut craindre que chacun se détermine uniquement par rapport à autrui et perde de vue son intérêt véritable et le respect qu'il doit aux autres.

– Vous conclurez sur les dangers des compétitions répétitives, abusives, qui, selon les cas, ne sont pas toujours fiables et ne déterminent pas obligatoirement la supériorité d'un individu sur un autre.

Conclusion

La compétition entraîne certaines personnes à développer le meilleur d'elles-mêmes. Encore ne faut-il pas en abuser !

III. La boîte à outils

▸ Tableaux de grammaire 270
▸ Fiches pour la rédaction 274
▸ Lexique des notions 280

Tableaux de grammaire

1. Les classes grammaticales

	Classes de mots	Caractéristiques	Exemples
MOTS VARIABLES	**Noms**	Désignent une personne, un objet, une idée. – nom commun – nom propre	 – *frère* – *Paris*
	Déterminants	Introduisent un nom avec lequel ils s'accordent. – articles définis, indéfinis ou partitifs – déterminants possessifs – déterminants démonstratifs – déterminants indéfinis – déterminants numéraux – déterminants interrogatifs et exclamatifs	 – *le, un, des, du…* – *mon, sa, mes…* – *ce, cet, cette, ces…* – *même, chaque, quelques…* – *deux, troisième…* – *quel, quelle…*
	Adjectifs qualificatifs	Caractérisent un nom.	*beau, vert…*
	Pronoms	Désignent une personne de la situation d'énonciation (je, tu, nous, vous…) ou remplacent un mot ou un groupe de mots. – pronoms personnels – pronoms relatifs – pronoms possessifs – pronoms démonstratifs – pronoms indéfinis – pronoms interrogatifs	 – *nous, la, leur…* – *qui, que, dont, où, lequel…* – *le sien…* – *c', celui-ci, ceux-ci…* – *chacun, tous, on…* – *qui, que…*
	Verbes	Expriment une action ou un état. Varient selon : – le temps – le mode – la personne	 – *se trouve/ se trouva* – *il reconnaît/ qu'il reconnaisse* – *il accourut/ ils accoururent*

	Classes grammaticales	Caractéristiques	Exemples
MOTS INVARIABLES	**Prépositions**	Introduisent un complément.	*à, dans, chez, sans…*
	Adverbes	Précisent le sens d'un mot, d'une phrase.	*aussitôt, malheureusement…*
	Conjonctions de coordination	Relient des mots, des propositions.	*mais, ou, et, donc, or, ni, car*
	Conjonctions de subordination	Relient une proposition principale à une proposition subordonnée.	*que, lorsque, si, comme, quand, puisque…*
	Interjections	Expriment un sentiment ou une émotion.	*oh !, eh ! …*
	Onomatopées	Imitent un bruit.	*chut !, plouf ! …*

2. Les fonctions grammaticales

	Fonctions	Caractéristiques	Exemples
DANS LE GN	**Épithète**	Est placée à côté du nom qu'elle qualifie.	*Des fleurs* ***magnifiques****.*
	Apposition ou épithète détachée	Est séparée du nom qu'elle précise par des virgules.	***Heureux****, ils souriaient.* *J'ai lu ce livre,* ***un roman policier****.*
	Complément du nom	Est introduit par une préposition (*de*, *à*…) et donne des précisions sur le nom.	*La leçon* ***de grammaire****.*
	Complément de l'antécédent	Fonction d'une proposition subordonnée relative.	*J'ai revu un film* ***que j'avais beaucoup aimé****.*

	Fonctions	Caractéristiques	Exemples
DANS LA PHRASE	**Sujet**	– Commande l'accord du verbe. – Est parfois inversé.	– ***Claire*** *part à Francfort.* – *Où part-****elle*** *?*
	Attribut du sujet	Caractérise le sujet par un verbe d'état (ou attributif).	*Elle semble* ***fatiguée****.*
	Complément d'objet	– direct (COD) – indirect (COI) – second (COS)	– *Vous écoutez* ***de la musique****.* – *Tu parles* ***à ton voisin****.* – *Tu offres un cadeau* ***à Léa****.*
	Complément d'agent	Se trouve dans une phrase à la voix passive.	*Paul a été remarqué* ***par l'entraîneur****.*
	Complément circonstanciel	– de temps – de lieu – de manière – de moyen – de cause – de conséquence – de but – de comparaison – de condition – d'opposition	– ***Quand il pleut****, je ne sors pas.* – *Il habite* ***à Londres****.* – *Je marche* ***rapidement****.* – *J'écris* ***avec un stylo bleu****.* – *Tu souris* ***parce que tu es amusé****.* – *Il est* ***si*** *triste* ***qu'il pleure****.* – *Nous travaillons* ***pour réussir****.* – *Il écrit* ***comme il parle****.* – ***Si tu viens****, je serai là.* – ***Malgré son âge****, il court vite.*

3. Phrase simple/complexe

	Définition	Exemple
Phrase	Ensemble de mots qui forme une unité de sens.	******Soudain route lentement.*** n'est pas une phrase. ***Il regarde.*** est une phrase.
Phrase verbale	Phrase organisée autour d'au moins un verbe conjugué.	*Il pleut beaucoup.*
Phrase non verbale	Phrase sans verbe conjugué.	*Silence !*
Proposition	Ensemble de mots qui comporte un verbe conjugué.	*Il* ***écoute*** *puis* ***sourit****.* 2 verbes → 2 propositions
Phrase simple	Phrase qui comporte une seule proposition (proposition indépendante)	*Je le regarde partir.*
Phrase complexe	Phrase qui comporte plusieurs propositions.	*Claire appelle son frère et lui demande de venir.*

4. Organisation de la phrase complexe

Les propositions sont	Définition	Exemple
Juxtaposées	Les propositions sont placées l'une à côté de l'autre et séparées par une virgule, un point-virgule ou deux points.	*Henri a couru :* ***il était en retard****.*
Coordonnées	Les propositions sont liées entre elles par une conjonction ou un adverbe de coordination.	*Henri a couru* ***car il était en retard****.*
Subordonnées	La proposition subordonnée dépend d'une proposition principale, sans laquelle elle ne peut exister.	*Henri a couru* (proposition principale) ***parce qu'il était en retard*** (proposition subordonnée).

5. Les propositions subordonnées

Subordonnée	Mot complété	Fonction	Exemple
Relative	Nom ou pronom	Complément de l'antécédent	*Elle relit la lettre* ***qu'elle a écrite****.*
Conjonctive complétive	Verbe	Complément d'objet	*Je souhaite* ***que tu travailles davantage****.*
Interrogative indirecte	Verbe	Complément d'objet	*Nous nous demandons* ***s'il va faire beau****.*
Conjonctive circonstancielle	Verbe	Complément circonstanciel	*Explique-moi la situation* ***pour que je comprenne****.* (CC de but)

6. *Que*

Classe grammaticale	Caractéristique	Exemple
Conjonction de subordination	Introduit une proposition subordonnée conjonctive par *que*.	*Je pense* ***que*** *Sophie est bavarde.*
Pronom relatif	Remplace un nom ou un pronom (l'antécédent) dans la proposition surbordonnée relative qui l'introduit.	*Le roman* ***que*** *j'ai lu est passionnant.*
Pronom interrogatif	Sert à poser une question.	***Que*** *fais-tu ce soir ?*
Adverbe de négation	Second élément de la négation *ne… que*.	*Sophie* ***ne*** *lit* ***que*** *des bandes dessinées.*
Adverbe exclamatif	Est suivi de la préposition *de*.	***Que de*** *bruit !*
Élément du comparatif	Introduit le complément du comparatif.	*Henri est plus grand* ***que*** *moi.*

Fiches pour la rédaction

1. Écrire un récit

▶ Il faut **structurer un récit** :
– la première partie correspond à la situation initiale qui donne le plus de renseignements possibles : qui ? où ? quand ? avec qui ? dans quelles circonstances ? dans quel but ?
– les faits sont ensuite rapportés en plusieurs paragraphes, le plus souvent en suivant un ordre chronologique. Enchaînez les paragraphes par des adverbes variés : *ensuite, puis, alors, néanmoins, enfin*, etc. ;
– on termine en général par quelques lignes qui ferment le récit et qui constituent la situation finale.

▶ **Deux points de vue narratifs** sont possibles :
– récit à la première personne : les faits sont vécus par le narrateur ;
– récit à la troisième personne : le narrateur n'apparaît pas directement.

▶ Un récit peut s'inscrire :
– dans un système où le **présent est le temps de référence**. Les événements passés sont rapportés au **passé composé**, les actions à venir au **futur** ;
– dans un système qui prend comme point de référence un **moment coupé du présent du narrateur**. Les verbes sont surtout au **passé simple** pour les actions de premier plan, à l'**imparfait** pour l'arrière-plan (décor, réflexions).

▶ Vous pouvez **enrichir un récit par des passages** :
– **de dialogue** : voyez la fiche 3 (Écrire un dialogue) ;
– **de description** : voyez la fiche 4 (Écrire une description/un portrait) ;
– **d'analyse de sentiments** ;
– **d'argumentation** : ils peuvent intervenir directement dans le récit ou prendre la forme d'un dialogue. Ils doivent toutefois rester assez brefs pour ne pas éloigner trop longtemps l'attention du lecteur de la suite des événements.

2. Écrire une suite de texte

▶ Une suite de texte doit respecter :
– le **type de texte** (réaliste, science-fiction, fantastique) ;
– le **point de vue narratif** (1re ou 3e personne) ;
– l'**époque** où l'auteur a situé l'action ;
– le **lieu** ;
– les **personnages** déjà cités et leurs caractéristiques (âge, caractère, milieu social, façon de parler) ;
– le **ton et la langue** de l'auteur (humour).

Appuyez-vous sur les réponses que vous avez données aux questions.

▶ Il faut donc veiller à :
– ne pas introduire d'anachronismes (pour le XIXe siècle, pas de chaîne hi-fi par exemple) ;
– ne pas trop vous éloigner de l'extrait en perdant de vue les personnages principaux ;
– vous servir de toutes les indications données dans le texte. La dernière phrase est parfois essentielle car elle oriente vers une suite possible ;
– garder un ensemble cohérent même s'il est totalement différent de la fin écrite par l'auteur.

▶ **Commencez votre suite par la dernière ou les deux dernières phrases de l'extrait**, citées sans guillemets.

3. Écrire un dialogue

▶ Dans un dialogue, les personnages parlent au discours direct ; les temps et modes les plus employés sont donc le **présent**, le **passé composé**, le **futur** et l'**impératif**.

▶ Le plus souvent, un dialogue s'insère dans un récit qui présente les locuteurs et les circonstances de la rencontre. Il faut absolument éviter les reparties banales : « Bonjour Margot, ça va ? Oui, ça va, et toi, Anthony ? Oui. » Un dialogue doit **faire avancer l'action, mieux faire connaître les personnages**.

▶ Pour un **dialogue argumentatif**, le schéma à suivre est le suivant :
– 1er locuteur : argument 1 ;
– 2e locuteur : contre-argument 1 + argument 2 ;
– 1er locuteur : contre-argument 2 + argument 3, etc.

▶ La présentation d'un dialogue obéit à une disposition particulière :
– après la dernière phrase du récit, il faut mettre **deux points** (:) et aller **à la ligne** pour la première prise de parole ;
– avant le début de la première réplique, vous devez **ouvrir les guillemets** ;
– lorsque le second personnage intervient, vous allez **à la ligne** et vous commencez par un **tiret**. Pour chaque intervenant, vous suivez les mêmes règles : à la ligne, tiret ;
– **vous ne fermez les guillemets qu'à la fin de l'échange** ;
– avant le dialogue et/ou à l'intérieur, vous employez des **verbes introducteurs de parole**. N'utilisez pas toujours *dire* mais variez en fonction du ton *(reprocher)*, de la force de la voix *(crier, murmurer)*, du contenu de la réplique *(demander, répondre)* ;
– n'oubliez ni les points d'interrogation ni les points d'exclamation.

▶ Attention à ne pas répéter sans cesse les mêmes prénoms dans la présentation du dialogue ; l'utilisation de **pronoms personnels ou démonstratifs** permet d'éviter les répétitions.

▶ Le **niveau de langue** des répliques doit correspondre au statut des personnages : soutenu ou courant, parfois familier, mais les vulgarités sont à exclure.

4. Écrire une description/un portrait

▶ Une description permet au lecteur de se représenter un lieu, un objet. Décrire une personne, c'est faire son portrait.

▶ La description et le portrait marquent des **temps d'arrêt dans le récit**. Ils permettent souvent de préparer l'action à venir en donnant des indications sur les lieux ou sur le caractère des personnages.

▶ Il existe deux façons d'organiser une description :
– le lieu est évoqué par un **observateur qui se déplace** et qui décrit la réalité qui l'entoure au fur et à mesure qu'il la découvre. Les notations sont enchaînées par des connecteurs temporels comme *d'abord… puis… enfin…*
– le lieu est évoqué par un **observateur immobile**, souvent placé en hauteur, qui voit l'ensemble du paysage. La description est alors organisée par des connecteurs spatiaux : *au loin… à mes pieds… à gauche… à droite…*

▶ Lorsque vous écrivez un portrait, veillez à suivre un ordre : détails physiques puis traits de caractère par exemple. Choisissez les **éléments les plus significatifs** de la personne que vous évoquez. N'oubliez pas de donner l'impression qui se dégage de ce personnage.

▶ Pour décrire, utilisez :
– des **groupes nominaux enrichis** par des adjectifs qualificatifs précis (formes, couleurs, matières…), des compléments de noms, des propositions relatives ;
– des **verbes de perception** (*voir*, mais aussi *distinguer, apercevoir, entendre*, etc.) ;
– des **compléments circonstanciels**.
– Évitez d'employer l'expression *il y a*.

5. Écrire une lettre

▶ Commencez par bien clarifier dans votre esprit :
– **qui envoie la lettre** (l'émetteur) : son prénom, son nom, son âge, son caractère ;
– **qui va recevoir la lettre** (le destinataire) : mêmes caractéristiques, et les liens qu'il a avec l'émetteur (parent, ami, supérieur hiérarchique…) ;

– quand la lettre est écrite : **date** ;
– d'où la lettre est envoyée : **lieu** ;
– **dans quel but la lettre est écrite** : récit d'un événement, demande, expression de sentiments, etc.

▶ La **présentation d'une lettre** obéit à des contraintes précises :
– en haut à droite, lieu et date ;
– plus bas, au milieu de la page, prénom ou titre du destinataire précédé parfois d'un adjectif (*Chère Juliette* ou bien *Monsieur*) ;
– plus bas, décalé par rapport au bord de la page, un paragraphe d'introduction : vous expliquez les circonstances dans lesquelles vous écrivez et les raisons de votre lettre (*déclaration d'amour* ou bien *demande en mariage*) ;
– le contenu fait l'objet de plusieurs paragraphes ;
– dernier paragraphe de conclusion avec une formule de politesse à adapter au destinataire (*Je t'embrasse* ou bien *Je vous prie d'agréer, Monsieur, l'expression de ma considération distinguée*) ;
– signature à adapter à celui qui recevra votre lettre (*Roméo* ou bien *monsieur Montaigu*).

▶ Le temps de référence dans une lettre est le **présent de celui qui écrit**. Les événements passés sont racontés au **passé composé**, ceux qui vont arriver au **futur**.

6. Écrire un article de journal

▶ Chaque année, certains sujets vous proposent de rédiger un article de journal, dont le thème est en rapport avec le texte donné dans la première partie de l'épreuve.

▶ Avant de rédiger, commencez par définir clairement certains éléments de la situation de communication :
– **à qui** s'adresse le journal ? Quel âge ont les lecteurs ? Vous n'écrirez pas le même article pour un journal de classe ou pour un quotidien d'information générale ;
– **quel est le contenu** de l'article ? En général, le journaliste commence par présenter des faits, puis il donne son opinion ;
– **dans quel but** cet article est-il écrit ? La visée d'un article est souvent argumentative : il s'agit de convaincre de faire ou de ne pas faire quelque chose.

▶ Lorsque vous rédigez votre article, vous devez penser à :
– lui **donner un titre**. Il doit être bref et donner envie de lire ce qui suit. Ce sont fréquemment des groupes nominaux *(Une disparition mystérieuse)*. Les jeux de mots sont bienvenus (*Haut les nains !* pour un article sur les nains de jardin paru dans *La Nouvelle République du Centre-Ouest*, le 4 juillet 1997) ;

– l'**organiser en paragraphes courts**. La structure d'un article doit être claire. Vous pouvez la souligner par des sous-titres ;
– utiliser des **phrases brèves**. Un article de journal doit être facile et agréable à lire ;
– ne pas signer pour préserver l'anonymat de votre copie.

7. Écrire un passage argumentatif

▶ Les sujets du brevet demandent parfois d'insérer un passage argumentatif dans un récit. Il s'agit alors de présenter, sous forme de dialogue ou non, une réflexion ordonnée sur un problème précis.

▶ La **structure du paragraphe argumentatif** est souvent la suivante :
– **Je pense que…** et vous exposez ensuite votre idée ou thèse ;
– **Je prouve** mon opinion en donnant des arguments ;
– **Je l'illustre** par des exemples.

▶ **Donner son opinion ne suffit pas.** Il faut être capable :
– d'envisager d'autres points de vue que le sien et de les discuter ;
– de démontrer ce qu'on avance par des arguments ;
– de trouver des exemples adaptés, tirés de votre expérience, mais aussi de vos lectures, de films, d'émissions télévisées, de l'actualité, de l'Histoire. Variez vos sources d'exemples.

▶ Les exemples sont des **situations concrètes** qui viennent à l'appui de ce que vous venez de dire. Ils sont donnés directement ou introduits par des expressions telles que : *par exemple, on le voit bien quand…, je m'en suis rendu compte lorsque…*

▶ L'essentiel est toujours de donner au passage argumentatif une cohérence et une logique solides, de se garder d'une réflexion hâtive ou trop superficielle et de veiller à l'insérer subtilement dans le reste du récit.

8. Écrire un devoir de réflexion

▶ Un devoir de réflexion demande de **répondre à une question** posée ou de **s'interroger sur un thème précis**. Il ne s'agit pas seulement de donner sa propre opinion, mais d'envisager le plus objectivement possible tous les aspects du sujet proposé. Il est donc nécessaire d'analyser d'abord les termes de la consigne afin d'élaborer un devoir organisé et argumenté.

▶ La rédaction commence par une **introduction** et se termine par une **conclusion**, chacune en un seul paragraphe. **Deux ou trois parties**, de longueurs à peu près équivalentes, s'intercalent entre ces éléments. Chaque partie comporte **deux ou trois sous-parties**.

▶ L'**introduction** annonce le sujet et le cite fidèlement. Avant de proposer un plan, il faut analyser les termes du sujet pour motiver le choix des parties à développer.

▶ **Chaque sous-partie** envisage un aspect et un seul du sujet. Il s'agit de développer une idée, de la prouver par des arguments et de l'illustrer par des exemples, si possibles littéraires : citations, titres d'œuvres, noms d'auteurs… Un **mot de liaison** (*d'abord, ainsi, puis, de plus*…), en début de chaque paragraphe, assure la cohérence du devoir.

▶ La **conclusion** marque l'aboutissement de la réflexion et propose une ouverture en rapport avec le sujet.

▶ **Plusieurs plans sont possibles** : I. oui/avantages II. non/inconvénients ; dans ce cas, on choisit généralement de terminer par sa propre opinion. Parfois il vaut mieux choisir un plan progressif, allant du plus évident au plus approfondi.

Lexique des notions

A C

Accords

Un mot s'accorde avec un autre mot lorsqu'il prend les mêmes marques de genre, de nombre ou de personne que lui. Seuls les mots variables s'accordent.

- **Accord adjectif/nom :** L'adjectif qualificatif, épithète ou attribut, s'accorde en genre et en nombre avec le groupe nominal qu'il qualifie (ex. : *Les différents exercices sont difficiles*).
- **Accord sujet/verbe :** Le verbe s'accorde avec le sujet en nombre, en personne et parfois en genre (ex. : *Les hommes qui vivaient dans les cavernes s'appellent des troglodytes*).
- **Accords des participes passés :**
  – Directement lié au groupe nominal ou au pronom, ou séparé de lui par une virgule, le participe passé est employé comme un adjectif et s'accorde avec le groupe nominal ou le pronom (ex. : *Fatiguées, elles s'arrêtèrent*).
  – Employé avec l'auxiliaire *être*, le participe passé s'accorde en genre et en nombre avec le sujet du verbe (ex. : *Elles sont parties ce matin*).
  – Employé avec l'auxiliaire *avoir*, le participe passé s'accorde en genre et en nombre avec le COD quand il est placé avant le verbe (ex. : *Les cerises que j'ai achetées ont disparu*).

Antonymes

Mots de même classe grammaticale et de sens contraires (ex. : *Rapide/lent ; rapidement/lentement ; rapidité/lenteur*).

Autobiographie

Récit de la vie d'une personne, écrit par elle-même.

Champ lexical

Dans un texte, ensemble des mots qui se rapportent à une même idée.

D E F

Degré de l'adjectif

- **Comparatif :** Il établit une relation de comparaison entre deux éléments par l'intermédiaire d'un adjectif :
  – rapport d'infériorité : *moins… que* ;
  – rapport d'égalité : *aussi… que* ;
  – rapport de supériorité : *plus… que*.
- **Superlatif :**
  – relatif : il établit une comparaison entre un élément et un ensemble dont il fait partie : *le plus… de, le… moins de* (ex. : *Le sommet le plus élevé du monde*) ;
  – absolu : il renforce le sens de l'adjectif par l'adverbe *très* (ex. : *C'est un très bon film*).

Discours rapportés

- **Discours direct :** Énoncé dans lequel les paroles sont rapportées entre guillemets comme elles sont prononcées (ex. : *Il déclara* : « Lucie viendra demain »).
- **Discours indirect :** Énoncé dans lequel les paroles sont rapportées au moyen de propositions subordonnées complétives, d'interrogatives indirectes ou de groupes infinitifs introduits par *de* (ex. : *Il dit que Lucie viendra demain ; Il se demande si Lucie viendra demain ; Il demande à Lucie de venir demain*).
- **Discours indirect libre :** Énoncé dans lequel les paroles sont rapportées sans subordination ni verbe introducteur de paroles, ni guillemets (ex. : *Elle se mit à réfléchir. Irait-elle voir ses amis ?*).

Famille de mots

Ensemble des mots formés sur un même radical (ex. : *Port, transport, portatif, exporter… ; Cœur, courage, cordial, cardiaque…*).

- **Radical :** Mot simple, ou partie de ce mot, qui entre dans la composition d'autres mots de la même famille (ex. : *Triste, tristesse, tristement, attrister… ; Fidèle, confier, défi…*).
- **Préfixe :** Élément qui précède le radical dont il modifie le sens. Il ne change pas

la classe grammaticale du mot (ex. : *Sup-port* ; *trans-port* ; *ex-port* ; *im-port*).

• **Suffixe :** Élément placé après le radical. Il change souvent la classe grammaticale du mot (ex. : *Port-able* ; *port-atif*).

Figures de style (Voir aussi Images)

Manière d'écrire qui enrichit l'expression.

• **Antithèse :** Opposition entre deux idées pour faire ressortir leur différence. On parle d'oxymore lorsque deux mots de sens contraires sont côte à côte ; ce sont souvent un nom et un adjectif (ex. : « *Cette obscure clarté qui tombe des étoiles.* » *Corneille*).

• **Énumération :** suite de mots se rapportant à une même idée (ex. : « *Cosette montait, descendait, lavait, brossait…* » *Hugo*).

• **Hyperbole :** Mise en valeur d'une idée par exagération (ex. : *Elle verse des torrents de larmes*).

Formes de discours

Le discours est la mise en pratique du langage à l'oral et à l'écrit. Il existe quatre formes principales de discours :

• **le discours narratif** vise à raconter des événements ;

• **le discours descriptif** vise à donner une image d'un lieu (description) ou d'une personne (portrait) ;

• **le discours explicatif** vise à donner des informations ;

• **le discours argumentatif** vise à convaincre ou à persuader un interlocuteur. Les textes et les rédactions demandées au brevet des collèges mêlent souvent différentes formes de discours.

Formes de phrases

• **Forme affirmative et forme négative :**
La phrase négative comporte une négation partielle (*ne… que*) ou totale (*ne… pas, ne… jamais, ne… rien, ne… personne*).

• **Forme active et forme passive :**
– Dans la phrase active, le sujet fait l'action exprimée par le verbe (ex. : *L'élève apprend sa leçon*).
– Dans la phrase passive, le sujet subit l'action exprimée par le verbe (Voir tableau p. 239) (ex. : *La leçon est apprise par l'élève*).

• **Forme neutre et forme emphatique :**
La forme emphatique permet de mettre en relief un élément de la phrase. Tous les éléments d'une phrase peuvent être mis en relief sauf le verbe.
La mise en relief se fait :
– par la tournure *c'est… que, c'est… qui, voici… que, voilà… que.*
→ Phrase neutre : *Le dénouement me déplaît.*
→ Phrase emphatique : *C'est le dénouement qui me déplaît.*
– par le déplacement d'un groupe et sa reprise par un pronom (ex. : *Le dénouement, je le connais déjà*).

• **Forme impersonnelle :**
Le verbe est employé à la 3e personne du singulier. Le sujet est toujours *il*, qui ne renvoie à aucun référent précis (ex. : *Il pleut. Il est clair qu'Henri ne viendra pas*).

• **Forme pronominale :**
Le verbe est précédé d'un pronom réfléchi qui représente le sujet (ex. : *Il se regarde dans un miroir*).

G H I

Genre

Catégorie littéraire à laquelle appartient un texte : roman, théâtre, poésie, lettre, autobiographie.

Homonymes

Mots qui se prononcent de la même manière mais qui n'ont pas le même sens (ex. : *vert, vers, ver, verre, vair*).

Images

• **Comparaison :** mise en relation de deux éléments par l'intermédiaire d'un mot de comparaison (ex. : « *Le Poète est semblable au prince des nuées* » *Baudelaire ; Muet comme une carpe*).

• **Métaphore :** rapprochement de deux éléments sans mot de comparaison (ex. : « *L'océan des toitures* » *Zola*).

Une métaphore filée poursuit le même rapprochement sur plusieurs lignes.

• **Personnification :** figure de style qui consiste à attribuer à une chose des qualités ou des comportements humains (ex. : *La porte gémit*).

Indicateurs de lieu

Mots ou groupes de mots qui donnent des précisions sur le lieu (adverbe, groupe nominal) (ex. : *Là, dans le parc...*).

Indicateurs de temps

Mots ou groupes de mots qui indiquent le moment où se déroule un événement (adverbe, groupe nominal, proposition subordonnée) (ex. : *Soudain, à la tombée de la nuit, quand le moment viendra...*).

Indices de présence du destinataire

Mots désignant le destinataire : pronoms personnels (*tu, vous*), adjectifs possessifs (*ton, ta, tes, votre, vos*), pronoms possessifs (*le tien, le vôtre*).

Indices de présence du narrateur

Mots désignant la personne qui raconte : pronoms personnels (*je, nous*), adjectifs possessifs (*mon, ma, mes, notre, nos*), pronoms possessifs (*le mien, le nôtre*).

M N P

Mode

Pour les verbes, on distingue :
– les **modes personnels** (indicatif, subjonctif, impératif) ;
– les **modes impersonnels** (infinitif, participe).

Niveau de langue

(Voir **Registre de langue**)

Paratexte

Renseignements fournis en dehors du texte même (titre, introduction, résumé).

Phrase

• **Phrase simple :** Une phrase simple ne comporte qu'un seul verbe conjugué, soit une seule proposition dite indépendante (ex. : *La nuit vint*).

• **Phrase complexe :** Une phrase complexe comprend plusieurs verbes conjugués, donc plusieurs propositions (Voir **Propositions**) (ex. : *[Il s'assit] [et se mit à lire le roman] [qu'il avait commencé la veille]*).

Phrase non verbale

Phrase sans verbe conjugué (ex. : *Encore un contrôle !*).

Poésie (Voir Figures de style et Images)

• **Assonance :** Répétition d'une même voyelle (*a, e, i, o, u, y*) ou du même son vocalique (*ou, on*) (ex. : « *Un doux frou-frou* » *Rimbaud*).

• **Allitération :** Répétition d'une même consonne (ex. : « *Pour qui sont ces serpents qui sifflent...* » *Racine*).

• **Rime :** Répétition de sonorité(s) identique(s) en fin de vers.
Les rimes peuvent être suivies (AABB), croisées (ABAB) ou embrassées (ABBA).
Des rimes sont pauvres lorsqu'elles n'ont qu'un son en commun, suffisantes lorsqu'elles en ont deux, riches avec trois sonorités ou plus en commun.

• **Strophe :** Ensemble de vers séparés par un blanc.
Une strophe de quatre vers est un quatrain, une strophe de trois vers est un tercet.
Un poème qui comporte deux quatrains et deux tercets est un sonnet.

• **Vers :** Ensemble fixe de syllabes sur une même ligne. Un vers de 12 syllabes est un alexandrin, un vers de 10 syllabes est un décasyllabe, un vers de 8 syllabes est un octosyllabe.

Point de vue

Manière de voir les choses ou les événements et de les raconter.
On distingue :
– le **point de vue interne** : le narrateur ne rapporte que ce qu'il peut voir, ressentir ou supposer ;
– le **point de vue omniscient** : le narrateur connaît tout et voit tout sur les événements et les personnages.

Ponctuation

Les signes de ponctuation indiquent des pauses plus ou moins longues dans la phrase (virgule, point-virgule) ou le texte (point, point d'interrogation).

- **Guillemets :** Ils ouvrent et ferment le discours rapporté direct (ex. : *Elle lui demanda : « Es-tu prêt ? »*). Ils mettent un mot en évidence, parfois d'un niveau de langue différent (ex. : *Il est « ouf »*).
- **Parenthèses :** Elles isolent un groupe de mots qui souvent donnent une explication (ex. : *Elle refusa de répondre (je comprends maintenant pourquoi) et partit dans sa chambre*).
- **Points de suspension :** Ils indiquent soit qu'une énumération pourrait se poursuivre, soit une hésitation dans le discours, un silence, une émotion (ex. : *Il ouvrit sa valise et y plaça des chaussettes, des chemises, des pantalons… ; « En fait… je suis… un grand timide »*).
- **Tirets :** Dans le discours rapporté direct, ils indiquent un changement d'interlocuteur. Dans un texte, ils mettent en évidence un mot ou groupe de mots.

R S T

Rapport logique

Manière d'associer logiquement deux termes d'une phrase, deux idées.

- **Rapport de but**

Il indique l'objectif à atteindre (ex. : *Il entra pour nous saluer*).

- **Rapport de cause/conséquence**

– La cause indique l'origine, la raison d'une action.

– La conséquence indique le résultat d'une action.

Ex. : *Fatigué* (cause), *le coureur s'arrêta* (conséquence).

Le coureur s'arrêta (conséquence) *car il était fatigué* (cause).

Le coureur était si fatigué (cause) *qu'il s'arrêta* (conséquence).

- **Rapport de condition**

La condition indique une hypothèse, la supposition d'un fait (ex. : *Tu réussirais si tu apprenais / avec plus de travail / en travaillant davantage*).

- **Rapport d'opposition**

Ce rapport existe entre deux faits dont l'un fait obstacle à l'autre, sans pour cela l'empêcher (ex. : *Bien qu'il travaille, il a du mal à suivre*).

- **Rapport de temps**

On distingue :

– l'antériorité (ex. : *Avant ton départ, pense à appeler ta grand-mère*) ;

– la simultanéité (ex. : *Il écoute de la musique en travaillant*) ;

– la postériorité (ex. : *Tu passeras me voir après tes cours*).

Référent d'un pronom

Mot ou groupe de mots que le pronom reprend (ex. : *Les fantômes, je n'y crois pas, mais ils me font peur*).

Registre de langue

Manière de parler dans une situation donnée. On distingue 3 registres :

- **Registre familier :** langage employé surtout à l'oral, qui utilise des termes populaires ou argotiques, une syntaxe parfois incorrecte (ex. : *T'as maté la bagnole ?*).
- **Registre courant :** langage correct employé pendant les cours et attendu dans les rédactions (ex. : *Est-ce que tu as vu la voiture ?*).
- **Registre soutenu :** langage recherché dans le vocabulaire et la syntaxe (ex. : *As-tu prêté attention à cette automobile ?*).

Reprise

Fait de renommer, phrase après phrase, les personnages ou les objets dont parle le texte.

- **Reprise nominale :** reprise d'un groupe nominal par un autre groupe nominal (ex. : *Cosette marchait seule. La petite fille s'avançait dans la forêt*).
- **Reprise pronominale :** reprise par un pronom personnel (Voir **Référent d'un pronom**) (ex. : *Cosette marchait seule. Elle s'avançait dans la forêt*).

Sens de mots

Le **sens propre** est le sens premier d'un mot (ex. : *Un feu de bois. Un fil de soie*).
Le **sens figuré** renvoie à une image symbolique ou abstraite (Voir **Images**) (ex. : *Le feu de l'action. Le fil de la conversation*).

Synonymes

Mots de même sens (ou de sens voisins) et de même classe grammaticale (ex. : *envoyer = expédier ; dextérité = habileté*).
Des synonymes peuvent appartenir à différents registres de langue (Voir **Registres de langue**) (ex. : *bagnole = voiture = automobile*).

Subjonctif

On distingue :

• **Les temps simples :**
– présent *(il faut qu'il regarde, qu'il finisse, qu'il prenne)* ;
– imparfait *(il fallait qu'il regardât, qu'il finît, qu'il prît)*.

• **Les temps composés :**
– passé *(il faut qu'il ait regardé, qu'il ait fini, qu'il ait pris)* ;
– plus-que-parfait *(il fallait qu'il eût regardé, qu'il eût fini, qu'il eût pris)*.

L'imparfait et le plus-que-parfait du subjonctif ne sont utilisés que dans des textes littéraires.

Théâtre (Voir Genre)

Genre d'un texte qui comprend presque uniquement des dialogues et qui est destiné à une représentation scénique.

• **Didascalies :** Indications scéniques (décor, costumes, tons de voix, gestes, déplacements, attitudes) données par l'auteur et mises en italique dans un texte théâtral.

• **Réplique :** Ensemble de paroles dites par un personnage avant qu'un autre n'intervienne. Quand une réplique est très longue, on parle de tirade. Quand le personnage est seul en scène et qu'il s'adresse à lui-même, c'est un monologue.

Tonalité d'un texte

Procédé pour faire naître une réaction, une émotion chez le lecteur ou le spectateur.

• **Comique :** destiné à faire rire ;
• **Humour :** destiné à faire sourire ;
• **Ironique :** qui fait comprendre le contraire de ce qui est dit ;
• **Péjoratif :** qui dévalorise la chose ou la personne.

Types de phrases

On compte quatre types de phrases :

• **Phrase déclarative :** elle expose un fait et se termine par un point.

• **Phrase interrogative :** elle pose une question et se termine par un point d'interrogation.
On distingue :
– l'interrogation totale, qui porte sur l'ensemble de la phrase et dont la réponse peut être *oui* ou *non*.
– l'interrogation partielle, qui porte sur un élément de la phrase et qui commence par un mot interrogatif : *qui, quand, où, comment, pourquoi* (ex. : *Qui viendra ?*).

• **Phrase injonctive :** elle donne un ordre, un conseil et se termine par un point ou un point d'exclamation. Le verbe peut se mettre :
– à l'impératif (ex. : *Viens*) ;
– au subjonctif (ex. : *Qu'il vienne*).
Certaines phrases injonctives sont des phrases nominales (ex. : *Dehors !*).

• **Phrase exclamative :** elle exprime un sentiment, une émotion et se termine par un point d'exclamation (ex. : *Qu'elle est belle !*).

Typographie

Manière dont le texte est imprimé.
Certains procédés permettent de mettre des mots ou des groupes de mots en relief.

• Le **gras** rend les caractères plus noirs.
• L'**italique** signale que certains mots appartiennent à une autre langue, sont familiers. Les didascalies sont souvent en italique.

V

Valeurs des temps verbaux

• Présent de l'indicatif :

– présent d'actualité : le fait se déroule au moment où l'on parle. Il est employé en particulier dans les dialogues (ex. : *Je te recommande ce livre*).

– présent à valeur de passé récent ou de futur proche (ex. : *Trop tard ! le train quitte la gare à l'instant ; Nous partons dans cinq minutes*).

– présent d'habitude employé souvent avec un complément qui indique la répétition dans le présent (ex. : *Je pars tous les samedis à la campagne*).

– présent de vérité générale pour des faits qui se vérifient toujours ou des idées présentées comme intemporelles (ex. : *Pierre qui roule n'amasse pas mousse ; L'eau bout à 100 °C*).

– présent de narration : dans une narration au passé, il rend l'événement plus actuel pour le lecteur (ex. : *La maison était calme. Tout à coup un cri se fait entendre*).

• Passé composé :

Il situe un événement dans un passé plus ou moins lointain en établissant alors un « pont » temporel entre le passé et le présent (ex. : *Serge Gainsbourg est mort en 1991*).

Le fait est présenté comme accompli par rapport au présent (ex. : *Quand il a bien travaillé, il se détend en jouant à des jeux vidéo*).

• Passé simple et passé antérieur :

– Le passé simple exprime l'aspect limité d'un fait dont on connaît le début et la fin ; dans un récit, au passé il est employé pour évoquer une succession d'actions qui sont au « premier plan » (ex. : *Elle se leva, prit son sac et décida de partir*).

– Le passé antérieur s'emploie le plus souvent dans une proposition subordonnée qui marque l'antériorité par rapport au fait principal exprimé au passé simple (ex. : *Quand il eut regardé les photographies, il resta songeur*).

• Imparfait et plus-que-parfait :

– L'imparfait est employé pour une action passée dont on ne précise ni le début ni la fin. Il est souvent utilisé dans les descriptions. Dans un récit, il marque des actions de « second plan » (ex. : *Elle lisait quand le téléphone sonna*).

Avec un complément de temps, il indique parfois une habitude passée (ex. : *Je partais tous les samedis à la campagne*).

– Le plus-que-parfait est utilisé pour marquer l'antériorité d'un fait présenté comme accompli par rapport à un autre moment du passé (ex. : *Elle montrait les photographies qu'elle avait prises pendant ses vacances*).

• Le futur :

– Futur simple et futur antérieur :

→ Le futur situe un fait dans l'avenir par rapport au présent (ex. : *Tu viendras demain me montrer tes photographies de vacances*).

→ Le futur antérieur marque l'antériorité d'un fait par rapport à un autre fait encore non réalisé (ex. : *Quand elle aura couru, elle prendra une douche*).

• Conditionnel présent et conditionnel passé :

– Le conditionnel présent exprime l'incertitude (ex. : *S'il travaillait, il louerait un appartement*).

Dans un récit au passé, en particulier dans un discours rapporté indirectement, il situe un fait après un autre fait : il s'agit alors d'un futur dans le passé (ex. : *Le propriétaire de l'hôtel me disait que les vacanciers arriveraient plus tard cette année*).

Il peut marquer aussi une distance du narrateur par rapport à ce qu'il dit (ex. : *Le préfet viendrait inaugurer le monument*).

– Le conditionnel passé marque un fait qui ne s'est pas réalisé (ex. : *Vous auriez pu vous taire !*).

DÉCOUVREZ
LE MONDE AVEC STS
• Etudes à l'étranger (Lycées & Universités)
• Summer High School
• Accueil d'un lycéen étranger
• Jeune homme/fille Au Pair
Retrouvez-nous sur
#stshighschool
#stsaupair
@stshighschool.france
@stsaupairfrance
STS
SÉJOURS
LINGUISTIQUES
Tél. : 03 28 36 27 27 www.sts.fr
Découvrez nos programmes